WAT & HOE

TAALGIDS

CHINEES

MANDARIJN

Vertaling
Tang Qian en Marius van Bergen

WAT & HOE

Wat & Hoe: wat anders!?

Wat & Hoe maakt deel uit van Kosmos Uitgevers, Utrecht/Antwerpen
www.kosmosuitgevers.nl

Leverbaar in de serie Wat & Hoe:
- Wat & Hoe Reisgidsen
- Wat & Hoe Onderweg
- Wat & Hoe Select
- Wat & Hoe Taalgidsen

Kijk voor meer informatie op:
www.watenhoe.nl

MIX
Papier van verantwoorde herkomst
FSC® C004472
FSC www.fsc.org

12e druk, 2014

Technische realisatie en productie: LINE UP boek en media bv
Omslagontwerp: De Weijer Design BNO bv, Baarn
Vormgeving: The Enschedé Font Foundry
Illustraties: Monique van den Hout
ISBN 978 90 215 5694 9
NUR 507

Inhoud

Woord vooraf

Deze volledig herziene editie van de vertrouwde ***Wat & Hoe Chinees*** is weer flink verbeterd. De hele tekst is ingrijpend gewijzigd en aangepast aan de moderne toerist. U kunt nu bijvoorbeeld vragen of er draadloos internet is, een telefoonoplader lenen of informeren hoe u uw foto's op een USB-stick kunt zetten. Achter in de gids is een 'omgekeerde' woordenlijst opgenomen. Hierin kunt u heel eenvoudig een onbekend woord op de menukaart, op een verkeersbord of bij de bushalte opzoeken. En natuurlijk kan uw gesprekspartner snel aanwijzen wat hij bedoelt. In veel hoofdstukjes is ook een alfabetische lijst van termen opgenomen.
Dankzij de vernieuwde vormgeving biedt deze taalgids u nog beter uitkomst in verschillende situaties. Met de gids in de hand zult u er zeker in slagen om duidelijk te maken wat u bedoelt. Met de duidelijke zinnetjes zult u in de meest voorkomende gevallen een eenvoudig gesprek kunnen voeren. Per situatie vindt u een groot aantal mogelijke antwoorden (met de Nederlandse vertaling), die u aan uw gesprekspartner kunt voorleggen.
Bovendien kunt u, aan de hand van de beknopte grammatica, deze gids ook gebruiken als een eerste hulpmiddel bij het leren van het Chinees. Ook kunt u met behulp van de woordenlijst achterin gemakkelijk eigen zinnen maken.

Wat & Hoe-taalgidsen zijn er in de volgende talen:

Afrikaans	Fries	Roemeens
Arabisch	Grieks	Russisch
Braziliaans	Hebreeuws	Slowaaks
Bulgaars	Hongaars	Spaans
Catalaans	Indonesisch	Thai
Chinees Mandarijn	Italiaans	Tsjechisch
Deens	Japans	Turks
Duits	Kroatisch	Vietnamees
Engels	Noors	Zweeds
Fins	Pools	
Frans	Portugees	

Deze ***Wat & Hoe***-taalgidsen zijn ook als app verkrijgbaar:

Duits	Frans	Spaans
Engels	Italiaans	

1 Handig om te weten...

1.1 Beknopte grammatica

■ Inleiding

Het Chinees heeft geen alfabet, maar wordt geschreven in zogenaamde karakters of tekens. Achter veel karakters gaat een zekere logica schuil, maar het leren ervan is toch hoofdzakelijk een kwestie van memoriseren. Ieder karakter bestaat uit een aantal trekken en heeft een sleutel aan de hand waarvan het in een woordenboek kan worden opgezocht. Een dergelijke sleutel kan iets zeggen over de betekenis of over de uitspraak van een karakter.
Het Chinees is monosyllabisch (één karakter komt overeen met één lettergreep) en is een toontaal. Dit laatste houdt in dat ieder karakter op een bepaalde toon wordt uitgesproken die bovendien betekenisonderscheidend is. De grote moeilijkheid van het Chinees zit hem in het feit dat ons Nederlands oor niet getraind is om dit onderscheid te maken. Sommige karakters worden bijvoorbeeld uitgesproken als het Nederlandse woord *die*. In de tweede toon kan dit *vijand* betekenen. Een totaal verschillend karakter, eveneens als *die* uitgesproken, maar dan in de vierde toon is *keizer*. De context waarbinnen karakters worden gebruikt, is daarom erg belangrijk, temeer omdat veel karakters slechts in bepaalde unieke samenstellingen voorkomen.

■ Grammatica

Het Chinees kent weinig grammaticale regels en is in hoge mate instinctief. Er is bijvoorbeeld geen simpel woord voor *ja* en *nee*. Wel is de zinsvolgorde belangrijk. Voor de meeste zinnen ziet die volgorde er als volgt uit: onderwerp – werkwoord – lijdend voorwerp.
Er wordt in het Chinees geen onderscheid gemaakt tussen enkelvoud en meervoud. In de zin *wǒ* (ik) *yǒu* (heb) *shū* (boek) weten we niet of het gaat om één of om meerdere boeken. Wel wordt het suffix *men* gebruikt om het meervoud te vormen van persoonlijke voornaamwoorden. *Wǒmen yǒu shū* wordt dan: Wij hebben een boek of Wij hebben boeken.
In tegenstelling tot het Nederlands gaat de volgorde in een tijdsbepaling van groot naar klein. 5 januari 2010 wordt *2010 nián (jaar 2010) 1 yuè* (maand 1) *5 rì* (dag vijf).

Tijdsbepalingen staan voor aan de zin, meestal na het onderwerp maar voor het werkwoord en de eventuele plaatsbepaling ingeleid door *zài* (zie hieronder: 'Het werkwoord').
Wǒ (onderwerp) *zuótiān* (tijdsbepaling) *zài jiā* (plaatsbepaling) *kàn shū* (werkwoord): Ik heb gisteren thuis een boek gelezen.
Eigennamen komen voor titels of functies: *Janssen xiānsheng* (mijnheer Janssen), *Beatrix nǚwáng* (koningin Beatrix).

Het werkwoord

Anders dan in het Nederlands zijn er geen werkwoordsvervoegingen in het Chinees.
Vergelijk de zinnen: *wǒ zài zhōngguó* (Ik ben in China) en *wǒmen zài zhōngguó* (Wij zijn in China). *Zài* wordt hier als werkwoord gebruikt (zich bevinden in/te/op).
In de zin *wǒ zài zhōngguó yǒu péngyou* (Ik heb vrienden in China) doet *zài* dienst als voorzetsel (in/te/op). Het werkwoord is *yǒu* (hebben).
Het Chinees maakt veelvuldig gebruik van constructies waarbij bepaalde betekenissen impliciet zijn. Zo ook *wǒ qù zhōngguó* (Ik ga naar China).
Gebruik van het werkwoord *shì* (zijn) is in het Chinees beperkter dan in het Nederlands. In positief mededelende zinnen wordt het vervangen door het bijwoord *hěn*, dat eigenlijk *heel* betekent. *Zhōngguó hěn dà* (China is groot of China is heel groot).
Shì kan dus niet worden gebruikt met een bijvoeglijk naamwoord. Het is niet *Zhōngguó shì hěn dà. Shì* wordt wel gebruikt als er sprake is van vereenzelviging, zoals in de zin *Wǒ shì Hélán rén* (Ik ben een Nederlander).
Het Chinees heeft geen toekomende of verleden tijd. Wel spreekt men van aspecten, zoals een ervaring in het verleden. Een ervaring in het verleden wordt uitgedrukt door middel van *guo*, dat na het werkwoord wordt gezet. *Wǒ qùguo zhōngguó* (Ik ben in China geweest). Het karakter *yào* kan men gebruiken om een toekomstige intentie of een verplichting uit te drukken. *Wǒ yào qù zhōngguó* (Ik ga naar China of Ik moet naar China).

De ontkenning

De ontkenning komt voor het zinsdeel dat negatief gemaakt moet worden en wordt gevormd door het karakter *bù*. Bijvoorbeeld: *Wǒ bù shì Hélán rén* (Ik ben geen Nederlander) of *Wǒ bù zài zhōngguó* (Ik ben niet in China).
Uitzondering is het werkwoord *yǒu* (hebben), dat ontkend moet worden door er *méi* voor te plaatsen. *Wǒ méi yǒu shū* (Ik heb geen boek).

Ook de ervaring in het verleden wordt middels *méi* of *méi yǒu* ontkend. De constructie wordt dan *méi (yǒu)* – werkwoord – *guò*. *Wǒ méi (yǒu) qùguò zhōngguó* (Ik ben nog nooit in China geweest).

De vragende vorm

De eenvoudigste manier om een vraag te stellen is het karakter *ma* aan het eind van een zin plaatsen. *Zhōngguó hěn dà ma?* (Is China groot?) *Nǐ qùguo zhōngguó ma?* (Ben jij ooit in China geweest?)
Ma komt te vervallen als er een ander vraagwoord in de zin voorkomt. *Zhōngguó zài nǎr?* (Waar ligt China?) *Nǐ zěnme qù zhōngguó?* (Hoe ga je naar China?) *Shuí qù zhōngguó?* (Wie gaat er naar China?) *Jǐ ge rén?* (Hoeveel mensen?)
De vragende vorm kan ook gemaakt worden door gebruik te maken van herhaling. *Hǎo bù hǎo?* (Goed of niet goed?) *Nǐ shì bù shì Hélán rén?* (Ben je wel of geen Nederlander?)

Het klaswoord

Tussen een telwoord en een zelfstandig naamwoord behoort altijd een zogenaamd klaswoord te staan, behalve voor *tiān* (dag) en *nián* (jaar). In het Nederlands kan men dit vergelijken met het woord *stuk* in 'een stuk zeep'. Voor verschillende zelfstandige naamwoorden bestaan verschillende klaswoorden. Als u het juiste klaswoord niet kent of als u twijfelt, dan kunt u altijd teruggrijpen op het klaswoord *gè*, dat – hoewel minder nauwkeurig – in bijna iedere situatie gebruikt kan worden en verstaanbaar is. *Sān gè rén* (Drie mensen). Als het om enkele of een paar stuks van iets gaat, wordt *yī xiē* gebruikt. *Yǒu yī xiē rén* (Er zijn een paar mensen).

Partikels

Het meest voorkomende partikel is *de*, waarmee bezit wordt aangegeven. Het wordt gebruikt om informatie toe te voegen aan het zelfstandig naamwoord dat erop volgt. Constructie: eigenaar – *de* – eigendom. *Wǒ de shū* (Mijn boek). Een substantivering van deze constructie verkrijgt men door eenvoudigweg het zelfstandig naamwoord weg te laten. *Wǒ de* (Het/de mijne).
Als er tussen eigendom en eigenaar een innige band bestaat, wordt *de* meestal weggelaten. *Wǒ māma* (Mijn moeder).
Een tweede gebruik van *de* is weggelegd voor het toevoegen van bijzinnen, te vergelijken met het gebruik van de Nederlandse betrekkelijke voornaamwoorden *die* en *dat*. *Wǒ kàn de shū hěn hǎo* (Het boek dat ik aan het lezen ben is erg goed).

1.2 Uitspraak

De correcte uitspraak van een vreemde taal die u niet of nauwelijks kent, is onmogelijk. Wanneer u wilt dat uw Chinees gaat klinken als dat van een Chinees, dan biedt dit boekje u daarbij geen hulp. Wij hebben in dit boekje gekozen voor de internationaal erkende pinyin-transcriptie, die ook de meeste Chinezen kennen.

Tonen worden aangegeven door middel van streepjes boven de klinker(s).
Eerste toon: een hoge en vlakke toon, aangegeven door een liggend streepje ¯
Tweede toon: een stijgende toon, aangegeven als een schuin streepje naar boven ´
Derde toon: een toon die eerst daalt en dan stijgt, aangegeven met een ˇ
Vierde toon: een dalende toon, aangegeven als een schuin streepje naar beneden `
Sommige woorden zijn toonloos, zoals het vragend partikel *ma* aan het eind van een zin. Deze krijgen geen streepje.

Klanken. Een karakter bestaat uit een lettergreep, die meestal is opgebouwd uit een beginklank en een eindklank.
De beginklanken:
b, p, m, f, d, t, n, l, k, s: zoals in het Nederlands, met de opmerking dat de b en de t vrij hard moeten worden uitgesproken.
h als in a**ch**, g als in **g**oal, j als in **j**eans, q als in cappu**cc**ino, x als **sj**onge, z als in raa**dz**aal, zh als in **Dj**ibouti, c als in plaa**ts**, ch als in **ch**a-cha, sh als in **sj**alot, r als in horlo**g**e.
Opmerking: ch, sh, zh en r worden wel retroflexe (sis)klanken genoemd, wat wil zeggen dat ze met opgekrulde tong tegen het gehemelte moeten worden uitgesproken.
De eindklanken:

	i als in ie	u als in oe	ü als in u
a als in aa	ia als in ja	ua als in wa	
o als in oh		uo als in wo	
i klankloos		ui als in wee	
e als in uh	ie als in ie-è		üe als in u-è
er als in eur			
ai als in aai		uai als in waai	
ei als in ee			
ao als in auw	iao als in ie-au		
ou als in o	iu als in ie-oo		
an als in an	ian als in ie-en	uan als in oe-wan	üan als in u-en

en als in 'n	in als in ien	un als in oen	ün als in u-n
ang als in ang	iang als in ie-aang	uang als in oe-wang	
eng als in ung	ing als in ieng		
ong als in oeng	iong als in ie-oeng		

Let op! Eindklanken worden niet afzonderlijk uitgesproken. In *s(h)i*, *z(h)i*, *c(h)i*, *ri* wordt de i niet uitgesproken. Als een woord begint met een u, wordt die vervangen door een w. Een i aan het begin van een woord wordt vervangen door een y. De ü wordt zonder umlaut geschreven na de y, j, q, x maar met umlaut na de n of de l.

1.3 Handige rijtjes

■ Hoe stel je een vraag?

Wie?
谁?
shuí?/shéi?

Wie is dat?
那是谁?
nà shì shuí?

Wat?
什么?
shénme?

Wat is hier te zien?
有什么看的吗?
yǒu shénme kàn de ma?

Wat voor soort hotel is dat?
那是什么样的旅馆?
nà shì shénme yàng de lǚguǎn?

Waar?
哪里?
nǎli?

Waar is het toilet?
洗手间在哪里?
xǐshǒujiān zài nǎli?

Waar gaat u naartoe?
您要去哪里?
nín yào qù nǎli?

Waar komt u vandaan?
您从哪里来?
nín cóng nǎli lái?

Hoe?
如何?
rúhé?

Hoe ver is dat?
到那里有多远?
dào nàli yǒu duō yuǎn?

Hoe lang duurt dat?
要花多少时间?
yào huā duōshao shíjiān?

Hoe lang duurt de reis?
旅行要多少时间呢?
lǚxíng yào duōshao shíjiān ne?

Hoeveel?
多少?
duōshǎo?

Hoeveel kost dit?
多少钱?
duōshao qián?

Hoe laat is het?
几点钟了?
jǐ diǎn zhōng le?

Welk? Welke? (enkelvoud/meervoud)
哪一个?
nǎ yīge?

Welk glas is voor mij?
哪个玻璃杯是我的?
nǎge bōlibēi shì wǒde?

Wanneer?
什么时候?
shénme shíhou?

Wanneer vertrekt u?
您什么时候出发?
nín shénme shíhou chūfā?

Waarom?
为什么?
wèishénme?

Kunt u me ...?
您可以 . . . 我吗?
nín kěyǐ ... wǒ ma?

Kunt u me helpen, a.u.b.?
您能帮我吗?
nín néng bāng wǒ ma?

Kunt u me dat wijzen?
您能指给我看吗?
nín néng zhǐ gěi wǒ kàn ma?

Kunt u met me meegaan, a.u.b.?
请您跟我来，好吗?
qǐng nín gēn wǒ lái, hǎo ma?

Wilt u ...?
可以 ... 吗?
kěyǐ ... ma?

Wilt u voor mij kaartjes reserveren, a.u.b.?
您可以给我预订几张票吗?
nín kěyǐ gěi wǒ yùdìng jǐzhāng piào ma?

Weet u ...?
您知道 ... 吗?
nín zhīdao ... ma?

Weet u misschien een ander hotel?
您知道其它旅馆吗?
nín zhīdao qítā lǚguǎn ma?

Hebt u ...?
您有 ... 吗?
nín yǒu ... ma?

Hebt u voor mij een ...?
您可以给我一个 ... 吗?
nín kěyǐ gěi wǒ yīgè ... ma?

Hebt u misschien een gerecht zonder vlees?
请问，您有没有素食?
qǐngwèn, nín yǒu méiyǒu sùshí?

Ik wil graag ...
我想要 ...
wǒ xiǎng yào ...

Ik wil graag een kilo appels
请给我一公斤苹果
qǐng gěi wǒ yī gōngjīn píngguǒ

Mag ik ...?
我可以 ... 吗?
wǒ kěyǐ ... ma?

Mag ik dit meenemen?
我可以拿走吗?
wǒ kěyǐ názǒu ma?

Mag ik hier roken?
我可以在这里吸烟吗?
wǒ kěyǐ zài zhèlǐ xīyān ma?

Mag ik wat vragen?
我可以问您件事吗?
wǒ kěyǐ wènnín jiàn shì ma?

■ Hoe geef je antwoord?

Ja, natuurlijk
当然
dāngrán

Nee, het spijt me
不，对不起
bù, duìbuqǐ

Ja, wat kan ik voor u doen?
是，我能为您做什么?
shì, wǒ néng wèi nín zuò shénme?

Een ogenblikje, a.u.b.
请等一会儿
qǐng děng yīhuìr

Nee, ik heb nu geen tijd
对不起，我现在没有空儿
duìbuqǐ, wǒ xiànzài méiyǒu kòngr

Nee, dat is onmogelijk
对不起，那不可能
duìbuqǐ, nà bù kěnéng

Ik geloof het wel
我看是这样
wǒ kàn shì zhèyàng

Nee, niemand
不，没有人
bù, méiyǒurén

Nee, niets
不，没有
bù, méiyǒu

Dat klopt (niet)
（不）是这样
(bú) shì zhèyàng

Dat ben ik (niet) met u eens
我（不）同意
wǒ (bù) tóngyì

Dat is goed
就这样
jiù zhèyàng

Misschien
也许
yěxǔ

Ik weet het niet
我不知道
wǒ bù zhīdào

■ Valse vrienden

Valse vrienden zijn woorden die in onze oren hetzelfde klinken, maar in werkelijkheid verschillende tonen hebben en dus ook verschillende betekenissen. Enkele veel gemaakte fouten: *mǎi* is kopen maar *mài* is verkopen. *Shuǐ jiǎo* is een bekend gerecht dat soms als Chinese ravioli

wordt vertaald. *Shuì jiào* is echter slapen. Een *lí* is een peer, een *lǐ* een pruim, en een *lì* een lychee. Het karakter *ma* wordt vaak gebruikt. Aan het eind van een zin, zonder klemtoon, geeft het aan dat het om een vraag gaat. In de eerste toon is het *mama*, in de tweede *hennep*, in de derde *paard*, en in de vierde *schelden*. *Māma mà mǎ màn ma? Vervloekt mama het paard omdat het langzaam is*? Naar bed gaan is *shàng chuáng*. Met *shàng chuán* zegt u de boot op gaan. Uit bijgeloof wordt het getal *sì* (vier) in liften vaak vermeden omdat het bijna hetzelfde klinkt als *sǐ* (sterven). 白 *bái* (de kleur wit) moet men niet verwarren met 百 *bǎi* (het getal honderd). Weer andere karakters spreekt men heel verschillend uit, maar lijken zo veel op elkaar dat men ook hier zou kunnen spreken van valse vrienden. 人 *rén* (mens), 入 *rù* (ingang), 八 *bā* (het getal acht).
Chinezen tellen tot tien op één hand. Let daarom op als u op de markt onderhandelt over de prijs. Als u twee wilt zeggen, steekt u wijs- en middelvinger op. Wijsvinger en duim opsteken is immers acht!

■ Wat staat er op dat bordje?

仅提供柜台服务	bediening aan de bar
正忙	bezet
到里面询问	binnen meer informatie
灭火器	brandblusser
失火危险	brandgevaar
安全梯	brandtrap
女厕所	dames (wc)
故障	defect
急救，急救室	eerste hulp
不找钱	geen teruggave van wisselgeld
预订	gereserveerd
关闭	gesloten
危险	gevaar
免费自取	gratis mee te nemen
随叫随停	halte op verzoek
男厕所	heren (wc)
高电压	hoogspanning
宠物不允许进入	huisdieren niet toegestaan
入口	ingang
询问处	inlichtingen
收款台	kassa
注意台阶	let op het afstapje
地铁	metro
请勿触摸	niet aanraken

请勿打扰	niet storen, a.u.b.
紧急刹车	noodrem
紧急出口	nooduitgang
开门时间	openingstijden
严禁点火	open vuur verboden
(关闭商店)廉价出售	opheffingsuitverkoop
清仓降价	opruiming
油漆未干	pas geverfd
当心狗	pas op voor de hond
家庭医生	praktijk huisarts
牙科医生	praktijk tandarts
私人的	privé
电动楼梯	roltrap
留意您的头	stoot uw hoofd niet
出租	te huur
出售	te koop
拉 / 推	trekken/duwen
出口	uitgang
廉价出售	uitverkoop
禁止乱扔垃圾	verboden afval te laten liggen
禁止践踏草坪	verboden op het gras te lopen
禁止吸烟	verboden te roken
禁止入内	verboden toegang
... 层	... verdieping
满了	vol
旅行询问处	VVV
排队	wacht hier in de rij
医院	ziekenhuis

1.4 Datum, tijd en getallen

■ Vandaag of morgen?

Welke dag is het vandaag?
今天是星期几?
jīntiān shì xīngqī jǐ?
Vandaag is het maandag
今天是星期一
jīntiān shì xīngqīyī
Morgen is het dinsdag
明天是星期二
míng tiān shì xīngqī'èr

Overmorgen is het woensdag
后天是星期三
hòutiān shì xīngqīsān
Gisteren was het donderdag
昨天是星期四
zuótiān shì xīngqīsì
Eergisteren was het vrijdag
前天是星期五
qiántiān shì xīngqīwǔ
Is het vandaag zaterdag?
今天是星期六吗?
jīntiān shì xīngqīliù ma?
We vertrekken aanstaande zondag
我们这个星期天出发
wǒmen zhège xīngqītiān chūfā
in januari
(在)一月
(zài)yīyuè
sinds februari
从二月份以后
cóng èryuè fèn yǐhòu
maart
三月
sānyuè
april
四月
sìyuè
mei
五月
wǔyuè
juni
六月
liùyuè
juli
七月
qīyuè
augustus
八月
bāyuè
september
九月
jiǔyuè
oktober
十月
shíyuè

november
十一月
shíyīyuè
december
十二月
shí'èryuè
in de lente
(在)春天
(zài)chūntiān
in de zomer
(在)夏天
(zài)xiàtiān
in de herfst
(在)秋天
(zài)qiūtiān
in de winter
(在)冬天
(zài)dōngtiān
de 21e eeuw
二十一世纪
èrshíyī shìjì
De hoeveelste is het vandaag?
今天是几号?
jīntiān shì jǐ hào?
Vandaag is het de 24e
今天是24号
jīntiān shì èrshísì hào
's morgens
(在)早上
(zài)zǎoshang
's middags
(在)下午
(zài)xiàwǔ
's avonds
(在)晚上
(zài)wǎnshang
's nachts
夜里
yèli
vanmorgen
今天早上
jīntiānzǎoshang
vanmiddag
今天下午
jīntiānxiàwǔ

vanavond
今天晚上
jīntiānwǎnshang
vannacht (komende nacht)
今晚
jīnwǎn
vannacht (afgelopen nacht)
昨晚
zuówǎn
deze week
本星期/周
běn xīngqī/zhōu
volgende maand
下个月
xiàgeyuè
vorig jaar
去年
qùnián
aanstaande ...
下一个 ...
xià yíge ...
over ... dagen/weken
过 … 天 / 星期
guò ... tiān/xīngqī
over ... maanden/jaar
过 … 月 / 年
guò ... yuè/nián
... weken geleden
... 几个星期以前
... jǐge xīngqī yǐqián
vrije dag
休假日
xiūjiàrì

■ Hoe laat is het?

Hoe laat is het?
现在几点(钟)了?
xiànzài jǐ diǎn (zhōng) le?
Het is 9.00 uur
九点整
jiǔ diǎn zhěng
Het is 10.05 uur
十点零五分
shí diǎn líng wǔfēn

Het is 11.15 uur
十一点十五分
shíyī diǎn shíwǔ fēn

Het is 12.20 uur
十二点二十分
shí'èr diǎn èrshí fēn

Het is 13.30 uur
十三点三十分
shísān diǎn sānshí fēn

Het is 14.35 uur
十四点三十五分
shísì diǎn sānshíwǔ fēn

Het is 15.45 uur
十五点四十五分
shíwǔ diǎn sìshíwǔ fēn

Het is 16.50 uur
十六点五十分
shíliù diǎn wǔshí fēn

Het is 12.00 uur 's middags
中午十二点
zhōngwǔ shí'èr diǎn

Het is 12.00 uur 's nachts
夜里十二点
yèli shí'èr diǎn

een half uur
半个小时
bàngè xiǎoshí

Hoe laat?
在几点钟?
zài jǐ diǎn zhōng?

Hoe laat kan ik langskomen?
我几点可以过来?
wǒ jǐdiǎn kěyǐ guò lái?

Om ...
在 ...
zài ...

Na ...
在 ... 以后
zài ... yǐhòu

Voor ...
在 ... 以前
zài ... yǐqián

Tussen ... en ...
在 ... 和 ... 之间
zài ... hé ... zhījiān

Van ... tot ...
从 ... 到 ...
cóng ... dào ...

Over ... minuten
过 ... 分钟
guò ... fēnzhōng

Over ... uur
过 ... 小时
guò ... xiǎoshí

Over een kwartier
过一刻钟
guò yīkè zhōng

Over drie kwartier
过三刻钟
guò sānkè zhōng

te vroeg/laat
太早 / 太迟
tàizǎo/tàichí

op tijd
准时
zhǔnshí

zomertijd
夏令时
xiàlìngshí

wintertijd
冬季时间
dōngjì shíjiān

■ Een, twee, drie ...

0	零	*líng*
1	一	*yī*
2	二	*èr*
3	三	*sān*
4	四	*sì*
5	五	*wǔ*
6	六	*liù*
7	七	*qī*
8	八	*bā*
9	九	*jiǔ*
10	十	*shí*
11	十一	*shíyī*
12	十二	*shí'èr*

13	十三	*shísān*
14	十四	*shísì*
15	十五	*shíwǔ*
16	十六	*shíliù*
17	十七	*shíqī*
18	十八	*shíbā*
19	十九	*shíjiǔ*
20	二十	*èrshí*
21	二十一	*èrshíyī*
22	二十二	*èrshíèr*
30	三十	*sānshí*
31	三十一	*sānshíyī*
32	三十二	*sānshíèr*
40	四十	*sìshí*
50	五十	*wǔshí*
60	六十	*liùshí*
70	七十	*qīshí*
80	八十	*bāshí*
90	九十	*jiǔshí*
100	一百	*yībǎi*
101	一百零一	*yībǎi língyī*
110	一百一十	*yībǎi yīshí*
120	一百二十	*yībǎi èrshí*
200	二百	*èrbǎi*
300	三百	*sānbǎi*
400	四百	*sìbǎi*
500	五百	*wǔbǎi*
600	六百	*liùbǎi*
700	七百	*qībǎi*
800	八百	*bābǎi*
900	九百	*jiǔbǎi*
1000	一千	*yīqiān*
1100	一千一百	*yīqiān yībǎi*
2000	二千/两千	*liǎngqiān/liǎngqiān*
10.000	一万	*yīwàn*
100.000	十万	*shíwàn*
miljoen	一百万	*yībǎi wàn*
1e	第一	*dìyī*
2e	第二	*dìèr*
3e	第三	*dìsān*
4e	第四	*dìsì*

5e	第五	*dìwǔ*
6e	第六	*dìliù*
7e	第七	*dìqī*
8e	第八	*dìbā*
9e	第九	*dìjiǔ*
10e	第十	*dìshí*
11e	第十一	*dìshíyī*
12e	第十二	*dìshíèr*
13e	第十三	*dìshísān*
14e	第十四	*dìshísì*
15e	第十五	*dìshíwǔ*
16e	第十六	*dìshíliù*
17e	第十七	*dìshíqī*
18e	第十八	*dìshíbā*
19e	第十九	*dìshíjiǔ*
20e	第二十	*dìèrshí*
21e	第二十一	*dìèrshíyī*
22e	第二十二	*dìèrshíèr*
30e	第三十	*dìsānshí*
100e	第一百	*dìyībǎi*
1000e	第一千	*dìyīqiān*

een maal
一次
yīcì
twee maal
两次
liǎngcì
en een half
一半
yībàn
het dubbele
两倍
liǎngbèi
de helft
一半
yībàn
een kwart
四分之一
sì fēnzhī yī
een derde
三分之一
sān fēnzhī yī

een paar, een aantal, enkele
一双，几个，一些
yīshuāng, jǐge, yīxiē

2 + 4 = 6
二加四等于六
èr jiā sì děnyú liù

4 – 2 = 2
四减二等于二
sì jiǎn èr děnyú èr

2 × 4 = 8
二乘以四等于八
èr chéngyǐ sì děnyú bā

4 : 2 = 2
四除以二等于二
sì chúyǐ èr děnyú èr

even/oneven
偶数 / 奇数
ǒushù/jīshù

(in) totaal
一共
yīgòng

We zijn met zijn tweeën
我们共有二个人
wǒmen gòngyǒu liǎngge rén

De groep bestaat uit drie personen
小组由三个人组成
xiáozǔ yóu sānge rén zǔchéng

1.5 Persoonlijke gegevens

achternaam
姓
xìng

voornaam/voornamen
名字
míngzi

voorletters
名字缩写
míngzi suōxiě

adres (straat/nummer)
地址(街道 / 门牌号)
dìzhǐ(jiēdào/ménpái hào)

postcode/woonplaats
邮政编码 / 城镇
yóuzhèng biānmǎ/chéngzhèn

geslacht (m/v)
性别(男性 / 女性)
xìngbié(nánxìng/nǚxìng)

nationaliteit
国籍
guójí

geboortedatum
出生日期
chūshēng rìqī

geboorteplaats
出生地
chūshēngdì

beroep
职业
zhíyè

gehuwd/ongehuwd
已婚 / 未婚
yǐhūn/wèihūn

samenwonend/gescheiden
同居 / 离婚
tóngjū/líhūn

weduwe/weduwnaar
寡妇 / 鳏夫
guǎfu/guānfū

(aantal) kinderen
(几个)孩子
(jǐge)háizi

nummer identiteitsbewijs (paspoort/rijbewijs)
证件(护照 / 驾照)号码
zhèngjiàn (hùzhào/jiàzhào) hàomǎ

plaats en datum van afgifte
签发的日期和地方
qiānfā de rìqī hé dìfang

(mobiele-)telefoonnummer
(移动)电话号码
(yídòng)diànhuà hàomǎ

e-mailadres
电子邮件地址
diànzǐ yóujiàn dìzhǐ

website
网站
wǎngzhàn

weblog
博客
bókè

2 Praktische zaken

2.1 Bank

Waar is hier ergens een bank/een wisselkantoor?
这附近哪里有银行 / 外币兑换处?
zhè fùjìn nǎliyǒu yínháng/wàibì duìhuànchù?

Kan ik hier deze ... inwisselen?
我能在这里兑换 . . . 吗?
wǒ néng zài zhèlǐ duìhuàn ... ma?

Kan ik hier pinnen?
我可以在这里用银行(密码)卡付款吗?
wǒ kěyǐ zài zhèlǐ yòng yínháng(mìmǎ)kǎ fùkuǎn ma?

Kan ik hier met een creditcard geld opnemen?
我可以在这里用信用卡取钱吗?
wǒ kěyǐ zài zhèlǐ yòng xìnyòngkǎ qǔqián ma?

Hoeveel provisie moet ik betalen?
我必须付多少手续费呢?
wǒ bìxū fù duōshao shǒuxùfèi ne?

Waar moet ik tekenen?
我在哪里签字?
wǒ zài nǎli qiānzì?

Kan ik kleinere biljetten krijgen?
我可以要一些小面值的钞票吗?
wǒ kěyǐ yào yīxiē xiǎo miànzhí de chāopiào ma?

Ik zoek een geldautomaat
我找一个取款机?
wǒ zhǎo yīge qǔkuǎnjī?

Wat is het minimum/maximum?
最少 / 最多能取多少钱?
zuìshǎo/zuìduō néng qǔ duōshao qián?

Mag ik ook minder opnemen?
我能少取点钱吗?
wǒ néng shǎo qǔdiǎn qián ma?

Dit zijn de gegevens van mijn bank in Nederland/België
这是我在荷兰 / 比利时银行的资料
zhè shì wǒ zài Hélán/Bǐlìshí yínháng de zīliào

Dit is mijn bankrekeningnummer
这是我的银行帐户
zhèshì wǒde yínháng zhànghù

Ik wil graag geld wisselen
我要兑换一些钱
wǒ yào duìhuàn yīxiē qián

euro tegen ...
欧元对 ...
ōuyuán duì ...

Wat is de wisselkoers?
汇率是多少?
huìlǜ shì duōshao?

Kunt u me ook wat kleingeld geven?
请给我一些零钱
qǐng gěi wǒ yīxiē língqián

Dit klopt niet
这不对
zhè búduì

请在这里签名	U moet hier tekenen
请填写这张表格	U moet dit invullen
请出示您的护照，好吗?	Mag ik uw paspoort zien?
请出示您的身份证，好吗?	Mag ik uw identiteitsbewijs zien?
请出示您的银行卡, 好吗?	Mag ik uw bankpasje zien?

2.2 Post

包裹	pakjes
邮票	postzegels

Ik ben op zoek naar een postkantoor
我在找邮局
wǒ zài zhǎo yóujú

Waar is het hoofdpostkantoor?
邮政总局在哪儿?
yóuzhèng zǒngjú zài nǎr?

Is hier een brievenbus in de buurt?
这附近哪里有邮政信箱?
zhè fùjìn nǎli yǒu yóuzhèng xìnxiāng?

Bij welk loket kan ik geld wisselen?
在哪个柜台我可以兑换钱?
zài nǎge guìtái wǒ kěyǐ duìhuànqián?

Moet ik hier zijn voor een telefonische overboeking?
我是在这里办理电汇吗?
wǒ shì zài zhèlǐ bànlǐ diànhuì ma?

Poste restante
(邮局)邮件待领处
(yóujú)yóujiàn dàilǐng chù

Is er post voor mij? Mijn naam is ...
有我的邮件吗? 我的名字叫 ...
yǒu wǒde yóujiàn ma? Wǒde míngzi jiào ...

Hoeveel moet er op een ... naar ...?
... 寄到 ... 邮费要多少钱?
... jìdào ... yóufèi yào duōshao qián?

Zit er genoeg aan postzegels op?
邮票贴得够不够?
yóupiào tiēde gòu bugòu?

Ik wil graag ... postzegels van ...
我想要 ... 张 ... 钱的邮票
wǒ xiǎngyào ... zhāng ... qián de yóupiào

Ik wil dit pakket per expresse versturen
我想用快递邮寄这个包裹
wǒ xiǎng yòng kuàidì yóujì zhège bāoguǒ

Ik wil deze ansichtkaart per luchtpost versturen
我要用航空寄这张明信片
wǒ yào yòng hángkōng jì zhèzhāng míngxìnpiàn

Ik wil deze brief aangetekend versturen
我要用挂号寄这封信
wǒ yào yòng guàhào jì zhèfēng xìn

Kan ik hier fotokopiëren/faxen?
我能在这里复印 / 发传真吗?
wǒ néng zài zhèlǐ fùyìn/fā chuánzhēn ma?

Hoeveel kost het per pagina?
一页多少钱?
yīyè duōshao qián?

2.3 Telefoon

Is hier ergens een telefooncel in de buurt?
附近有公用电话亭吗?
fùjìn yǒu gōngyòng diànhuà tíng ma?

Is hier ook een munttelefoon?
这里也有投币电话吗?
zhèlǐ yěyǒu tóubì diànhuà ma?

Mag ik van uw telefoon gebruikmaken?
我可以用您的电话吗?
wǒ kěyǐ yòng nínde diànhuà ma?

Mag ik mijn mobiele telefoon hier even opladen?
我可以在这里给手机充一下电吗?
wǒ kěyǐ zàizhèlǐ gěi shǒujī chōng yīxià diàn ma?

Hebt u een telefoonoplader te leen?
您是否可以借我一个手机充电器?
nín shìfǒu kěyǐ jiè wǒ yīge shǒujī chōngdiànqì?

Mijn beltegoed is op
我的充值额用完了
wǒde chōngzhí'é yòngwánle

Heb je bluetooth op je telefoon?
你的手机有篮牙吗?
nǐde shǒujī yǒu lányá ma?

Hoe synchroniseer ik mijn telefoon via bluetooth?
如何将我的手机通过蓝牙同步设置?
rúhé jiāng wǒde shǒujī tōngguò lányá tóngbù shèzhì?

Hebt u een telefoongids van de stad .../de streek ...?
您有没有(本市 / 本区)的电话簿?
nín yǒu méiyǒu (běnshì/běnqū)de diànhuà bù?

Waar kan ik een telefoonkaart/prepaidkaart kopen?
我在哪里可以买到电话卡 / 充值卡?
wǒ zài nǎli kěyǐ mǎidào diànhuà kǎ/chōngzhí kǎ?

Kunt u me helpen aan het nummer van informatie buitenland?
您能给我一个询问国际电话目录的号码吗?
nín néng géi wǒ yīgè xúnwèn guójì diànhuà mùlù de hàomǎ ma?

Kunt u mij het nummer van kamer ... geven?
您能给我 ··· 号房间的号码吗?
nín néng gěi wǒ ... hào fángjiānde hàomǎ ma?

Wat is het internationale toegangsnummer?
接入国际线的号码是多少?
jiērù guójì xiàn de hàomǎ shì duōshao?

Kunt u me helpen aan het landnummer van ...?
您能帮我查找 ··· 的国家号码吗?
nín néng bāng wǒ cházhǎo ... de guójiā hàomǎ ma?

Ik ben op zoek naar het kengetal van ...
我在找 ··· 的地区号码
wǒ zài zhǎo ... de dìqū hàomǎ

Kunt u me helpen aan het abonneenummer van ...?
您能帮我询问 ··· 的订户帐号吗?
nín néng bāng wǒ xúnwèn ... de dìnghù zhànghào ma?

Kunt u nagaan of dit nummer correct is?
请您查一下这个号码对吗?
qǐng nín chá yīxià zhège hàomǎ duìma?

Kan ik automatisch bellen naar het buitenland?
我可以直接打国际长途吗?
wǒ kěyǐ zhíjiē dǎ guójì chángtú ma?

Moet ik via de telefoniste bellen?
我必须通过接线员拨号吗?
wǒ bìxū tōngguò jiēxiànyuán bōhào ma?

Moet ik eerst een nul toetsen?
我必须先拨 '0' 吗?
wǒ bìxū xiān bō 'líng' ma?
Moet ik een gesprek aanvragen?
打电话要预订时间吗?
dǎ diànhuà yào yùdìng shíjiān ma?
Wilt u het volgende nummer voor me bellen?
请您帮我拨这个电话号码好吗?
qǐng nín bāng wǒ bō zhège diànhuà hàomǎ hǎo ma?
Kunt u me doorverbinden met .../toestel ...?
请给我接 ... / ... 分机?
qǐng gěi wǒ jiē .../... fēnjī?
Ik wil graag een collect call met ...
我想打一个对方付款的电话到 ...
wǒ xiǎng dǎ yīge duìfāng fùkuǎnde diànhuà dào ...
Wat kost het per minuut?
一分钟多少钱?
yīfēn zhōng duōshao qián?
Heeft er iemand voor mij gebeld?
有没有人给我打电话?
yǒu méiyǒu rén gěi wǒ dǎ diànhuà?
Ik kreeg een antwoordapparaat/voicemail
我接到一个录音电话 / 电话留言
wǒ jiēdào yīge lùyīn diànhuà/diànhuà liúyán

■ Het gesprek

Hallo, u spreekt met ...
喂, 我是 ...
wèi, wǒ shì ...
Met wie spreek ik?
请问, 您是谁?/ 您哪位?
qǐngwèn, nín shì shuí?/nín nǎ wèi?
Spreek ik met ...?
您是 ...?
nín shì ...?
Sorry, ik heb het verkeerde nummer getoetst
对不起, 我拨错电话了
duìbuqǐ, wǒ bō cuò diànhuà le
Ik kan u niet verstaan
我没听懂
wǒ méi tīng dǒng
Ik wil graag spreken met ...
我想找 ...
wǒ xiǎng zhǎo ...

Is er iemand die Nederlands spreekt?
有没有人会说荷兰语?
yǒu méiyǒu rén huìshuō Hélán yǔ?

Mag ik toestel ... van u?
请接 ... 分机
qǐngjiē ... fēnjī

Wilt u vragen of hij/zij me terugbelt?
请让他 / 她给我回个电话，好吗
qǐng ràngtā/tā gěi wǒ huíge diànhuà, hǎo ma

Mijn naam is ... Mijn nummer is ...
我的名字是 ...，我的电话是 ...
wǒde míngzi shì ..., wǒde diànhuà shì ...

Wilt u zeggen dat ik gebeld heb?
请告诉他 / 她，我给他 / 她打过电话
qǐng gàosù tā/tā, wǒ gěi tā/tā dǎguo diànhuà

Ik bel hem/haar morgen terug
我明天给他 / 她回电话
wǒ míngtiān gěi tā/tā huí diànhuà

您有电话	Er is telefoon voor u
您必须先按‘0’	U moet eerst een nul toetsen
请等一等	Hebt u een momentje?
电话没人接	Ik krijg geen gehoor
电话占线	Het toestel is bezet
您能等一会儿吗?	Wilt u wachten?
我给您接通	Ik verbind u door
您打错了	U hebt een verkeerd nummer
他/她现在不在	Hij/zij is op het ogenblik niet aanwezig
他/她 ... 点回来	Hij/zij is ... weer te bereiken
这是 ... 的电话答录机	Dit is het automatisch antwoordapparaat van ...

2.4 Internet

Waar kan ik toegang tot internet krijgen?
我在哪里能上因特网?
wǒ zài nǎli néng shàng yīntèwǎng?

Is er (gratis) draadloos internet?
有没有(免费)无线上网?
yǒu méiyǒu (miǎnfèi) wúxiàn shàngwǎng?

Wat is het wachtwoord om internetverbinding te krijgen?
网络连接的密码是什么?
wǎngluò liánjiēde mìmǎ shì shénme?

Is er een internetcafé?
附近有网吧吗?
fùjìn yǒu wǎngba ma?
Waar kan ik mijn e-mail bekijken?
我在哪里能看一下我的电子邮件?
wǒ zài nǎli néng kàn yīxià wǒde diànzǐ yóujiàn?
Hoeveel kost het gebruik van een computer per halfuur/uur?
上机半个小时 / 一小时多少钱?
shàngjī bànge xiǎoshí/yī xiǎoshí duōshao qián?

2.5 Foto en video

Ik ben op zoek naar een geheugenkaart voor deze camera
我在找这台照相机的存储卡
wǒ zài zhǎo zhètái zhàoxiàngjī de cúnchǔkǎ
Ik wil graag een geheugenkaart van ... Mb/Gb
我要一个 … Mb/Gb 存储卡
wǒ yào yīge ... 'Mb/Gb' cúnchǔkǎ
Hoeveel foto's kan ik met deze geheugenkaart maken?
这个存储卡能拍多少张照片?
zhège cúnchǔkǎ néng pāi duōshao zhāng zhàopiàn?
Ik wil graag een nieuwe accu voor deze camera
我要一个这台照相机用的新电池
wǒ yào yīge zhètái zhàoxiàngjī yòngde xīndiànchí
Hebt u ook wegwerpcamera's?
您也有一次性使用的照相机吗?
nín yě yǒu yīcì xing shǐyòngde zhàoxiàngjī ma?
Ik ben op zoek naar mini-DV-tapes/dvd's voor deze camera
我在找这台照相机用的微型DV带 /DVD盘
wǒ zài zhǎo zhètái zhàoxiàngjī yòngde wēixíng 'DV' dài/'DVD' pán
Hebt u ook AA/AAA-batterijen?
您也有 AA/AAA 电池吗?
nín yěyǒu 'AA/AAA' diànchí ma?
Hebt u ook knoopcelbatterijen?
您也有钮扣电池吗?
nín yěyǒu niǔkòu diànchí ma?
Hebt u ook oplaadbare batterijen?
您也有充电电池吗?
nín yěyǒu chōngdiàn diànchí ma?
Ik zoek een batterijoplader
我找一个充电器
wǒ zhǎo yīge chōngdiànqì
Ik wil graag pasfoto's laten maken
我想照护照照片
wǒ xiǎng zhào hùzhào zhàopiàn

Problemen

Mijn camera doet het niet, kunt u hem repareren?
我的照相机出故障了，您能修理吗？
wǒde zhàoxiàngjī chū gùzhàng le, nín néng xiūlǐ ma?

De geheugenkaart zit vast, kunt u hem er voor mij uithalen?
存储卡卡住了，您能帮我取出来吗？
cúnchǔkǎ qiǎzhùle, nín néng bāng wǒ qǔchūlái ma?

De lens gaat niet open
镜头打不开
jìngtóu dǎbukāi

Moet ik de batterijen vervangen?
我必须要换电池吗?
wǒ bìxū yào huàn diànchí ma?

De flitser doet het niet
闪光灯有毛病
shǎnguāngdēng yǒu máobìng

Hoe lang gaat de reparatie duren?
修理要花多少时间?
xiūlǐ yàohuā duōshao shíjiān?

Ontwikkelen en afdrukken

Ik wil afdrukken maken van digitale bestanden
我想从数据文件打印照片
wǒ xiǎng cóng shùjù wénjiàn dǎyìn zhàopiàn

Ik wil graag foto's op een cd/dvd zetten
我要把照片拷在一张cd/dvd 盘上
wǒ yào bǎ zhàopiàn kǎozài yīzhāng cd/dvd pánshàng

Kunt u de foto's van mijn camera op deze USB-stick zetten?
您能把我照相机里的照片拷在这个USB盘上吗？
nín néng bǎ wǒ zhàoxiàngjī lǐde zhàopiàn kǎozài zhège 'USB' pánshàng ma?

Kunt u ... afdrukken van elke foto voor me maken?
您能帮我每张照片打印 … 张吗？
nín néng bāng wǒ měizhāng zhàopiàn dǎyìn … zhāng ma?

glanzend/mat
光面的 / 绸面的
guāng miànde/chóu miànde

10 × 15 (tien bij vijftien)
10乘以15（厘米）
shí chéng yǐ shíwǔ(límǐ)

Ik wil deze foto laten vergroten
我想放大这张照片
wǒ xiǎng fàngdà zhèzhāng zhàopiàn

Hoe duur is het afdrukken?
印照片多少钱?
yìn zhàopiàn duōshao qián?
Wanneer zijn ze klaar?
什么时候能取照片?
shénme shíhou néng qŭ zhàopiàn?

2.6 Het weer

Wordt het mooi/slecht weer?
天气会好吗?/ 会坏吗?
tiānqì huì hăo ma?/huì huài ma?
Hoeveel graden wordt het?
几度?
jĭdù?
Gaat het regenen?
会下雨吗?
huì xiàyŭ ma?
Wordt er storm verwacht?
会有暴风雨吗?
huìyŏu bàofēngyŭ ma?
Gaat het morgen sneeuwen?
明天会下雪吗?
míngtiān huì xiàxuě ma?
Verwacht u dat het gaat vriezen?
您预计会结冰吗?
nín yùjì huì jiébīng ma?
Gaat het dooien?
会解冻吗?
huì jiědòng ma?
Is er mist voorspeld?
预报有雾吗?
yùbào yŏuwù ma?
Komt er onweer?
会有雷雨吗?
huì yŏu léiyŭ ma?
Het weer slaat om
变天了
biàn tiānle
Het koelt af
天要变冷了
tiān yào biànlĕng le
Wat voor weer wordt het vandaag/morgen?
今天 / 明天的天气怎么样?
jīntiān/míngtiānde tiānqì zĕnme yàng?

Blijft het zo?
明天也是这样吗?
míngtiān yěshì zhèyàng ma?

(零上 / 零下) ... 度	... graden (boven/onder nul)
闷热	benauwd
阴天的	betrokken
多云的	bewolkt
热的	heet
薄冰	ijzel
寒冷的	kil
寒冷的	koud
雾	mist
晴朗的	mooi
毛毛雨	motregen
晴朗的	onbewolkt
雷雨	onweersbui
雨	regen
多雨的	regenachtig
阵雨	regenbui
狂风	rukwinden
雪	sneeuw
霜	vorst
温和的	zacht
阳光充足的	zonnig

Een praatje over het weer

Wat is het warm/koud vandaag!
今天真热 / 冷!
jīntiān zhēn rè/lěng!

Lekker weer, hè?
天气真好, 是不是?
tiānqì zhēn hǎo, shì bushì?

Wat een wind/storm!
这么大的风 / 暴风雨!
zhème dàde fēng/bàofēngyǔ!

Wat een regen/sneeuw!
下这么大的雨 / 雪!
xià zhème dàde yǔ/xuě!

Is het hier al lang zulk weer?
在这里这样的天气很久了吗?
zài zhèlǐ zhèyàngde tiānqì hěnjiǔle ma?

Is het hier altijd zo warm/koud?
这里总是这么热 / 冷吗?
zhèlǐ zǒngshì zhème rè/lěng ma?
Is het hier altijd zo droog/nat?
这里总是这么干 / 潮湿吗?
zhèlǐ zǒngshì zhème gān/cháoshī ma?
Bij ons regent het vaak
我们那里经常下雨
wǒmen nàli jīngcháng xiàyǔ

2.7 Veiligheid

Is dat een veilige wijk om te bezoeken?
那是一个安全的参观区吗?
nàshì yīge ānquánde cānguānqū ma?
Kan ik daar als vrouw alleen naartoe?
作为女人我可以一个人去那里吗?
zuòwéi nǚrén wǒ kěyǐ yīge rén qù nàli ma?
Kan ik hier 's avonds veilig over straat?
我晚上在这里的街上走路安全吗?
wǒ wǎnshang zài zhèlǐ de jiēshang zǒulù ānquán ma?
Is het (kraan)water drinkbaar?
这里自来水能喝吗?
zhèlǐ zìláishuǐ néng hē ma?
De treinen rijden niet vanwege een verdacht pakketje
由于有个可疑的包裹，火车停驶了
yóuyú yǒuge kěyíde bāoguǒ, huǒchē tíngshǐ le
Het hotel wordt ontruimd vanwege een bommelding
由于收到有炸弹的报告，旅馆客人必须撤离
yóuyú shōudào yǒu zhàdàn de bàogào, lǚguǎn kèrén bìxū chèlí
Zitten hier gevaarlijke wilde dieren?
这里有危险的野生动物吗?
zhèlǐ yǒu wēixiǎn de yěshēng dòngwù ma?
Komen hier vaak aardbevingen/vulkaanuitbarstingen voor?
这里经常发生地震 / 火山爆发吗?
zhèlǐ jīngcháng fāshēng dìzhèn/huǒshān bàofā ma?
Is er kans op een overstroming/lawine?
可能发生洪水 / 雪崩吗?
kěnéng fāshēng hóngshuǐ/xuěbēng ma?
Kan ik in deze omgeving veilig liften?
在这周围我可以安全地搭车吗?
zài zhè zhōuwéi wǒ kěyǐ ānquánde dāchē ma?
Zijn hier malariamuggen?
这里有疟蚊吗?
zhèlǐ yǒu nüèwén ma?

Zijn deze naalden steriel?
这些针头消过毒吗？
zhèxiē zhēntóu xiāoguòdú ma?

Is het hier veilig om te kamperen?
这里露营安全吗？
zhèlǐ lùyíng ānquán ma?

Moeten we nog bepaalde voorzorgsmaatregelen nemen?
我们还要采取哪些防范措施？
wǒmen háiyào cǎiqǔ nǎxiē fángfàn cuòshī?

3 Ontmoetingen

3.1 Algemeen

■ Dank u wel

Bedankt/dank u wel
谢谢(您)
xièxie(nín)

Geen dank/graag gedaan
不客气
bùkèqi

Heel hartelijk dank
衷心感谢
zhōngxīn gǎnxiè

Erg vriendelijk van u
您太客气了
nín tài kèqile

Het was me een waar genoegen
我非常高兴
wǒ fēicháng gāoxìng

Dank u voor de moeite
谢谢，太麻烦您了
xièxie, tài máfan nín le

Dat had u niet moeten doen
您不要这样客气
nín bùyào zhèyàng kèqi

Dat zit wel goed, hoor
没关系
méi guānxi

■ Pardon

Pardon
抱歉 / 请原谅 / 劳驾
bàoqiàn/qǐng yuánliàng/láojià

Sorry!
对不起!
duìbuqǐ!

Sorry, ik wist niet dat ...
对不起，我不知道 ...
duìbuqǐ, wǒ bù zhīdao ...

Neemt u me niet kwalijk
对不起
duìbuqǐ
Het spijt me
遗憾
yíhàn
Ik deed het niet expres, het ging per ongeluk
我不是故意的，而是不小心
wǒ búshì gùyìde, érshì bù xiǎoxīn
Dat geeft niet, hoor
没关系 / 不客气
méi guānxi/bùkèqi
Laat maar zitten
不碍事 / 没事
bù'àishi/méishì
Dat kan iedereen overkomen
谁也免不了
shuí yě miǎnbuliǎo

■ Feliciteren en condoleren

Gefeliciteerd met uw verjaardag/naamdag
祝您生日 / 命名日快乐
zhù nín shēngri/mìngmíngrì kuàilè
(Nog) de beste wensen
（还有）最好的祝愿
(háiyǒu) zuìhǎode zhùyuàn
Gecondoleerd
请接受我的吊唁
qǐng jiēshòu wǒde diàoyàn
Ik vind het heel erg voor u
我为您难过
wǒ wèi nín nánguò

3.2 Iemand aanspreken

Dag meneer Wang
你好，王先生
nǐhǎo, wáng xiānsheng
Dag mevrouw Li
你好，李太太
nǐhǎo, Lǐ tàitai
Hallo Peter
你好，彼得
nǐhǎo, bǐdé

Hoi Helen
嗨，海伦
hāi, hǎilún

Goedemorgen mevrouw
早上好，太太
zǎoshanghǎo, tàitai

Goedemiddag meneer
下午好，先生
xiàwǔ hǎo, xiānsheng

Goedenavond
晚上好
wǎnshang hǎo

Hoe gaat het ermee?
你好吗?
nǐhǎo ma?

Goed, en met u?
很好，您呢?
hěnhǎo, nínne?

Uitstekend
非常好
fēicháng hǎo

Niet zo goed
不怎么好
bù zěnme hǎo

Gaat wel
还可以
hái kěyǐ

Mag ik u wat vragen?
我可以问您一件事吗?
wǒ kěyǐ wèn nín yījiàn shì ma?

Neemt u me niet kwalijk
对不起
duìbuqǐ

Pardon, kunt u me helpen?
劳驾, 您可以帮我个忙吗?
láojià, nín kěyǐ bāng wǒ gè máng ma?

Ja, wat is er aan de hand?
可以，您有什么事儿?
kěyǐ, nín yǒu shénme shìr?

Wat kan ik voor u doen?
我能为您做什么?
wǒ néng wèi nín zuò shénme?

Sorry, ik heb nu geen tijd
对不起，我现在没有时间
duìbuqǐ, wǒ xiànzài méiyǒu shíjiān

Hebt u een vuurtje?
您有打火机 / 火柴吗?
nín yǒu dǎhuǒjī/huǒchái ma?
Mag ik een foto van u maken?
我可以给您拍张照吗?
wǒ kěyǐ gěi nín pāi zhāng zhào ma?
Mag ik bij u komen zitten?
我可以坐在这儿吗?
wǒ kěyǐ zuò zài zhèr ma?
Wilt u een foto van mij/ons maken? Dit knopje indrukken
您可以给我 / 我们照张相片吗? 按这个按钮
nín kěyǐ gěi wǒ/wǒmén zhào zhāng xiàngpiàn ma? àn zhègè ànniǔ
Laat me met rust
让我安静一下
ràng wǒ ānjìng yīxià
Als u niet weggaat, ga ik gillen
走开，否则我就要大叫了
zǒukāi, fǒuzé wǒ jiù yào dàjiào le
Ik wil nu graag alleen zijn
我现在想一个人呆着
wǒ xiànzài xiǎng yīge rén dāizhe

3.3 Zich voorstellen

■ Wie bent u?

Mag ik me even voorstellen?
我可以自我介绍一下吗?
wǒ kěyǐ zìwǒ jièshào yīxià ma?
Ik heet ...
我叫 ...
wǒ jiào ...
Ik ben ...
我是(叫) ...
wǒ shì (jiào) ...
Hoe heet u?
您叫什么名字?
nín jiào shénme míngzi?
Mag ik u even voorstellen?
我可以介绍 ... 吗?
wǒ kěyǐ jièshào ... ma?
Dit is mijn vrouw/dochter/moeder/vriendin
这是我的妻子 / 女儿 / 母亲 / 女朋友
zhè shì wǒde qīzi/nǚ'ér/mǔqin/nǚpéngyou

Dit is mijn man/zoon/vader/vriend
这是我的丈夫 / 儿子 / 父亲 / 男朋友
zhèshì wǒde zhàngfu/érzi/fùqin/nánpéngyou

Hallo, leuk u te ontmoeten
您好，很高兴认识您
nínhǎo, hěn gāoxìng rènshi nín

Aangenaam (kennis te maken)
幸会
xìnghuì

Bent u getrouwd?
您结婚了吗?
nǐ jiéhūn le ma?

Heb je een vaste vriend(in)?
你有固定的男朋友 / 女朋友吗?
nǐ yǒu gùdìng de nánpéngyou/nǚpéngyou ma?

Dat gaat je niets aan
那与你无关
nà yǔ nǐ wúguān

Ik ben getrouwd
我已结婚
wǒ yǐ jiéhūn

Ik ben vrijgezel
我是单身
wǒ shì dānshēn

Ik ben gescheiden (van tafel en bed)
我分居了
wǒ fēnjū le

Ik ben gescheiden (officieel)
我离婚了
wǒ líhūn le

Ik ben weduwe/weduwnaar
我是寡妇 / 鳏夫
wǒ shì guǎfu/guānfū

Ik woon alleen/samen
我独居 / 与某人同居
wǒ dújū/yǔ mǒurén tóngjū

Hebt u kinderen/kleinkinderen?
您有孩子 / 孙子孙女吗?
nín yǒu háizi/sūnzi sūnnǚ ma?

Hoeveel kinderen hebt u?
您有几个孩子?
nín yǒu jǐge háizi?

Wat een leuk kind!
真是一个可爱的孩子啊!
zhēnshi yīge kě'ài de háizi a!

Is het een jongen of een meisje?
那是一个男孩还是一个女孩?
nà shì yīge nánhái háishi yīge nǚhái?

Hij lijkt op u/uw man
他像您 / 您的丈夫
tā xiàng nín/nínde zhàngfu

Zij lijkt op u/uw vrouw
她像您 / 您的妻子
tā xiàng nín/nínde qīzi

Hoe heet uw zoon/dochter?
您的儿子 / 女儿叫什么?
nínde érzi/nǚ'ér jiào shénme?

Hoe oud bent u?
您多大岁数 / 年纪了?
nín duōdà suìshù/niánjì le?

Hoe oud is zij/hij?
她 / 他多大岁数了?
tā/tā duōdà suìshu le?

Ik ben ... jaar oud
我 ... 岁了
wǒ ... suì le

Zij/hij is ... jaar oud
她 / 他 ... 岁了
tā/tā ... suì le

Wat voor werk doet u?
您做什么工作?
nín zuò shénme gōngzuò?

Ik werk op een kantoor
我在办公室工作
wǒ zài bàngōngshì gōngzuò

Ik studeer/zit op school
我是学生
wǒ shì xuésheng

Ik doe vrijwilligerswerk
我做义工
wǒ zuò yìgōng

Ik ben werkloos
我失业了
wǒ shīyè le

Ik ben gepensioneerd
我退休了
wǒ tuìxiū le

Ik ben arbeidsongeschikt
我已病退了
wǒ yǐ bìngtuì le

Ik ben huisvrouw/huisman
我是家庭妇女 / 家庭妇男
wǒ shì jiātíng fùnǚ/jiātíng fùnán

Vindt u uw werk leuk?
您喜欢您的工作吗?
nín xǐhuan nín de gōngzuò ma?

Soms wel, soms niet
有时候喜欢，有时候不喜欢
yǒu shíhou xǐhuan, yǒu shíhou bù xǐhuan

Meestal wel, maar vakantie is leuker
通常都喜欢，但度假更快乐
tōngcháng dōu xǐhuan, dàn dùjià gèng kuàilè

Wat voor geloof hebt u?
您信什么教?
nín xìn shénme jiào?

Ik ben boeddhist
我是佛教徒
wǒ shì fójiàotú

Ik ben katholiek
我是天主教徒
wǒ shì tiānzhǔ jiàotú

Ik ben protestant
我是新教徒
wǒ shì xīn jiàotú

Ik ben hindoe
我是印度教徒
wǒ shì yìndù jiàotú

Ik ben joods
我是犹太教徒
wǒ shì yóutài jiàotú

Ik ben moslim
我是伊斯兰教徒
wǒ shì yīsīlán jiàotú

Ik ben ..., maar niet praktiserend
我是 ...，但我并不参加什么活动
wǒ shì ..., dàn wǒ bìng bù cānjiā shénme huódòng

■ Waar komt u vandaan?

Waar komt u vandaan?
您是哪里人?
nín shì nǎli rén?

Ik kom uit Nederland/België/Vlaanderen
我来自荷兰 / 比利时 / 佛兰芒
wǒ láizì hélán/bǐlìshí/fólánmáng

In welke stad woont u?
您住在哪个城市?
nín zhù zài nǎge chéngshì?

In ... Dat is dicht bij ...
在 ..., 临近 ...
zài ..., línjìn ...

Hoe bent u hier gekomen?
您怎么到这里来的?
nín zěnme dào zhèlǐ lái de?

■ Wat doet u hier?

Wat doet u hier?
您在这里做什么?
nín zài zhèlǐ zuò shénme?

Ik ben op doorreis/rondreis
我在继续旅行 / 周游
wǒ zài jìxù lǚxíng/zhōuyóu

Ik ben op wereldreis/huwelijksreis
我在周游世界 / 蜜月旅行
wǒ zài zhōuyóu shìjiè/mìyuè lǚxíng

Ik volg een taalcursus en wil daarom graag Chinees met u praten
我上中文课, 所以我很想用中文与您交谈
wǒ shàng zhōngwénkè, suǒyǐ wǒ hěnxiǎng yòng zhōngwén yǔ nín jiāotán

Ik ben op een cruise
我在乘游轮旅行
wǒ zài chéng yóulún lǚxíng

Ik doe een groepsreis
我参加一个旅行团
wǒ cānjiā yīge lǚxíngtuán

Ik ben op zakenreis
我在公务旅行
wǒ zài gōngwù lǚxíng

Ik ben hier op vakantie/om te werken
我在这里度假 / 工作
wǒ zài zhèlǐ dùjià/gōngzuò

Ik studeer hier
我在这里学习
wǒ zài zhèlǐ xuéxí

■ Hoe lang blijft u hier?

Hoe lang blijft u hier?
您在这里呆多久?
nín zài zhèlǐ dāi duōjiǔ?

We vertrekken (waarschijnlijk) morgen/over twee weken
我们(可能)明天离开 / 过两个星期离开
wǒ mén (kěnéng) míngtiān/guò liǎngge xīngqī líkāi

Bent u hier al lang?
您来这里多久了?
nǐ lái zhèlǐ duōjiǔ le?

Een paar dagen
只有几天
zhíyǒu jǐtiān

Waar logeert u?

Waar logeert u?
您住在哪儿?
nín zhù zài nǎr?

In een hotel/appartement
在宾馆 / 在公寓
zài bīnguǎn/zài gōngyù

Op een camping
在一个露营地
zài yīge lùyíngdì

In huis bij vrienden/familie
住在朋友家 / 亲戚家
zhù zài péngyou jiā/qīnqi jiā

Ik ben een vriend van ...
我是 ... 的朋友
wǒ shì ... de péngyou

Met wie reist u?

Bent u hier alleen/met uw gezin?
您一个人吗?/ 您跟家人在一起吗?
nín yīge rén ma?/nín gēn jiārén zài yīqǐ ma?

Ik ben alleen
我一个人
wǒ yīge rén

Ik reis met mijn partner/vrouw/man
我跟我配偶 / 妻子 / 丈夫一起旅行
wǒ gēn wǒ pèi'ǒu/qīzi/zhàngfu yīqǐ lǚxíng

Ik ben hier met mijn gezin
我和我的家人在这里
wǒ hé wǒde jiārén zài zhèlǐ

Ik ben op reis met een vriend/een vriendin/vrienden
我跟一个男朋友 / 一个女朋友 / 朋友们在一起旅行
wǒ gēn yīge nánpéngyou/yīge nǚpéngyou/péngyoumen zài yīqǐ lǚxíng

3.4 Elkaar begrijpen

Ik spreek geen/een beetje ...
我不会讲 ... 语 / 我讲一点点 ... 语
wǒ bù huì jiǎng ... yǔ/wǒ jiǎng yīdiǎndiǎn ... yǔ

Ik ben Nederlander/Nederlandse
我是荷兰人
wǒ shì hélán rén

Ik ben Belg/Belgische
我是比利时人
wǒ shì bǐlìshí rén

Ik ben Vlaming/Vlaamse
我是佛兰芒人
wǒ shì fólánmáng rén

Spreekt u Engels/Frans/Duits/Spaans?
您讲英语 / 法语 / 德语 / 西班牙语吗?
nín jiǎng yīngyǔ/fǎyǔ/déyǔ/xībānyáyǔ ma?

Is er iemand die ... spreekt?
这里有没有人会说 ... 语?
zhèlǐ yǒu méiyǒu rén huì shuō ... yǔ?

Wat zegt u?
您说什么?
nín shuō shénme?

Ik begrijp het (niet)
我懂了 / 我不懂
wǒ dǒngle/wǒ bùdǒng

Begrijpt u mij?
您听懂了吗?
nín tīng dǒng le ma?

Wilt u dat a.u.b. herhalen?
请您再说一遍?
qǐng nín zài shuō yībiàn?

Kunt u wat langzamer praten?
请您讲慢一点, 好吗?
qǐng nín jiǎng màn yīdiǎn, hǎo ma?

Wat betekent dat/dat woord?
这个(字) 是什么意思?
zhège (zì) shì shénme yìsi?

Kunt u dat voor me opschrijven?
请您给我写下来, 好吗?
qǐng nín gěi wǒ xiě xiàlái, hǎo ma?

Kunt u dat voor me spellen?
请您为我拼读一下, 好吗?
qǐng nín wèiwǒ pīndú yīxià, hǎo ma?

Kunt u dat in deze taalgids aanwijzen?
您可以在这本语言指南中找到它吗?
nín kěyǐ zài zhèběn yǔyán zhǐnán zhōng zhǎo dào tā ma?

Een ogenblik, ik moet het even opzoeken
请等一下，我必须查一下
qǐng děng yīxià, wǒ bìxū cháyīxià

Ik kan het woord/de zin niet vinden
我找不到这个词 / 句子
wǒ zhǎo búdào zhège cí/jùzi

Hoe zeg je dat in het Chinees?
用中文怎么说?
yòng zhōngwén zěnme shuō?

Hoe spreek je dat uit?
怎么念?
zěnme niàn?

3.5 Hobby's

Hebt u hobby's?
您有什么爱好?
nín yǒu shénme àihào?

Ik houd van fotograferen/uitgaan
我喜欢摄影 / 出去玩
wǒ xǐhuan shèyǐng/chūqùwán

Ik lees graag
我喜欢阅读
wǒ xǐhuan yuèdú

Ik ben gek op ...
我特别喜欢 ...
wǒ tèbié xǐhuan ...

Ik houd van muziek
我喜欢音乐
wǒ xǐhuan yīnyuè

Ik houd van gitaar-/pianospelen
我喜欢弹吉他 / 钢琴
wǒ xǐhuan tán jítā/gāngqín

Ik speel graag computergames
我喜欢玩计算机游戏
wǒ xǐhuan wán jìsuànjī yóuxì

Ik ga graag naar de film/het theater
我喜欢去看电影 / 看戏剧
wǒ xǐhuan qù kàn diànyǐng/kàn xìjù

Ik ga vaak naar concerten
我经常去听音乐会
wǒ jīngcháng qù tīng yīnyuèhuì

Ik reis/sport graag
我喜欢旅游 / 运动
wǒ xǐhuan lǚyóu/yùndòng
Ik ga vaak vissen/wandelen op zondag
星期天我经常去钓鱼 / 散步
xīngqītiān wǒ jīngcháng qù diàoyú/sànbù
Ik voetbal/tennis regelmatig
我固定时间踢足球 / 打网球
wǒ gùdìng shíjiān tī zúqiú/dǎ wǎngqiú

3.6 Een mening geven

Wat hebt u liever?
您更喜欢哪个?
nín gèng xǐhuan nǎge?
Wat vind je ervan?
你觉得怎么样?
nǐ jué de zěnme yàng?
Houd je niet van dansen?
你不喜欢跳舞吗?
nǐ bù xǐhuan tiàowǔ ma?
Het maakt mij niets uit
我无所谓
wǒ wú suǒwèi
Goed zo!
好极了!
hǎo jí le!
Niet slecht!
还行!
háixíng!
Uit de kunst!
太好了!
tàihǎole!
Heerlijk!
太棒了!
tài bàng le!
Wat is het hier gezellig!
这里简直太愉快了!
zhèlǐ jiǎnzhí tài yúkuài le!
Ik vind het mooi/niet mooi
我觉得漂亮 / 不漂亮
wǒ juéde piàoliang/bú piàoliang
Wat leuk/mooi!
真好 / 漂亮!
zhēn hǎo/piàoliang!

Wat fijn voor u!
我为您高兴！
wǒ wèi nín gāoxìng!

Ik ben (niet) erg tevreden over ...
我对 ... 很满意 / 我对 ... 不满意
wǒ duì ... hěn mǎnyì/wǒ duì ... bù mǎnyì

Ik ben blij dat ...
我很高兴 ...
wǒ hěn gāoxìng ...

Ik amuseer me prima
我玩儿得很高兴
wǒ wánr de hěn gāoxìng

Ik verheug me erop
我正期待着
wǒ zhèng qīdài zhe

Ik hoop dat het lukt
我希望一切进行顺利
wǒ xīwàng yīqiè jìnxíng shùnlì

Wat afschuwelijk!
太可怕了！
tài kěpà le!

Wat jammer!
太可惜了！
tài kěxī le!

Wat een onzin/flauwekul!
胡说八道！
húshuōbādào!

Ik houd niet van ...
我不喜欢 ...
wǒ bù xǐhuan ...

Ik verveel me kapot
我觉得无聊极了
wǒ jué de wúliáo jí le

Ik heb er genoeg van
我受够了
wǒ shòu gòu le

Dat kan zo niet
这样不好
zhèyàng bù hǎo

Ik had iets heel anders verwacht
我真没想到会这样
wǒ zhēn méi xiǎngdào huì zhèyàng

3.7 Een compliment geven

Wij hebben heerlijk gegeten
太好吃了
tài hăo chī le
Het heeft ons voortreffelijk gesmaakt
饭菜好极了
fàncài hăo jí le
Vooral de ... was erg lekker
特别是 ...， 太好吃了
tèbié shì ..., tài hăo chī le
Wat ziet u er goed uit!
您看起来很精神！
nín kàn qĭlái hĕn jīngshen!
Mooie auto!
你的车真漂亮！
nĭde chē zhēn piàoliang!
Leuk skipak!
滑雪服真棒！
huáxuĕfú zhēn bàng!
Je bent een lieve jongen/meid
你是个可爱的男孩 / 女孩
nĭ shì ge kĕ'ài de nánhái/nǚhái
Wat een lief kindje!
这孩子真可爱！
zhè háizi zhēn kĕ'ài!
U danst heel goed
您舞跳得很好
nín wŭ tiào de hĕn hăo
U bent een voortreffelijke kok
您是一位优秀厨师
nín shì yīwèi yōuxiù chúshī
U voetbalt fantastisch
您球踢得绝了
nín qiú tīde jué le

3.8 Iets aanbieden

Mag ik u iets te drinken aanbieden?
您想喝什么饮料?
nín xiăng hē shénme yĭnliào?
Wat wil je drinken?
您要喝点什么?
nín yào hēdiăn shénme?

Graag iets zonder alcohol
请给我不带酒精的饮料
qǐng gěi wǒ bùdài jiǔjīngde yǐnliào

Wilt u een sigaret/sigaar?
您想抽支烟 / 雪茄吗?
nín xiǎng chōu zhī yān/xuějiā ma?

Nee dank u, ik rook niet
不，谢谢您，我不抽烟
bù, xièxie nín, wǒ bù chōuyān

3.9 Uitnodigen

Heb je vanavond iets te doen?
你今天晚上有事吗?
nǐ jīntiān wǎnshang yǒu shì ma?

Hebt u al plannen voor vandaag/vanmiddag?
您今天 / 今天下午有什么计划吗?
nín jīntiān/jīntiān xiàwǔ yǒu shénme jìhuà ma?

Heb je zin om met mij uit te gaan?
你愿意和我一起出去吗?
nǐ yuànyì hé wǒ yīqǐ chūqù ma?

We zouden naar het strand kunnen gaan?
我们不是要去海滩吗?
wǒmen búshìyào qù hǎitān ma?

Wil je met ons mee naar de stad?
你要和我们一起进城吗?
nǐ yào hé wǒmen yīqǐ jìnchéng ma?

Heb je zin om met ons naar vrienden te gaan?
你有兴趣和我们一起去拜访朋友吗?
ní yǒu xìngqù hé wǒmen yīqǐ qù bàifǎng péngyou ma?

Zullen we dansen?
我们跳舞好吗?
wǒmen tiàowǔ hǎo ma?

Zullen we iets gaan drinken?
我们一起喝点东西好吗?
wǒmen yīqǐ hē diǎn dōngxi hǎo ma?

Zullen we een eindje gaan lopen/rijden?
我们去外面走走 / 开车转转好吗?
wǒmen qù wàimiàn zǒuzou/kāichē zhuànzhuan hǎo ma?

Ga je mee fietsen?
我们一起去骑车吗?
wǒmen yīqǐ qù qíchē ma?

Ja, dat is goed
好，可以
hǎo, kěyǐ

Goed idee
好主意
hǎo zhǔyi
Nee (bedankt)
不，谢谢
bù, xièxie
Straks misschien
也许过一会儿
yěxǔ guò yī huìr
Daar heb ik geen zin in
我没有兴趣
wǒ méiyǒu xìngqù
Ik heb geen tijd
我没有时间
wǒ méiyǒu shíjiān
Ik heb al een andere afspraak
我已经有其它约会了
wǒ yǐjing yǒu qítā yuēhuì le
Ik kan niet dansen/zwemmen
我不会跳舞/游泳
wǒ búhuì tiàowǔ/yóuyǒng

3.10 Iets afspreken

Wanneer zie ik je weer?
我何时再见到你呢?
wǒ héshí zài jiàn dào nǐ ne?
Hebt u in het weekend tijd?
您周末有空吗?
nín zhōumò yǒukòng ma?
Wat zullen we afspreken?
我们怎么安排?
wǒmen zěnme ānpái?
Zullen we nog eens iets afspreken?
我们要不要再约个时间?
wǒmen yào buyào zài yuēge shíjiān?
Waar zullen we elkaar treffen?
我们在哪里见面?
wǒmen zài nǎli jiànmiàn?
Kom je mij/ons halen?
你来接我 / 我们吗?
nǐ lái jiēwǒ/wǒmen ma?
Zal ik je ophalen?
我去接你，好吗?
wǒ qù jiē nǐ, hǎo ma?

Ik moet om ... uur thuis zijn
我必须 ... 点钟回家
wǒ bìxū ... diǎnzhōng huí jiā

Ik spreek liever niet meer af
我不想再与你约会
wǒ bùxiǎng zài yúnǐ yuēhuì

Ik wil je niet meer zien
我不想再见到你了
wǒ bù xiǎng zài jiàndào nǐ le

3.11 Iemand versieren

Ik vind het fijn om bij je te zijn
我喜欢跟你在一起
wǒ xǐhuan gēn nǐ zàiyīqǐ

Ik heb je zo gemist
我非常想念你
wǒ fēicháng xiǎng niàn nǐ

Ik heb van je gedroomd
我梦见你了
wǒ mèng jiàn nǐ le

Ik moet de hele dag aan je denken
我整天想你
wǒ zhěngtiān xiǎngnǐ

Je lacht zo lief
你笑得真甜
nǐ xiàode zhēn tián

Je hebt zulke mooie ogen
你的眼睛真迷人
nǐde yǎnjing zhēn mírén

Ik ben verliefd op je
我爱上你了
wǒ àishàng nǐ le

Ik ook op jou
我也爱上你了
wǒ yě àishàng nǐ le

Ik houd van jou
我爱你
wǒ ài nǐ

Ik ook van jou
我也爱你
wǒ yě ài nǐ

Ik heb niet zulke sterke gevoelens voor jou
我对你没有那么深的感情
wǒ duì nǐ méiyǒu nàme shēn de gǎnqíng

Ik heb al een vriend/vriendin
我已经有了一个男朋友 / 女朋友
wǒ yǐjing yǒule yīge nán péngyou/nǚ péngyou

Ik ben nog niet zover
我的感情还没有到这一步
wǒde gǎnqíng hái méiyǒu dào zhèyī bù

Het gaat me veel te snel
我不想这么快就这样做
wǒ bù xiǎng zhème kuài jiù zhèyàng zuò

Blijf van me af
别碰我
bié pèng wǒ

Oké, geen probleem
好，没问题
hǎo, méi wèntí

Ik bel je morgen
我明天给你打电话
wǒ míngtiān gěi nǐ dǎ diànhuà

Blijf je vannacht bij me?
你愿意陪我睡一晚吗?
nǐ yuànyì péiwǒ shuì yīwǎn ma?

■ Seks

Ik wil graag met je naar bed
我想跟你上床
wǒ xiǎng gēn nǐ shàngchuáng

Alleen met een condoom
好，不过我们一定要用避孕套
hǎo, búguò wǒmen yīdìng yào yòng bìyùntào

We moeten voorzichtig zijn vanwege aids/soa
我们要当心艾滋病 / 性病
wǒmen yào dāngxīn àizībìng/xìngbìng

Dat zeggen ze allemaal
人人都这么说
rénrén dōu zhème shuō

Laten we geen risico nemen
我们不应该冒这个险
wǒmen bù yīnggāi mào zhège xiǎn

Heb je een condoom?
你有一个避孕套吗?
nǐ yǒu yīge bìyùn tào ma?

Nee? Dan doen we het niet
没有？那么我们就算了
méiyǒu? nàme wǒmen jiù suàn le

Kus me
吻我吧
wěn wǒ ba
Vind je dit lekker?
你觉得舒服吗?
nǐ juéde shūfu ma?
Dat vind ik niet prettig!
我不喜欢那样
wǒ bù xǐhuan nàyàng
Doe je ... uit
脱去你的 . . .
tuōqù nǐde ...
Dat was lekker
舒服极了
shūfu jí le

3.12 Afscheid nemen

Ik ga maar eens
我得走
wǒ děi zǒu
Ik moet ervandoor. Er wordt op mij gewacht
我得走了，有人在等我
wǒ děi zǒule, yǒurén zài děng wǒ
Dag!
再见!
zàijiàn!
Tot ziens
再见
zàijiàn
Tot later
过会儿见
guò huìr jiàn
Tot zo
一会儿见
yīhuìr jiàn
Welterusten
晚安
wǎn'ān
Goedenacht
晚安
wǎn'ān
Het beste
万事如意!
wànshì rúyì!

Veel plezier
玩得开心
wánde kāixīn

Veel geluk
祝你走运
zhù nǐ zǒu yùn

Prettige vakantie
度假快乐
dùjià kuàilè

Goede reis
一路平安
yī lù píng'ān

Bedankt, insgelijks
谢谢你，你也一样
xièxie nǐ, nǐ yě yīyàng

De groeten aan ...
向 . . . 问好
xiàng ... wènhǎo

Mag ik je naar huis brengen?
我可以送你回家吗?
wǒ kěyǐ sòng nǐ huíjiā ma?

Mag ik je schrijven/bellen?
我可以给你写信 / 打电话吗?
wǒ kěyǐ gěi nǐ xiě xìn/dǎ diànhuà ma?

Kan ik je e-mailen/sms'en?
我可以给你发电子邮件 / 发短信吗?
wǒ kěyǐ gěi nǐ fā diànzǐ yóujiàn/fā duǎnxìn ma?

Schrijf/bel je mij?
你可以给我写信 / 打电话吗?
nǐ kěyǐ gěi wǒ xiě xìn/dǎ diànhuà ma?

Ik moet morgen naar huis
我明天要回家
wǒ míngtiān yào huíjiā

Ik zal je missen
我会想念你
wǒ huì xiǎngniàn nǐ

We houden toch wel contact?
我们保持联络，好吗?
wǒmen bǎochí liánluò, hǎo ma?

Zullen we contact houden via MSN/Facebook?
我们通过MSN/Facebook保持联系, 好吗?
wǒmen tōngguò MSN/fēisībùkè bǎochí liánxì, hǎo ma?

Houd je een weblog bij?
你是否拥有博客?
nǐ shìfǒu yōngyǒu bókè?

Ik geef u een visitekaartje
我给您一张名片
wǒ gěi nín yìzhāng míngpiàn

Hebt u pen en papier?
您有纸和笔吗?
nín yǒu zhǐ hé bǐ ma?

Mag ik je (e-mail)adres/telefoonnummer?
我可以要你的(电子邮件)地址 / 电话号码吗?
wǒ kěyǐ yào nǐde (diànzǐ yóujiàn) dìzhǐ/diànhuà hàomǎ ma?

Bedankt voor alles
感谢您为我做的一切
gǎnxiè nín wèi wǒ zuòde yīqiè

Het was erg leuk
这太好了
zhè tàihǎole

Doe de groeten aan ...
代向 ... 问好
dàixiàng ... wènhǎo

Ik wens je het allerbeste
万事如意!
wànshì rúyì!

Veel succes verder
祝你走运
zhù nǐ zǒuyùn

Wanneer kom je weer?
你什么时候回来?
nǐ shénme shíhou huílái?

Ik wacht op je
我等你
wǒ děng nǐ

Ik zou je graag nog eens terugzien
我想再见到你
wǒ xiǎng zài jiàn dào nǐ

Ik hoop dat we elkaar gauw weerzien
我希望很快再见到你
wǒ xīwàng hěnkuài zài jiàn dào nǐ

Ik stuur de foto's naar u toe
我会给您寄去照片
wǒ huì gěi nín jìqù zhàopiàn

Ik zet de foto's wel op Facebook/Flickr
我在 Facebook/Flickr 网上放上了照片
wǒ zài 'Facebook/Flickr' wǎngshang fàng shàngle zhàopiàn

Ik geloof niet dat het klikt tussen ons
我认为我们彼此不合适
wǒ rènwèi wǒmen bǐcǐ bù héshì

Ik wil onze relatie beëindigen/het uitmaken
我想结束我们的关系
wǒ xiǎng jiéshù wǒmende guānxì

Dit is ons adres. Als u ooit in Nederland/België/Vlaanderen bent ...
这是我们的住址。如果您有机会来荷兰 / 比利时 / 佛兰芒的话 …
zhèshì wǒmende zhùzhǐ. rúguǒ nín yǒujīhuì lái hélán/bǐlìshí/fólánmáng dehuà ...

U bent van harte welkom
非常欢迎您
fēicháng huānyíng nín

Leuk u te hebben ontmoet/met u te hebben gesproken
很高兴见到您 / 与您交谈
hěn gāoxìng jiàn dào nín/yǔ nín jiāotán

Ik bel/mail/sms u
我打电话给您 / 发邮件给您 / 发短信给您
wǒ dǎ diànhuà gěi nín/fā yóujiàn gěinín/fā duǎnxìn gěi nín

4 Onderweg

4.1 De weg vragen

Pardon, mag ik u iets vragen?
劳驾，我可以问您一下吗?
láojià, wǒ kěyǐ wèn nín yīxià ma?

Ik ben de weg kwijt
我迷路了
wǒ mílùle

Weet u een ... in de buurt?
这里有没有 ...?
zhèlǐ yǒu méiyǒu ...?

Is dit de weg naar ...?
这是去 ... 的路吗?
zhèshì qù ... de lù ma?

Kunt u me zeggen hoe ik naar ... moet lopen/fietsen?
请告诉我到 … 走路 / 骑自行车怎么走?
qǐng gàosù wǒ dào ... zǒulù/qízìxíngchē zěnme zǒu?

Hoe kom ik daar het snelst met de auto?
我怎么最快地开车去那里?
wǒ zěnme zuì kuàide kāichē qù nàli?

Hoe kom ik het snelst in ...?
哪一条路去 ... 最快呢?
nǎ yītiáo lù qù ... zuìkuài ne?

Hoeveel kilometer is het nog naar ...?
到 ... 还有多少公里?
dào ... háiyǒu duōshao gōnglǐ?

Kunt u het op de kaart aanwijzen?
您可以在地图上指出来吗?
nín kěyǐ zài dìtú shàng zhǐchū lái ma?

Mijn navigatiesysteem is kapot, kunt u me vertellen hoe ik in ... kom?
我的导航器坏了，您能告诉我去 … 怎么走吗?
wǒde dǎohángqì huàile, nín néng gàosu wǒ qù ... zěnme zǒu ma?

■ Waar?

hier/daar
这里 / 那里
zhèlǐ/nàli

ergens/nergens
某处 / 无处
mǒuchù/wúchù

overal
到处
dàochù

ver weg/dichtbij
远处 / 附近
yuǎnchù/fùjìn

naar rechts/links
向右 / 向左
xiàngyòu/xiàngzuǒ

rechts/links van
在 ... 右边 / 左边
zài ... yòubiān/zuǒbiān

rechtdoor
直走
zhízǒu

via
经由
jīngyóu

in
在 ... 里面
zài ... lǐmiàn

op
在 ... 上面
zài ... shàngmian

onder
在 ... 下面
zài ... xiàmian

tegen
对于
duìyú

tegenover
对面
duìmiàn

naast
在旁边 / 挨着
zàipángbiān/āizhe

bij
靠近
kàojìn

voor
前面
qiánmiàn

in het midden
在中间
zàizhōngjiān
naar voren
向前
xiàngqián
beneden/naar beneden
楼下 / 下楼
lóuxià/xiàlóu
boven/naar boven
楼上 / 上楼
lóushàng/shànglóu
binnen/naar binnen
里面 / 进来
lǐmiàn/jìnlái
buiten/naar buiten
外面 / 出去
wàimiàn/chūqù
achter
后面
hòumiàn
vooraan
在前面
zàiqiánmiàn
achteraan
在背面
zài bèimiàn
in het noorden
在北部
zài běibù
naar het zuiden
向南
xiàngnán
uit het westen
来自西部
láizì xībù
van het oosten
从东部
cóng dōngbù
ten noorden van
在 … 的北面
zài … de běimiàn

我不知道，我不熟悉这里的路	Ik weet het niet, ik ben hier niet bekend
您走错了	U zit verkeerd

您必须回到 ...	U moet terug naar ...
跟着那儿的路牌走	Daar wijzen de borden u verder
到那边再问	Daar moet u het opnieuw vragen
直走	rechtdoor
左转	linksaf
右转	rechtsaf
拐弯	afslaan
跟着	volgen
过马路	oversteken
十字路口	de kruising
街道	de straat
红绿灯	het verkeerslicht
隧道	de tunnel
‘优先十字路口’路标	het verkeersbord 'voorrangskruising'
大楼	het gebouw
在拐角	op de hoek
河	de rivier
天桥	het viaduct
桥	de brug
(铁路与公路)平面交叉道口/铁道栏杆	de spoorwegovergang/de spoorbomen
路牌指着向 ...	het bord richting ...
箭头	de pijl

4.2 Douane

请出示您的护照	Uw paspoort, a.u.b.
请出示您的绿卡	De groene kaart, a.u.b.
请出示您的汽车证	Het kentekenbewijs, a.u.b.
请出示您的签证	Uw visum, a.u.b.
您上哪儿去?	Waar gaat u naartoe?
您打算在这里住多久?	Hoe lang bent u van plan te blijven?
您有没有什么要申报?	Hebt u iets aan te geven?
请打开这个 ...	Wilt u deze openmaken?
取下您的皮带	Doe uw riem af
脱掉您的鞋子	Doe uw schoenen uit
这里面放的是什么?	Wat zit hierin?
您的包是自己装的吗?	Hebt u uw tas zelf ingepakt?

Mijn kinderen zijn bijgeschreven in dit paspoort
我孩子的名字在这一本护照上
wǒ háizi de míngzi zài zhè yīběn hùzhào shàng

Ik ben op doorreis
我只是经过这儿
wǒ zhǐ shì jīngguò zhèr

Ik ga op vakantie naar ...
我要到 ... 去度假
wǒ yàodào ... qù dùjià

Ik ben op zakenreis
我正在出差
wǒ zhèngzài chūchāi

Ik weet nog niet hoe lang ik blijf
我还不知道要呆多久?
wǒ hái bù zhīdao yào dāi duōjiǔ?

Ik ben van plan een paar dagen te blijven
我打算住上几天
wǒ dǎsuàn zhùshang jǐtiān

Ik blijf hier twee weken
我在这里住两个星期
wǒzài zhèlǐ zhù liǎngge xīngqī

Ik heb niets aan te geven
我没有什么要申报的
wǒ méiyǒu shénme yào shēnbào de

Ik heb een slof sigaretten bij me
我带了一条香烟
wǒ dàile yītiáo xiāngyān

Ik heb een fles ... bij me
我带了一瓶 …
wǒ dàile yīpíng ...

Ik heb enkele souvenirs bij me
我带了一些纪念品
wǒ dàile yīxiē jìniàn pǐn

Dit zijn persoonlijke spullen
这些都是我自己用的东西
zhèxiē dōushì wǒ zìjǐ yòngde dōngxi

Dat is mijn tas niet
那不是我的包
nà búshì wǒde bāo

Mag ik mijn tas nu weer inpakken?
我现在可以把我的包重新装起来了吗?
wǒ xiànzài kěyǐ bǎ wǒde bāo chóngxīn zhuāng qǐlái le ma?

Deze spullen zijn niet nieuw
这些东西不是新的
zhèxiē dōngxi búshì xīn de

Hier is de bon
这是收据
zhèshì shōujù
Dit is voor eigen gebruik
这是我私人用的
zhè shì wǒ sīrén yòng de
Hoeveel moet ik aan invoerrechten betalen?
我必须交多少钱的进口税?
wǒ bìxū jiāo duōshao qián de jìnkǒu shuì?
Mag ik nu gaan?
我现在可以走了吗?
wǒ xiànzài kěyǐ zǒule ma?
Ik wil graag mijn ambassade/consulaat bellen
我要打电话给我的大使馆 / 领事馆
wǒ yào dǎ diànhuà gěi wǒde dàshǐguǎn/lǐngshìguǎn

4.3 Bagage

Waar kan ik een bagagewagentje vinden?
我在哪里能找到一辆行李车?
wǒ zài nǎli néng zhǎodào yīliàng xíngli chē?
Kan ik deze bagage in bewaring geven?
我能寄存这件行李吗?
wǒ néng jìcún zhèjiàn xíngli ma?
Waar zijn de bagagekluizen?
行李柜子在哪儿?
xíngli guìzi zài nǎr?
Ik krijg de kluis niet open
我打不开这个柜子
wǒ dǎ bù kāi zhège guìzi
Hoeveel kost het per stuk per dag?
存一件行李一天多少钱?
cún yījiàn xíngli yītiān duōshao qián?
Er ontbreekt nog een tas/koffer
还少了一个旅行包 / 一个箱子
hái shǎole yīge lǚxíngbāo/yīge xiāngzi
Mijn koffer is beschadigd
我的箱子被砸坏了
wǒde xiāngzi bèi záhuài le
Mijn koffers zijn niet aangekomen
我的旅行箱没到
wǒde lǚxíngxiāng méi dào
Mijn tas is gestolen
我的旅行包被偷了
wǒde lǚxíngbāo bèi tōu le

4.4 De auto

Zie ook de afbeelding op pagina 71.

Mag ik hier parkeren?
我可以在这里停车吗？
wǒ kěyǐ zài zhèlǐ tíngchē ma?

Kan ik hier geld wisselen voor de parkeerautomaat?
我是否可以在这里为我停车换些零钱？
wǒ shìfǒu kěyǐ zài zhèlǐ wèi wǒ tíngchē huànxiē língqián?

Hoe hard mag ik hier rijden?
这里开车允许开多快？
zhèlǐ kāichē yúnxǔ kāi duōkuài?

4.5 Verkeersborden

此路不通	afgesloten voor alle rijverkeer
所有方向	alle richtingen
其它方向	andere richtingen
市中心	centrum
死路	doodlopende weg
过路交通	doorgaand verkeer
单行道	eenrichtingsverkeer
结束限速	einde snelheidsbeperking
工厂出口	fabrieksuitgang
自行车道	fietsers
换道	gebruik andere rijbaan
危险	gevaar
拐弯危险	gevaarlijke bochten
斜坡危险	gevaarlijke helling
交叉路口危险	gevaarlijke kruising
斜坡	helling
路上有冰	ijzel
禁止入内	inrijden verboden
十字路口	kruising
慢	langzaam
靠左行	links houden
最高限速	maximumsnelheid
地下停车场	ondergrondse parkeergarage
开灯	ontsteek uw lichten
行人道	oversteekplaats voetgangers
交叉道口	overweg
路旁停车处	parkeerplaats (langs de autoweg)

计时停车处	parkeerzone (parkeerschijf verplicht)
靠右行	rechts houden
公共汽车道	rijbaan voor bus
路面不平	slecht wegdek
路滑	slipgevaar
减速	snelheid verminderen
高速公路	snelweg
碎石	steenslag
陡降	sterke daling
迎面车辆	tegenliggers
双车道	tweebaansweg met gescheiden rijbanen
出口	uitgang
出口	uitrit (afrit)
出口保持畅通	uitrit vrijlaten
岩石坠落	vallend gesteente
禁止超车	verboden in te halen
禁止左转	verboden linksaf te slaan
禁止停车	verboden te parkeren
减速	verminder snelheid
必行之路	verplichte rijrichting
行人	voetgangers
主道 / 优先路	voorrangsweg
让路	voorrang verlenen
分岔	voorsorteren
禁止等候	wachtverbod
道路不通	weg afgesloten
绕道行驶	omleiding
道路变窄	wegversmalling
前方施工	werk in uitvoering
路边软地基	zachte berm
医院	ziekenhuis

4.6 Het benzinestation

Hoeveel kilometer is het naar het volgende benzinestation?
请问，到下一个加油站有多少公里?
qǐngwèn, dao xia yīge jiāyóuzhàn yǒu duōshao gōnglǐ?
Ik wil ... liter superbenzine
我要加 … 公升97号汽油
wǒ yào jiā ... gōngshēng jiǔshíqī hào qìyóu

Ik wil ... liter normale benzine
我要加 … 公升93号汽油
wǒ yào jiā … gōngshēng jiǔshísān hào qìyóu

Ik wil ... liter diesel
我要加 … 公升柴油
wǒ yào jiā … gōngshēng cháiyóu

Ik wil ... liter loodvrije benzine
我要加 … 公升无铅汽油
wǒ yào jiā … gōngshēng wúqiān qìyóu

Ik wil voor ... yuan lpg
我要加 … 元的液化气
wǒ yào jiā … yuánde yèhuàqì

Vol, a.u.b.
请加满油
qǐng jiā mǎn yóu

Wilt u het oliepeil controleren?
您可以检查一下油箱里的油量吗?
nín kěyǐ jiǎnchá yīxià yóuxiānglǐ de yóuliàng ma?

Wilt u de bandenspanning controleren?
您可以检查一下轮胎压力吗?
nín kěyǐ jiǎnchá yīxià lúntāi yālì ma?

Kunt u de olie verversen?
您能给我换机油吗?
nín néng gěi wǒ huàn jīyóu ma?

Kunt u de ruiten/de voorruit schoonmaken?
请您给我擦一擦玻璃 / 挡风玻璃好吗?
qǐng nín gěi wǒ cāyīcā bōlí/dǎngfēng bōlí hǎo ma?

Kan ik mijn auto hier laten wassen?
我可以在这里洗车吗?
wǒ kěyǐ zài zhèlǐ xǐchē ma?

4.7 Pech en reparaties

Ik heb pech. Kunt u me even helpen?
我的汽车出故障了。您能帮我忙吗?
wǒde qìchē chū gùzhàng le. nín néng bāng wǒ máng ma?

Ik sta zonder benzine
我的汽油用光了
wǒde qìyóu yòngguāng le

Ik heb de sleuteltjes in de auto laten zitten
我把钥匙锁在车里面了
wǒ bǎ yàoshi suǒ zài chē lǐmiàn le

De auto/motorfiets start niet
汽车 / 摩托车不能启动了
qìchē/mótuōchē bù néng qǐdòng le

Het achterlicht van mijn brommer is kapot
我的助动车尾灯坏了
wǒde zhùdòngchē wěidēng huàile
Hebt u startkabels/een sleepkabel?
您有跨接（汽车）电缆线 / 拖车绳吗?
nín yǒu kuàjiē (qìchē) diànlǎn xiàn/tuō chē shéng ma?
Wilt u me helpen duwen?
您能帮我推一下车吗?
nín néng bāng wǒ tuī yīxià chē ma?
Weet u een garage/benzinestation in de buurt?
您知道附近有修车行 / 加油站吗?
nín zhīdao fùjìn yǒu xiūchēháng/jiāyóuzhàn ma?
Kunt u voor mij de wegenwacht waarschuwen?
请帮我联系公路故障服务，好吗?
qǐng bāng wǒ liánxì gōnglù gùzhàng fúwù, hǎo ma?
Kunt u voor mij een garage bellen?
请帮我打个电话给修车行，好吗?
qǐng bāng wǒ dǎ ge diànhuà gěi xiūchēháng, hǎo ma?
Kunt u mij een lift geven naar een garage/de stad?
我能搭您的便车去修车行 / 进城吗?
wǒ néng dā nínde biànchē qù xiūchēháng/jìnchéng ma?
Kan ik met u meerijden naar een praatpaal?
我可以坐您的车去紧急电话处吗?
wǒ kěyǐ zuò nínde chē qù jǐnjí diànhuàchù ma?
Kan mijn (brom)fiets ook mee?
我也能带着我的(助动)车吗?
wǒ yě néng dàizhe wǒde (zhùdòng)chē ma?
Kunt u mij naar een garage slepen?
您可以把我的车拖到修车行吗?
nín kěyǐ bǎwǒde chē tuōdào xiūchēháng ma?
Er is waarschijnlijk iets mis met ...
... 可能有毛病
... kěnéng yǒu máobìng
Kunt u het repareren?
您能修理吗?
nín néng xiūlǐ ma?
Kunt u mijn band plakken?
您可以补轮胎吗?
nín kěyǐ bǔ lúntāi ma?
Kunt u dit wiel verwisselen?
您可以给我换这个轮胎吗?
nín kěyǐ gěi wǒ huàn zhège lúntāi ma?
Kunt u het zo repareren dat ik ermee naar ... kan rijden?
您可以给我修一修，让我能开到 ...?
nín kěyǐ gěi wǒ xiūyīxiū, ràng wǒ néng kāidào ...?

Auto

1	**accu**	电瓶	*diànpíng*
2	**achterlicht**	尾灯	*wěidēng*
3	**achteruitkijk-spiegel**	后视镜	*hòushì jìng*
	achteruitrijlamp	倒车灯	*dàochēdēng*
4	**airbag**	安全气囊	*ānquán qìnáng*
5	**antenne**	天线	*tiānxiàn*
	autoradio	汽车收音机	*qìchē shōuyīnjī*
6	**benzinetank**	油箱	*yóuxiāng*
	bougies	火花塞	*huǒhuāsāi*
	brandstoffilter	燃料过滤器	*ránliào guòlǜqì*
	brandstofpomp	燃料泵	*ránliàobèng*
7	**buitenspiegel**	侧视镜	*cèshìjìng*
8	**bumper**	缓冲挡板	*huǎnchōng dǎngbǎn*
	carburateur	汽化器	*qìhuàqì*
	carter	曲轴箱	*qūzhóuxiāng*
	cilinder	气缸	*qìgāng*
	claxon	喇叭	*lǎba*
	contactpunten	断闭点	*duànbìdiǎn*
	controlelampje	警告灯	*jǐnggàodēng*
	dynamo	发电机	*fādiànjī*
	gaspedaal	油门	*yóumén*
	handrem	手煞车	*shǒushāchē*
	klep	阀门	*fámén*
9	**knalpot**	消音器	*xiāoyīnqì*
	koelwaterleiding	冷却水管	*lěngquèshuǐguǎn*
10	**kofferbak**	(汽车)后备箱	*(qìchē)hòubèixiāng*
11	**koplamp**	前灯	*qiándēng*
	krukas	曲轴	*qūzhóu*
12	**luchtfilter**	空气过滤器	*kōngqìguòlǜqì*
	mistachterlicht	后雾灯	*hòuwùdēng*
13	**motorblok**	发动机组	*fādòngjīzǔ*
	nokkenas	凸轮轴	*tūlúnzhóu*
	oliefilter	油过滤器	*yóuguòlǜqì*
	oliepomp	油泵	*yóubèng*
	oliepeilstok	量油尺	*liángyóuchǐ*
	ontsteking	点火	*diǎnhuǒ*
	pedaal	踏板	*tàbǎn*
14	**portier**	门	*mén*
15	**radiateur**	散热片	*sànrèpiàn*
	remlicht	刹车灯	*shāchēdēng*
16	**remschijf**	刹车盘	*shāchēpán*
	reservewiel	备用轮胎	*bèiyòng lúntāi*
17	**richtingaanwijzer**	方向灯	*fāngxiàng dēng*
18	**ruit**	(车)窗玻璃	*(chē)chuāng bōlí*
19	**ruitenwisser**	挡风玻璃雨刷	*dǎngfēng bōlí yǔshuā*
20	**schokbreker**	减震器	*jiǎnzhènqì*
	schuifdak	遮阳顶棚	*zhēyángdǐngpéng*
	spoiler	汽车偏导器	*qìchē piāndǎoqì*
	startmotor	起动马达	*qǐdòngmǎdá*
21	**stuurhuis**	方向盘轴	*fāngxiàngpán zhóu*
22	**uitlaatpijp**	排气管	*páiqìguǎn*
23	**veiligheidsgordel**	安全带	*ānquándài*
	ventilator	风箱	*fēngxiāng*
24	**verdelerkabel**	配线电缆	*pèixiàn diànlǎn*
25	**versnellings-hendel**	变速杆	*biànsùgǎn*
	waterpomp	水泵	*shuǐbèng*
26	**wiel**	轮子	*lúnzi*
27	**wieldop**	毂盖	*gǔgài*
	zuiger	活塞	*huósāi*

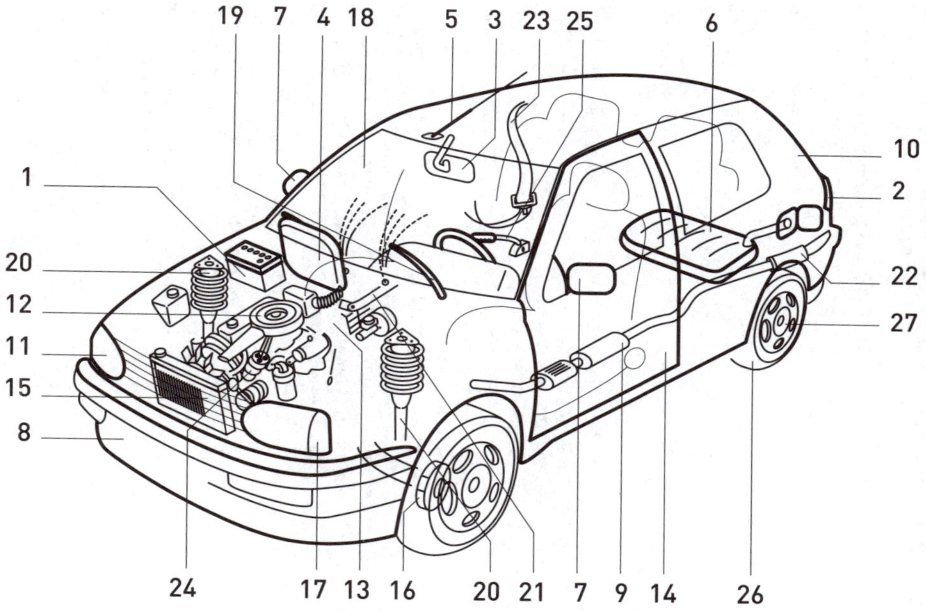
19
7
4
18
5
3
23
25
6
10
2
22
27
1
20
12
11
15
8
24
17
13
16
20
21
7
9
14
26

Wanneer is mijn auto/fiets klaar?
我的汽车 / 自行车什么时候能修好?
wǒde qìchē/zìxíngchē shénme shíhou néng xiūhǎo?
Kan ik er hier op wachten?
我可以在这儿等你修好吗?
wǒ kěyǐ zài zhèr děng nǐ xiūhǎo ma?
Hoeveel gaat het kosten?
修理费多少钱?
xiūlǐ fèi duōshao qián?
Kunt u de rekening specificeren?
您可以列出帐单细目吗?
nín kěyǐ lièchū zhàngdān xìmù ma?
Mag ik een kwitantie voor de verzekering?
我可以要一张保险收据吗?
wǒ kěyǐ yào yīzhāng bǎoxiǎn shōujù ma?

把汽车停在这里太危险了	De auto staat hier te gevaarlijk
您不能把汽车停放在这里	U kunt uw auto hier niet achterlaten
我没有您的汽车/自行车的配件	Ik heb geen onderdelen voor uw auto/fiets
我要去别的地方给您找配件	Ik moet de onderdelen ergens anders gaan halen
我需要给您订配件	Ik moet de onderdelen bestellen
那需要半天时间	Dat duurt een halve dag
那需要一天时间	Dat duurt een dag
那需要一个星期时间	Dat duurt een week
您的汽车全报废了	Uw auto is total loss
它不能修了	Daar valt niets meer aan te doen
您的汽车 / 摩托车 / 助动车 / 自行车 … 点能修好	De auto/motor/brommer/fiets is om ... uur klaar

4.8 De fiets

Zie ook de afbeelding op pagina 77.
Kun je hier veilig fietsen?
这里骑车安全吗?
zhèlǐ qíchē ānquán ma?
Ik ga vandaag ... km fietsen
我今天要骑 … 公里的车
wǒ jīntiān yào qí ... gōnglǐ de chē
Hoeveel km heb jij gefietst vandaag?
今天你骑了多少公里的车?
jīntiān nǐ qíle duōshao gōnglǐ de chē?
Mag mijn fiets vannacht binnen staan?
我今晚可以把自行车放在里面吗?
wǒ jīnwǎn kěyǐ bǎ zìxíngchē fàng zài lǐmiàn ma?

Kan ik mijn fiets hier achterlaten?
我能把我的自行车放在这里吗?
wǒ néng bǎ wǒde zìxíngchē fàng zài zhèlǐ ma?

Kan ik een tweedehandsfiets kopen?
我能买一辆二手自行车吗?
wǒ néng mǎi yīliàng èrshǒu zìxíngchē ma?

Waar kan ik mijn band laten plakken/fiets laten repareren?
我在哪里能补车胎 / 修自行车?
wǒ zài nǎli néng bǔ chētāi/xiū zìxíngchē?

4.9 Vervoermiddel huren

Ik wil graag een ... huren
我想要租一个 ...
wǒ xiǎngyào zū yīge ...

Heb ik daarvoor een (bepaald) rijbewijs nodig?
我需要(特别的)驾照吗?
wǒ xūyào(tèbiéde)jiàzhào ma?

Verhuurt u ook kinderstoeltjes voor in de auto?
您也出租汽车里用的儿童座吗?
nín yě chūzū qìchēlǐ yòngde értóng zuò ma?

Ik wil de ... huren voor een dag
我想要租一天 …
wǒ xiǎngyào zū yītiān ...

Wat kost dat per dag/week?
每一天 / 每星期多少钱?
měi yītiān/měi xīngqī duōshao qián?

Hoeveel is de borgsom?
押金要多少钱?
yājīn yào duōshao qián?

Mag ik een bewijs dat ik de borgsom betaald heb?
请给我押金收据, 好吗?
qǐng gěi wǒ yājīn shōujù, hǎo ma?

Hoeveel toeslag komt er per kilometer bij?
每公里要付多少附加费?
měi gōnglǐ yào fù duōshao fùjiā fèi?

Is de benzine erbij inbegrepen?
包括汽油费吗?
bāokuò qìyóu fèi ma?

Zit de verzekering bij de prijs in?
保险费包括在价格里面了吗?
bǎoxiǎnfèi bāokuò zài jiàgé lǐmiàn le ma?

Hoeveel kost het afkopen van het eigen risico?
没有自担风险的保险要多少钱?
méiyǒu zìdān fēngxiǎn de bǎoxiǎn yào duōshao qián?

Zijn de kilometers vrij?
公里数包括在内了吗?
gōnglǐshù bāokuò zài nèi le ma?

Hoe laat kan ik de ... morgen ophalen?
我明天什么时候来取...?
wǒ míngtiān shénme shíhou lái qǔ ...?

Wanneer moet ik de ... terugbrengen?
... 什么时候要还?
... shénme shíhou yào huán?

Waar zit de tank?
油箱在哪里?
yóuxiāng zài nǎli?

Wat voor brandstof moet erin?
需要加哪种油?
xūyào jiā nǎzhǒng yóu?

Heeft deze auto voldoende vermogen om in de bergen te rijden?
这辆汽车是否有足够的动力在山区行驶?
zhèliàng qìchē shìfǒu yǒu zúgòude dònglì zài shānqū xíngshǐ?

Welke versnelling kan ik het beste gebruiken in de bergen?
在山区使用哪个变速挡开车最好?
zài shānqū shǐyòng nǎge biànsùdǎng kāichē zuìhǎo?

Deze auto is wel erg groot/klein, is er nog een andere beschikbaar?
这辆车实在太大 / 小了， 是否还有其它选择?
zhèliàng chē shízài tài dà/xiǎo le, shìfǒu háiyǒu qítā xuǎnzé?

Zit er airconditioning/een cd-speler in de auto?
汽车里有空调 /CD盘播放机吗?
qìchēlí yǒu kōngtiáo/'CD' pán bōfàngjī ma?

Zit er gps/een navigatiesysteem in de auto?
汽车里有GPS/ 导航系统吗?
qìchēlí yǒu 'GPS'/dǎoháng xìtǒng ma?

Kunt u het zadel verhogen?
您能把自行车座升高吗?
nín néng bǎ zìxíngchēzuò shēnggāo ma?

Kunt u het stuur verlagen?
您能把自行车手把降低吗?
nín néng bǎ zìxíngchē shǒubǎ jiàngdī ma?

Moet ik een helm dragen?
我必须戴头盔吗?
wǒ bìxū dài tóukuī ma?

4.10 Liften

Waar gaat u naartoe?
您要去哪儿?
nín yào qù nǎr?

Mag ik zo ver mogelijk met u meerijden?
您能尽可能多带我一段吗?
nín néng jìn kěnéng duō dàiwǒ yīduàn ma?
Mag mijn vriend/vriendin ook mee?
我的男朋友 / 女朋友也可以一起去吗?
wǒde nánpéngyou/nǚpéngyou yě kěyǐ yīqǐ qù ma?
Is er nog ruimte voor mijn man/vrouw?
还有我丈夫 / 妻子可以坐的地方吗?
háiyǒu wǒ zhàngfu/qīzi kěyǐ zuòde dìfāng ma?
Mag mijn rugzak/bagage in de kofferbak?
我能把我的背包 / 行李放在车后备箱吗?
wǒ néng bǎ wǒde bèibāo/xíngli fàngzài chē hòubèixiāng ma?
Ik moet naar ...
我要去 ...
wǒ yào qù ...
Ligt dat op de weg naar ...?
这是去 ... 的路吗?
zhèshì qù ... de lù ma?
Kunt u me hier afzetten?
您可以让我在这里下车吗?
nín kěyǐ ràng wǒ zài zhèlǐ xiàchē ma?
Kunt u me bij de afrit naar ... afzetten?
您可以让我在去往 ··· 的出口处下车吗?
nín kěyǐ ràng wǒ zài qùwǎng ... de chūkǒuchù xiàchē ma?
Kan ik in het centrum worden afgezet?
您可以让我在市中心下车吗?
nín kěyǐ ràng wǒ zài shì zhōngxīn xiàchē ma?
Wilt u hier stoppen, a.u.b.?
请您在这里停一下好吗?
qǐng nín zài zhèlǐ tíng yīxià hǎo ma?
Ik wil er hier uit
我想在这里下车
wǒ xiǎng zài zhèlǐ xiàchē
Dank u wel voor de lift
非常感谢搭您的车!
fēicháng gǎnxiè dā nínde chē!

4.11 Inlichtingen

Waar is de informatiebalie?
哪里有问讯台?
nǎli yǒu wènxùn tái?
Waar vind ik de dienstregeling?
哪里有时刻表?
nǎli yǒu shíkèbiǎo?

Fiets

1	**achterlicht**	后灯	*hòudēng*
	achterwiel	后轮	*hòulún*
2	**as**	轴	*zhóu*
3	**bagagedrager**	后车架	*hòuchē jià*
4	**balhoofd**	转向头	*zhuǎnxiàngtóu*
5	**bel**	铃	*líng*
	binnenband	内胎	*nèitāi*
	buitenband	外胎	*wàitāi*
6	**crank**	曲柄	*qūbǐng*
7	**derailleur**	转辙器	*zhuǎnzhéqì*
	draadje	电线	*diànxiàn*
	dynamo	发电机	*fādiànjī*
8	**fietspomp**	自行车打气筒	*zìxíngchē dǎqìtǒng*
	frame	车架	*chējià*
	jasbeschermer	衣服挡板	*yīfu dǎngbǎn*
9	**ketting**	车链	*chēliàn*
10	**kettingkast**	车链保护罩	*chēliàn bǎohùzhào*
	kilometerteller	里程表	*lǐchéngbiǎo*
	kinderzitje	儿童坐	*értóngzuò*
11	**knijprem**	手刹车	*shǒushāchē*
12	**koplamp**	前灯	*qiándēng*
	lampje	灯泡	*dēngpào*
13	**pedaal**	脚蹬子	*jiǎodēngzi*
14	**reflector**	反光板	*fǎnguāngbǎn*
15	**remblokje**	刹车片	*shāchēpiàn*
16	**remkabel**	刹车线	*shāchēxiàn*
17	**slot**	车锁	*chēsuǒ*
	snelbinder	运载橡皮带	*yùnzàixiàngpídài*
18	**spaak**	辐条/车条	*fútiáo/chētiáo*
19	**spatbord**	挡泥板	*dǎngníbǎn*
20	**stuur**	手把	*shǒubǎ*
21	**tandwiel**	链轮	*liànlún*
22	**trapas**	曲柄轴	*qūbǐngzhóu*
	trommelrem	轮闸	*lúnzhá*
23	**velg**	轮圈	*lúnquān*
24	**ventiel**	气阀 / 气门	*qìfá/qìmén*
	ventielslangetje	气门心	*qìménxīn*
	versnellingskabel	变速线	*biànsùxiàn*
25	**voorvork**	前叉	*qiánchā*
26	**wiel**	轮子	*lúnzi*
27	**zadel**	车座	*chēzuò*

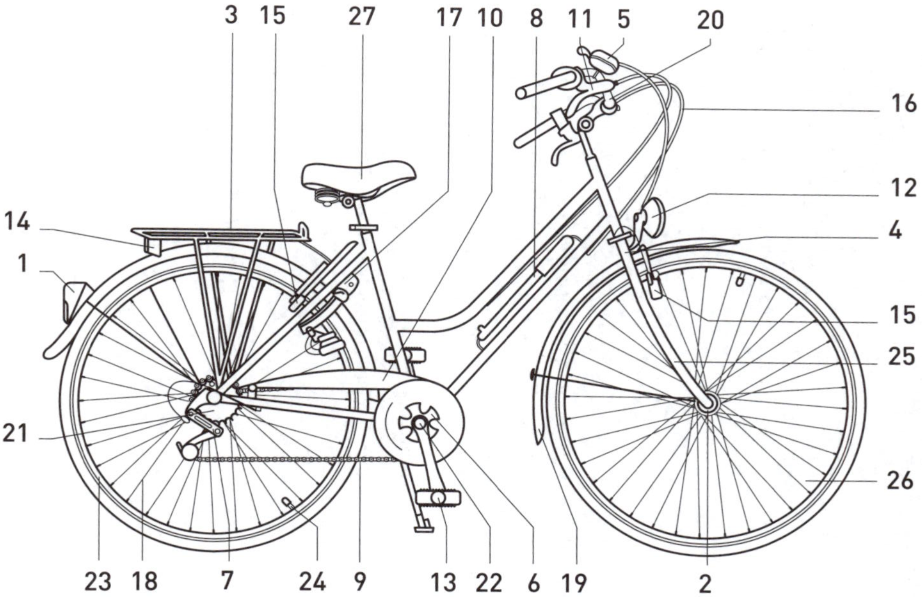
3
15
27
17
10
8
11
5
20
16
12
4
15
25
26
14
1
21
23
18
7
24
9
13
22
6
19
2

Waar is het busstation?
哪里是汽车客运站?
nǎli shì qìchē kèyùn zhàn?

Kunt u me vertellen waar het station is?
您能告诉我火车站在哪儿吗?
nín néng gàosu wǒ huǒchēzhàn zài nǎr ma?

Waar is de metro?
地铁站在哪儿?
dìtiězhàn zài nǎr?

Is daar een bushalte?
那里有公共汽车站吗?
nàli yǒu gōnggòng qìchēzhàn ma?

Hoe ver is het nog naar de volgende tramhalte?
到下一个电车站还有多远?
dào xiàyīge diànchēzhàn háiyǒu duō yuǎn?

Waar kan ik een auto huren?
我在哪里能租一辆汽车?
wǒ zài nǎli néng zū yīliàng qìchē?

Hebt u een plattegrond van de stad met het bus- en metronet?
您有没有市区公共汽车和地铁网络的线路图?
nín yǒu méiyǒu shìqū gōnggòngqìchē hé dìtiě wǎngluò de xiànlù tú?

Hebt u een dienstregeling?
您有一张时刻表吗?
nín yǒu yīzhāng shíkèbiǎo ma?

Moet ik reserveren?
我必须预订一个座位吗?
wǒ bìxū yùdìng yīge zuòwèi ma?

Ik wil mijn reservering naar ... (her)bevestigen/annuleren
我想确认 / 取消去 ··· 的预订票
wǒ xiǎng quèrèn / qǔxiāo qù ... de yùdìng piào

Ik wil mijn reis naar ... wijzigen
我要改变去 ··· 的旅行
wǒ yào gǎibiàn qù ... de lǚxíng

Krijg ik mijn geld terug?
我能不能拿回我的钱?
wǒ néng bunéng ná huí wǒde qián?

Ik moet naar ... Hoe reis ik daar (het snelst) naartoe?
我要去 ... 哪一条到那里最快?
wǒ yào qù ... nǎ yītiáo dào nàli zuìkuài?

Met welke lijn moet ik naar ...?
到 ... 要乘几路车?
dào ... yào chéng jǐlù chē?

Kan ik dat lopen?
我能走得到吗?
wǒ néng zǒu de dào ma?

Is dat op fietsafstand?
这距离骑自行车行吗?
zhè jùlí qí zìxíngchē xíng ma?
Kan ik er ook op een andere manier komen?
有其他的方法到那里去吗?
yǒu qítā de fāngfǎ dào nàli qù ma?
Hoeveel kost een enkele reis/retour naar ...?
去 ... 的单程 / 往返票多少钱?
qù ... de dānchéng/wǎngfǎn piào duōshao qián?
Moet ik toeslag betalen?
我必须支付额外费用吗?
wǒ bìxū zhīfù éwài fèiyòng ma?
Gaat deze ... rechtstreeks?
这 ... 是直达的吗?
zhè ... shì zhídá de ma?
Moet ik overstappen? Waar?
我必须转车吗? 在哪里转?
wǒ bìxū zhuǎnchē ma? zài nǎli zhuǎn?
Doet de boot onderweg havens aan?
船途中要停靠其他码头吗?
chuán tú zhōng yào tíngkào qítā mǎtóu ma?
Stopt de trein/bus in ...?
这列火车 / 这辆公共汽车在 ... 停吗?
zhèliè huǒchē/zhèliàng gōnggòng qìchē zài ... tíng ma?
Waar moet ik uitstappen?
我应该在哪里下车?
wǒ yīnggāi zài nǎli xiàchē?
Is er een aansluiting naar ...?
去 ... 有联运吗?
qù ... yǒu liányùn ma?
Hoe lang moet ik wachten?
我要等多久?
wǒ yào děng duōjiǔ?
Wanneer vertrekt ...?
... 什么时候开车?
... shénme shíhou kāichē?
Hoe laat gaat de/het eerste ...?
头班 … 几点开?
tóubān ... jǐdiǎn kāi?
Wanneer gaat de/het volgende ...?
下一班 … 什么时候走?
xià yībān ... shénme shíhou zǒu?
Is dat de laatste?
那是最后一班吗?
nà shì zuìhòu yībān ma?

Hoe lang doet de/het ... erover?
... 需要多长时间?
... xūyào duōcháng shíjiān?
Hoe laat komt de/het ... aan in ...?
... 什么时候到达 ...?
... shénme shíhou dàodá ...?
Is dit ... naar ...?
这是去 ... 的 ... 吗?
zhèshì qù ... de ... ma?

4.12 Openbaar vervoer

要去哪儿?	Waar gaat u naartoe?
您什么时候出发?	Wanneer vertrekt u?
您前往 … 的火车 … 点钟从 … 号站台出发	Uw trein naar ... vertrekt om ... van spoor ...
您要在 … 换车	U moet overstappen in ...
您要在 ... 下车	U moet uitstappen in ...
您必须经过 ... 旅行	U moet via ... reizen
去的行程是在 ...	De heenreis is op ...
返回的行程是在 ...	De terugreis is op ...
您必须最晚 ... 点钟登船	U moet uiterlijk om ... aan boord zijn

■ Kaartjes/tickets

Waar kan ik een kaartje kopen?
我在哪里可以买票?
wǒ zài nǎli kěyǐ mǎi piào?
Waar kan ik een plaats reserveren?
我在哪里可以预订座位?
wǒ zài nǎli kěyǐ yùdìng zuòwèi?
Waar kan ik een vlucht boeken?
我在哪里可以订机票?
wǒ zài nǎli kěyǐ dìng jīpiào?
Kan ik online inchecken?
我可以在网上办理登机手续吗?
wǒ kěyǐ zài wǎngshang bànlǐ dēngjī shǒuxù ma?
Mag ik een enkele reis naar ...?
请给我一张去 … 的单程票
qǐng gěi wǒ yīzhāng qù ... de dānchéng piào
Mag ik een retour naar ...?
请给我一张去 … 的往返票
qǐng gěi wǒ yīzhāng qù ... de wǎngfǎn piào

Ik heb de kaartjes via internet gereserveerd
我在网上预订了票
wǒ zài wǎngshang yùdìng le piào

eersteklas
一等车厢 / 舱
yīděng chēxiāng/cāng

tweedeklas
普通车厢
pǔtōng chēxiāng

toeristenklasse
(对旅游者的)普通舱
(duì lǚyóuzhěde) pǔtōng cāng

businessclass
商务舱
shāngwù cāng

Is dit mijn instapkaart?
这是我的登机卡吗?
zhèshì wǒde dēngjī kǎ ma?

Ik wil mijn reservering afzeggen
我要取消我的预订
wǒ yào qǔxiāo wǒde yùdìng

Ik wil mijn reservering (her)bevestigen
我要(重新)确认我的预订
wǒ yào (chóngxīn) quèrèn wǒde yùdìng

Ik wil mijn reservering wijzigen
我要改变我的预订
wǒ yào gǎibiàn wǒde yùdìng

Ik wil een zitplaats/hut reserveren
我要预订一个坐位 / 一个船舱
wǒ yào yùdìng yīge zuòwèi/yīge chuáncāng

Ik wil een plaats in de slaapwagen reserveren
我要预订一张卧铺票
wǒ yào yùdìng yīzhāng wòpùpiào

aan het raam/gangpad
靠窗户 / 靠走道
kào chuānghu/kào zǒudào

eenpersoons/tweepersoons
单人间 / 双人间
dānrén jiān/shuāngrén jiān

voorin/achterin
在前面 / 在后面
zài qiánmiàn/zài hòumiàn

We zijn met ... personen
我们有 ... 个人
wǒmen yǒu ... ge rén

Is er helemaal geen plaats meer?
没有任何空位子了吗?
méiyǒu rènhé kòng wèizi le ma?

Kunt u me op een wachtlijst plaatsen?
您可以把我放在等候名单里吗?
nín kěyǐ bǎwǒ fàngzài děnghòu míngdān lǐ ma?

Hebt u ook een meerrittenkaart?
您也有多次可用的票吗?
nín yě yǒu duōcì kěyòngde piào ma?

Ik wil graag een abonnement
我想买长期票
wǒ xiǎng mǎi cháng qī piào

Hebt u ook meerdaagse voordeelkaarten?
您有多天可用的折价票吗?
nín yǒu duōtiān kěyòngde zhéjià piào ma?

一等车厢还是普通车厢?	Eersteklas of tweedeklas?
单程还是往返?	Enkele reis of retour?
吸烟还是不吸烟?	Roken of niet roken?
靠窗户还是靠走道?	Aan het raam of aan het gangpad?
前面还是后面?	Voorin of achterin?
座席还是卧铺?	Zitplaats of couchette?
上铺，中铺或下铺?	Boven, midden of onder?
(对旅游者的)普通舱还是商务舱	Toeristenklasse of businessclass?
客舱还是座位?	Hut of stoel?
单人间还是双人间?	Eenpersoons of tweepersoons?
几个人与您同行?	Met hoeveel personen reist u?

Vliegtuig

到达	aankomst
国内航班	binnenlandse vluchten
国际航班	internationale vluchten
出发	vertrek

Waar is de balie van ...?
... 的柜台在哪里?
... de guìtái zài nǎli?

Mag ik de reis met dit ticket onderbreken?
这张票可以中途停留吗?
zhèzhāng piào kěyǐ zhōngtú tíngliú ma?

Hoeveel bagage mag ik meenemen?
我可以携带多少行李?
wǒ kěyǐ xiédài duōshao xíngli?

Mag dit in de handbagage?
这可以放在手提行李中吗?
zhè kěyǐ fàngzài shǒutí xíngli zhōng ma?

Moet ik mijn bagage opnieuw inchecken?
我的行李是否要再办理登记手续?
wǒde xíngli shìfǒu yào zài bànlǐ dēngjì shǒuxù?

Hoeveel kost extra gewicht?
超重的行李要多少钱?
chāozhòngde xíngli yào duōshao qián?

Maakt het vliegtuig tussenlandingen?
中途要停留吗?
zhōngtú yào tíngliú ma?

Waar zijn de taxfreewinkels?
免税商店在哪儿?
miǎnshuì shāngdiàn zài nǎr?

Bij welke gate staat het vliegtuig?
我的飞机在哪个登机口?
wǒde fēijī zài nǎge dēngjīkǒu?

Waar moet ik inchecken?
我在哪里办登机手续?
wǒ zài nǎli bàn dēngjī shǒuxù?

Tot hoe laat kan ik inchecken?
登机手续办理到几点?
dēngjī shǒuxù bànlǐ dào jǐdiǎn?

Is het nodig om te herbevestigen?
我的票需要重新确认吗?
wǒde piào xūyào chóngxīn quèrèn ma?

Wilt u mij helpen met de veiligheidsriemen?
您能帮我系一下安全带吗?
nín néng bāng wǒ jì yīxià ānquándài ma?

Waar kan ik mijn bagage ophalen?
我在哪里提取行李?
wǒ zài nǎli tíqǔ xíngli?

Mijn bagage is niet aangekomen
我的行李没到
wǒde xíngli méi dào

Hoe kom ik het gemakkelijkst in de stad met het openbaar vervoer/met de auto?
我怎么乘公共交通 / 开汽车进城最容易?
wǒ zěnme chéng gōnggòng jiāotōng/kāi qìchē jìnchéng zuì róngyì?

Trein en bus

Op het station

10点40分从 ... 开来的列车将晚点15分钟	De trein uit ... van 10.40 uur heeft een vertraging van 15 minuten
10点40分开往 ... 的列车正在进第5站台	Op spoor 5 komt nu binnen de trein van 10.40 uur naar ...
10点40分去 ... 的列车还停在5号站台	De trein van 10.40 uur naar ... staat nog gereed op spoor 5

In de trein/bus

请出示您的票	Uw plaatsbewijs, a.u.b.
请出示您预订证明	Uw reservering, a.u.b.
请出示您的护照	Uw paspoort, a.u.b.
您坐错了位子	U zit op de verkeerde plaats
您坐错了 ...	U zit in de verkeerde ...
这个座位有人预订了	Deze plaats is gereserveerd
您必须支付额外费用	U moet toeslag betalen
... 晚点 ... 分钟	De ... heeft een vertraging van ... minuten
我们快到 ... 站了	We naderen nu station ...
到 ... 的乘客需要在 ... 转车	Reizigers in de richting ... dienen in ... over te stappen

Waar gaat deze trein naartoe?
这次列车开往哪里?
zhècì lièchē kāiwǎng nǎli?

Kan ik deze bus nemen om naar ... te gaan?
我能乘这班车去 ... 吗?
wǒ néng chéng zhèbān chē qù ... ma?

Stopt deze trein in ...?
这次列车在 ... 停吗?
zhècì lièchē zài ... tíng ma?

Is er een bus naar/van het vliegveld?
有没有公共汽车去飞机场 / 从飞机场来?
yǒu méiyǒu gōnggòngqìchē qù fēijīchǎng/cóng fēijīchǎng lái?

Is deze plaats bezet/vrij?
这个位子有人 / 还空着吗?
zhège wèizi yǒu rén/hái kōngzhe ma?

Ik heb ... gereserveerd
我已经预订了 ...
wǒ yǐjing yùdìng le ...

Wilt u hier zitten?
您想坐在这里吗?
nín xiǎng zuò zài zhèlǐ ma?
Zullen we van plaats wisselen?
我们能换位子吗?
wǒmen néng huàn wèizi ma?
Mag het raam/schuifje open?
可以打开窗户 / 拉窗吗?
kěyǐ dǎkāi chuānghu/lāchuāng ma?
Mag het gordijntje dicht?
可以关上窗帘吗?
kěyǐ guānshàng chuānglián ma?
Kunt u me zeggen waar ik moet uitstappen voor ...?
请您告诉我到 … 该在哪儿下车吗?
qǐng nín gàosu wǒ dào ... gāi zài nǎr xiàchē ma?
Wilt u me waarschuwen als we bij ... zijn?
到 ... 的时候，请您告诉我一声?
dào ... de shíhou, qǐng nín gàosù wǒ yīshēng?
Wilt u bij de volgende halte stoppen, a.u.b.?
请您在下一站停一下, 好吗?
qǐng nín zài xiàyīzhàn tíng yīxià, hǎo ma?
Waar zijn we hier?
我们现在在哪里?
wǒmen xiànzài zài nǎli?
Zijn we ... al voorbij?
... 已经过了吗?
... yǐjing guò le ma?
Hoe lang blijft ... hier staan?
... 在这里停多久?
... zàizhèlǐ tíng duōjiǔ?
Kan ik op dit kaartje ook weer terug?
我也能用这张票返回吗?
wǒ yě néng yòng zhèzhāng piào fǎnhuí ma?
Kan ik met dit kaartje overstappen?
我能用这张票换车吗?
wǒ néng yòng zhèzhāng piào huànchē ma?
Hoe lang is dit kaartje geldig?
这张票到什么时候有效?
zhèzhāng piào dào shénme shíhou yǒuxiào?
Is dit een intercity?
这是一班直达快车吗?
zhè shì yībān zhídá kuàichē ma?
Is dit een stoptrein?
这是一班慢车吗?
zhè shì yībān mànchē ma?

Bij welk perron stopt de trein naar/uit ...?
从 ... 来 / 开往 ... 的火车停在哪个站台?
cóng ... lái/kāiwǎng ... de huǒchē tíng zài nǎge zhàntái?

Waar vertrekt de bus naar ...?
去 … 的公共汽车在哪儿上车?
qù ... de gōnggòng qìchē zài nǎr shàngchē?

Gaat deze bus naar ...?
这辆公共汽车去 … 吗?
zhèliàng gōnggòng qìchē qù ... ma?

Hoe laat vertrekt de volgende bus?
下一班公共汽车什么时候开?
xià yībān gōnggòng qìchē shénme shíhou kāi?

Waar kan ik een kaartje kopen?
我在哪儿可以买票?
wǒ zài nǎr kěyǐ mǎipiào?

Wat is de volgende halte?
下一站是什么地方?
xiàyízhàn shì shénme dìfang?

Kunt u me zeggen wanneer ik eruit moet?
请您告诉我在哪儿下车?
qǐng nín gàosu wǒ zài nǎr xiàchē?

■ Taxi

有人	bezet
出租汽车停车场	taxistandplaats
空车	vrij

Taxi!
出租车!
chūzūchē!

Kunt u een taxi voor me bellen?
请给我叫一辆出租车，好吗?
qǐng gěi wǒ jiào yīliàng chūzūchē, hǎo ma?

Waar kan ik hier in de buurt een taxi nemen?
附近哪里可以乘出租车?
fùjìn nǎli kěyǐ chéng chūzūchē?

Bent u vrij?
您是空车吗?
nín shì kōngchē ma?

Kunt u ... personen meenemen?
您能带 ... 个人吗?
nín néng dài ... gerén ma?

Kunt u me naar dit adres brengen?
您可以把我送到这个地址吗？
nín kěyǐ bǎ wǒ sòngdào zhège dìzhǐ ma?

Ik wil graag naar hotel ...
我要去 … 酒店
wǒ yàoqù ... jiǔdiàn

Kunt u me naar het centrum brengen?
您可以把我送到市中心吗？
nín kěyǐ bǎ wǒ sòngdào shìzhōngxīn ma?

Naar het station, a.u.b.
请送我去火车站
qǐng sòng wǒ qù huǒchē zhàn

Ik wil graag naar het vliegveld
我要去飞机场
wǒ yàoqù fēijī chǎng

Hoeveel kost een rit naar ...?
去 ... (旅行)要多少钱?
qù ... (lǚxíng) yào duōshao qián?

Hoe ver is het naar ...?
这里离 ... 有多远?
zhèlǐ lí ... yǒu duōyuǎn?

Wilt u de meter aanzetten, a.u.b.?
请您开计程表好吗?
qǐng nín kāi jìchéngbiǎo hǎo ma?

Ik heb haast
我在赶时间
wǒ zài gǎn shíjiān

Kunt u iets harder/langzamer rijden?
您能开得快 / 慢一点吗?
nín néng kāide kuài/màn yīdiǎn ma?

Kunt u een andere weg nemen?
您能走另一条路吗?
nín néng zǒu lìng yītiáo lù ma?

Laat u me er hier maar uit
我在这里下车
wǒ zài zhèlǐ xiàchē

U moet hier rechtdoor
您必须从这里直着走
nín bìxū cóng zhèlǐ zhízhe zǒu

U moet hier linksaf/rechtsaf
您必须从这里左转弯 / 右转弯
nín bìxū cóng zhèlǐ zuǒzhuǎnwān/yòuzhuǎnwān

Hier is het
这里就是
zhèlǐ jiùshì

Hoeveel is het?
多少钱?
duōshao qián?

Laat zo maar zitten
不用找钱了
búyòng zhǎo qián le

Kunt u een ogenblikje op mij wachten?
您可以等我一会儿吗?
nín kěyǐ děng wǒ yīhuìr ma?

■ Boot

Gaat deze boot naar ...?
这艘船去 ... 吗?
zhè sōu chuán qù ... ma?

Mag er op het buitendek gerookt worden?
在外面的甲板上可以抽烟吗?
zài wàimiàn de jiǎbǎn shàng kěyǐ chōuyān ma?

Op welk dek is het restaurant?
餐馆在哪一层?
cānguǎn zài nǎ yīcéng?

Is dat een binnen- of buitenhut?
那是内舱还是外舱?
nàshì nèicāng háishì wàicāng?

Ik ben zeeziek
我晕船
wǒ yùn chuán

Hoe laat komt de boot aan?
船什么时候到达?
chuán shénme shíhou dàodá?

5 Overnachten

5.1 Accommodatie zoeken

您要呆多久?	Hoe lang wilt u blijven?
请填写这张表格	Wilt u dit formulier invullen, a.u.b.
我可以看看您的护照吗?	Mag ik uw paspoort?
您必须先交押金	U moet een borgsom betalen
您必须先付款	U moet vooruitbetalen

Ik zoek een goedkoop hotel
我在找一家便宜的旅馆
wǒ zài zhǎo yījiā piányi de lǚguǎn
Zijn er all-inclusivehotels in de buurt?
附近有费用全包的酒店吗?
fùjìn yǒu fèiyòngquánbāo de jiǔdiàn ma?
Ik ben op zoek naar een leuke bed-and-breakfast in de stad
我在城里找一家不错的过夜加早餐的旅馆
wǒ zài chénglǐ zhǎo yījiā búcuòde guòyè jiā zǎocānde lǚguǎn
Is er een camping met zwembad in de buurt?
这里附近有没有带游泳池的露营地?
zhèlǐ fùjìn yǒu méiyǒu dài yóuyǒngchí de lùyíngdì?
Kunt u een jeugdherberg voor me zoeken?
您能帮我找一个青年旅馆吗?
nín néng bāng wǒ zhǎo yīge qīngnián lǚguǎn ma?
Ik zoek een boerderijcamping
我找一个农家露营地
wǒ zhǎo yīge nóngjiā lùyíngdì
Zijn er hier ecoresorts?
这里有生态旅游点吗?
zhèlǐ yǒu shēngtài lǚyóudiǎn ma?
Wat is het adres?
你有地址吗?
nǐ yǒu dìzhǐ ma?
Kunt u het adres opschrijven, a.u.b.?
请您给我写一下地址好吗?
qǐng nín gěi wǒ xiě yīxià dìzhǐ hǎo ma?
Is er korting voor studenten?
学生有优惠吗?
xuésheng yǒu yōuhuì ma?

Is er korting voor 65-plussers?
65岁以上老年人有折扣吗？
liùshiwǔ suì yǐshàng lǎoniánrén yǒu zhékòu ma?
Is de accommodatie rolstoelvriendelijk?
住宿设施是否适合坐轮椅的人？
zhùsù shèshī shìfǒu shìhé zuò lúnyǐ de rén?

5.2 Bij de receptie

Mijn naam is ... Ik heb telefonisch/schriftelijk/per e-mail gereserveerd
我的名字叫 …, 我通过电话 / 信件 / 电子邮件预订
wǒde míngzi jiào ..., wǒ tōngguò diànhuà/xìnjiàn/diànzǐ yóujiàn yùdìng
Wat kost het per nacht/week?
每一夜 / 每一周要多少钱？
měi yīyè/měi yīzhōu yào duōshao qián?
Is dat per persoon?
按每一个人算吗？
àn měiyīge rén suàn ma?
Kan ik een kamer/plaats reserveren?
我能够预订一个房间 / 位子吗？
wǒ nénggòu yùdìng yīge fángjiān/wèizi ma?
Het is voor ... nachten
我将住 ... 夜
wǒ jiāng zhù ... yè
Kan ik met creditcard betalen?
我可以用信用卡付款吗？
wǒ kěyǐ yòng xìnyòngkǎ fùkuǎn ma?
Kan ik pinnen?
我可以用银行（密码）卡付款吗？
wǒ kěyǐ yòng yínháng (mìmǎ) kǎ fùkuǎn ma?
Ik zal om ... uur arriveren
我 ... 点钟到
wǒ ... diǎn zhōng dào
We blijven minstens ... nachten/weken
我们至少要呆 ... 个晚上 / 星期
wǒmen zhìshǎo yào dāi ... ge wǎnshang/xīngqī
Ik weet nog niet hoe lang ik zal blijven
我还不知道我将在这里住多久？
wǒ hái bù zhīdao wǒ jiāng zài zhèlǐ zhù duōjiǔ?
Zijn huisdieren (honden/katten) toegestaan?
允许带宠物（狗 / 猫）吗？
yǔnxǔ dài chǒngwù(gǒu/māo) ma?
Hoe laat gaat het hek open?
大门几点钟开？
dàmén jǐdiǎn zhōng kāi?

Hoe laat gaat de deur dicht?
门几点钟关?
mén jǐdiǎn zhōng guān?
Wilt u een taxi voor me bellen?
请给我叫一辆出租车，好吗?
qǐng gěi wǒ jiào yīliàng chūzūchē, hǎo ma?
Is er post voor mij?
有没有我的信?
yǒu méiyǒu wǒde xìn?

5.3 Kamperen

Zie ook de afbeelding op pagina 95.

您可以自己选择地方	U mag zelf uw plaats uitzoeken
我们会安排您一个位子	U krijgt een plaats toegewezen
这是您的座位号	Dit is uw plaatsnummer
请把它贴在您的汽车前窗上，好吗?	Wilt u dit op de voorruit van uw auto plakken?
请不要丢失这张卡	U mag dit kaartje niet verliezen

Waar is de beheerder?
管理员在哪里?
guǎnlǐyuán zài nǎli?
Mogen we hier kamperen?
允许在这里露营吗?
yǔnxǔ zài zhèlǐ lùyíng ma?
Is hier een jongerencamping?
这里有青年露营地吗?
zhèlǐ yǒu qīngnián lùyíngdì ma?
Is hier een naturistencamping?
这里附近有没有裸体露营地?
zhèlǐ fùjìn yǒu méiyǒu luǒtǐ lùyíngdì?
We zijn met ... personen, ... tenten en ... auto's
我们有 ... 个人和 ... 个帐篷和 ... 辆汽车
wǒmen yǒu ... ge rén hé ... ge zhàngpeng hé ... liàng qìchē
Is er helemaal geen plaats meer?
没有任何空地方了吗?
méiyǒu rènhé kòng dìfang le ma?
Hoe laat gaat het hek dicht?
大门几点钟关?
dàmén jǐdiǎn zhōng guān?
Mogen we zelf een plaats uitzoeken?
我们可以自己选个地方吗?
wǒmen kěyǐ zìjǐ xuǎnge dìfang ma?

Hebt u een rustig plekje voor ons?
您可以给我们一个安静点儿的地方吗?
nín kěyǐ gěi wǒmen yīge ānjìng diǎnr de dìfang ma?

Hebt u geen andere plaats vrij?
您没有其它的空地方吗?
nín méiyǒu qítāde kòng dìfang ma?

Er is hier te veel zon/schaduw
这儿太晒 / 太阴凉了
zhèr tài shài/tài yīnliáng le

Wat waait het hier hard!
这儿风好大!
zhèr fēng hǎo dà!

Het is hier te druk
这里太拥挤了
zhèlǐ tài yōngjǐ le

De grond is te hard/ongelijk
地面太硬 / 不平
dìmiàn tàiyìng/bù píng

Kunnen we bij elkaar staan?
我们挨在一起好吗?
wǒmen āi zài yīqǐ hǎo ma?

Mag de auto bij de tent geparkeerd worden?
汽车可以停在帐篷边上吗?
qìchē kěyǐ tíng zài zhàngpeng biānshàng ma?

Wat kost het per tent/caravan?
每个帐篷 / 露营拖车要多少钱?
měige zhàngpeng/lùyíng tuōchē yào duōshao qián?

Is dat per persoon of per caravan?
那是按每个人或每辆露营拖车来算吗?
nàshì àn měigerén huò měiliàng lùyíng tuōchē lái suàn ma?

Hebt u een hut te huur?
您有木屋出租吗?
nín yǒu mùwū chūzū ma?

Moeten we betalen voor warm water?
我们要付热水费吗?
wǒmen yào fù rèshuǐfèi ma?

Hebt u douchemuntjes?
您有淋浴用的代币吗?
nín yǒu línyù yòngde dàibì ma?

Zijn er wasmachines?
这里有洗衣机吗?
zhèlǐ yǒu xǐyījī ma?

Is er op het terrein een kinderspeelplaats?
露营住地有没有儿童乐园?
lùyíng zhùdì yǒu méiyǒu értóng lèyuán?

Is er op het terrein een internetverbinding?
露营住地是否可以上网?
lùyíng zhùdì shìfǒu kěyǐ shàngwǎng?
Kan ik hier een kluis huren?
我能在这里租一个保险箱吗?
wǒ néng zài zhèlǐ zū yīge bǎoxiǎnxiāng ma?
Mogen we hier barbecueën?
我们可以在这里烤肉吗?
wǒmen kěyǐ zài zhèlǐ kǎoròu ma?
Zijn er elektriciteitsaansluitingen?
有没有电源插头?
yǒu méiyǒu diànyuán chā tóu?
Is er drinkwater?
有没有饮用水?
yǒu méiyǒu yǐnyòng shuǐ?
Verkoopt u gasflessen (butagas/propaangas)?
您卖小煤气罐(丁烷瓦斯 / 丙烷瓦斯)吗?
nín mài xiǎo méiqìguàn(dīngwán wǎsī/bǐngwán wǎsī) ma?

5.4 Hotel/appartement/huisje

Hebt u een eenpersoons-/tweepersoonskamer vrij?
您有空的单人 / 双人房间吗?
nín yǒu kòngde dānrén/shuāngrén fángjiān ma?
Nee, ik geef mijn paspoort niet af
不, 我不想把护照留在这里
bù, wǒ bù xiǎng bǎ hùzhào liúzài zhèlǐ
Zijn er helemaal geen kamers meer?
没有任何空房间了吗?
méiyǒu rènhé kòng fángjiān le ma?
per persoon/per kamer
每个人 / 每间房
měige rén/měi jiānfáng
Is dat inclusief diner?
包括晚餐吗?
bāokuò wǎncān ma?
Is het ontbijt bij de prijs inbegrepen?
这价格包括早餐吗?
zhè jiàgé bāokuò zǎocān ma?
Hebben de kamers airconditioning?
房间里有空调吗?
fángjiānlǐ yǒu kōngtiáo ma?
Heeft die kamer een tweepersoonsbed of twee eenpersoonsbedden?
那个房间有一张双人床还是有二张单人床?
nàge fángjiān yǒu yīzhāng shuāngrénchuáng háishì yǒu liǎngzhāng dānrénchuáng?

Kampeeruitrusting

	bagagepunt	行李空间	*xínglikōngjiān*
	blikopener	开罐器	*kāi guànqì*
	buizenframe	帐篷架子	*zhàngpeng jiàzi*
1	butagasfles	丁烷煤气罐	*dīngwán méiqì guàn*
2	gasstel	煤气炉	*méiqìlú*
3	grondzeil	(搭帐篷)铺在地上的单子	*(dā zhàngpeng)pū zài dì shàng de dānzi*
	hamer	锤子	*chuízi*
	hangmat	吊床	*diàochuáng*
4	jerrycan	汽油桶	*qìyóutǒng*
	kampvuur	营火	*yínghuǒ*
5	klapstoel	折叠椅子	*zhédiéyǐzi*
6	koelbox	冰桶	*bīngtǒng*
7	koelelement	冷冻块	*lěngdòngkuài*
	kompas	指南针	*zhǐnánzhēn*
	kurkentrekker	拔塞钻	*básāizuàn*
	lamp	灯	*dēng*
	ligstoel	躺椅	*tǎngyǐ*
8	luchtbed	充气床垫	*chōngqì chuángdiàn*
9	luchtbedstopje	充气床垫塞子	*chōngqì chuángdiànsāizi*
10	luchtpomp	充气泵	*chōngqì bèng*
11	luifel	遮阳棚	*zhēyángpéng*
	matje	席子	*xízi*
12	pan	平底锅	*píngdǐguō*
	primus	便携式煤油炉	*biànxiéshì méiyóulú*
	rits	拉链	*lāliàn*
13	rugzak	背包	*bèibāo*
14	scheerlijn	(搭帐篷用的)绳子	*(dā zhàngpeng yòngde) shéngzi*
15	slaapzak	睡袋	*shuìdài*
	stormlamp	暴风雨灯	*bàofēngyǔdēng*
	stretcher	折叠床/行军床	*zhédiéchuáng/ xíngjūnchuáng*
	tafel	桌子	*zhuōzi*
16	tent	帐篷	*zhàngpeng*
17	tentharing	帐篷钉	*zhàngpengdīng*
18	tentstok	帐篷杆	*zhàngpenggān*
	thermosfles	热水瓶	*rèshuǐpíng*
19	veldfles	水壶	*shuǐhú*
	wasknijper	晒衣夹	*shàiyījiā*
	waslijn	晾衣绳	*liàngyī shéng*
	windscherm	挡风屏	*dǎngfēng píng*
20	zaklantaarn	手电筒	*shǒudiàn tǒng*
21	zakmes	小折刀	*xiǎozhédāo*

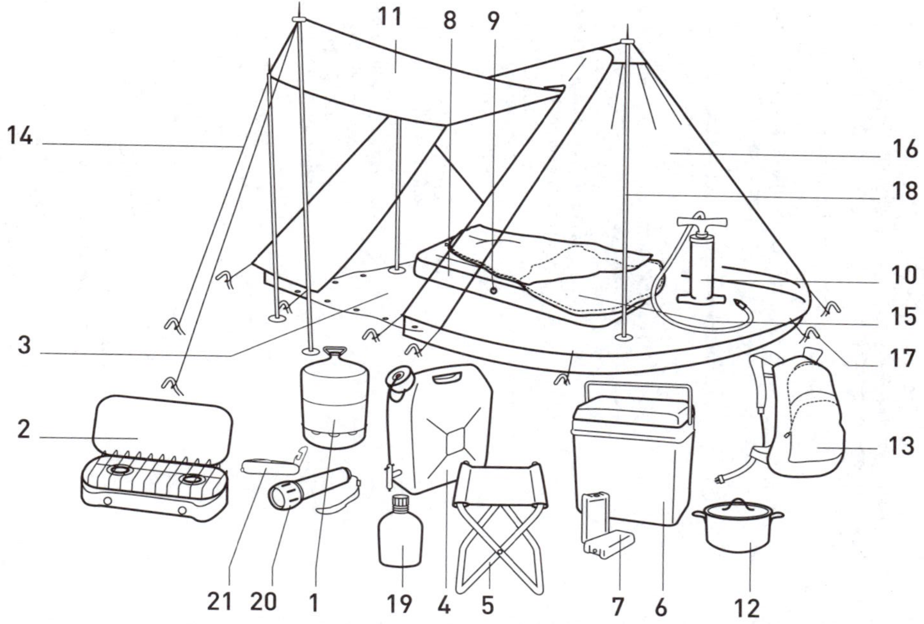

11
8
9
14
16
18
10
15
3
17
2
13
21
20
1
19
4
5
7
6
12

Kan ik een extra lang bed krijgen?
我可以要一张特长的床吗?
wǒ kěyǐ yào yìzhāng tèchángde chuáng ma?

Is er draadloos internet op de kamer?
房间里有没有无线上网?
fángjiānlǐ yǒu méiyǒu wúxiàn shàngwǎng?

Kunnen wij twee kamers naast elkaar krijgen?
我们可以要两个房间挨在一起吗?
wǒmen kěyǐ yào liǎngge fángjiān āizài yìqǐ ma?

met eigen toilet
有自己的卫生间
yǒu zìjǐde wèishēng jiān

zonder eigen bad/douche
没有自己的澡盆 / 淋浴
méiyǒu zìjǐde zǎopén/línyù

(niet) aan de straatkant
(不要)面对街道
(búyào)miànduì jiēdào

met/zonder uitzicht op zee
可以 / 不可以观海景
kěyǐ/bù kěyǐ guān hǎijǐng

Is er in het hotel een lift?
旅馆里有电梯吗?
lǚguánlǐ yǒu diàntī ma?

Is er roomservice?
旅馆有房间服务吗?
lǚguǎn yǒu fángjiān fúwù ma?

Ik wil graag een kluisje huren
我想要租一个保险箱
wǒ xiǎng yào zū yíge bǎoxiǎnxiāng

Kan ik hier mijn kleding (laten) wassen?
这里可以洗衣服吗?
zhèlǐ kěyǐ xǐyīfu ma?

Wanneer wordt het zwembad schoongemaakt?
游泳池哪一天打扫的?
yóuyǒngchí nǎ yìtiān dǎsǎo de?

Is er in het hotel een fitnessruimte?
酒店里有健身房吗?
jiǔdiànlǐ yǒu jiànshēnfáng ma?

卫生间和淋浴在同一层	Toilet en douche zijn op dezelfde verdieping
卫生间和淋浴在您的房间里	Toilet en douche zijn op uw kamer
这边请	Deze kant op
您的房间在 ... 层，房间号是 ...	Uw kamer is op de ... etage, het nummer is ...

Mag ik de kamer zien?
我可以看看房间吗?
wǒ kěyǐ kànkan fángjiān ma?

Ik neem deze kamer
我要这个房间
wǒ yào zhège fángjiān

Wat een prachtige kamer!
这间房间特别好!
zhèjiān fángjiān tèbié hǎo!

Deze bevalt ons niet
我们不喜欢这间房间
wǒmen bù xǐhuan zhèjiān fángjiān

Deze kamer is te klein
这间房间太小了
zhèjiān fángjiān tàixiǎo le

Hebt u een grotere/goedkopere kamer?
您有一间大一点的 / 便宜一点的房间吗?
nín yǒu yījiān dà yīdiǎn de/piányi yīdiǎn de fángjiān ma?

Kunt u een kinderbedje bijplaatsen?
您能加一张儿童床吗?
nín néng jiā yīzhāng értóngchuáng ma?

Hoe laat is het ontbijt?
早餐几点开始?
zǎocān jǐdiǎn kāishǐ?

Waar is de eetzaal?
餐厅在哪里?
cāntīng zài nǎli?

Kan ik het ontbijt op de kamer krijgen?
我可以在房间里吃早餐吗?
wǒ kěyǐ zài fángjiānlǐ chī zǎocān ma?

Waar is de nooduitgang/brandtrap?
紧急 / 安全出口在哪儿?
jǐnjí/ānquán chūkǒu zài nǎr?

Waar kan ik mijn auto (veilig) parkeren?
我在哪里可以(安全地)停放我的汽车?
wǒ zài nǎli kěyǐ (ānquánde) tíngfàng wǒde qìchē?

De sleutel van kamer ..., a.u.b.
请给我 ... 号房间的钥匙
qǐng gěi wǒ ... hào fángjiānde yàoshi

Mag ik dit in uw kluis leggen?
我可以把它放在您的保险箱里吗?
wǒ kěyǐ bǎ tā fàngzài nínde bǎoxiǎnxiāng lǐ ma?

Wilt u mij morgen om ... uur wekken?
请您明天在 ... 点叫醒我
qǐng nín míngtiān zài ... diǎn jiàoxǐng wǒ

Kunt u mij aan een oppas/babysitter helpen?
您能帮我找一个照看孩子 / 幼儿的保姆吗?
nín néng bāng wǒ zhǎo yīge zhàokàn háizi/yòu'érde bǎomǔ ma?

Mag ik een extra deken?
可以再给我一床毯子吗?
kěyǐ zài gěi wǒ yīchuáng tǎnzi ma?

Op welke dagen wordt er schoongemaakt?
哪一天打扫?
nǎyītiān dǎsǎo?

Wanneer worden de lakens/handdoeken verschoond?
什么时候换床单 / 毛巾?
shénme shíhou huàn chuángdān/máojīn?

5.5 Klachten

Wij kunnen niet slapen door het lawaai
嘈声使我们无法睡觉
cáoshēng shǐ wǒmen wúfǎ shuìjiào

Kan de radio iets zachter?
请您把收音机关小一点好吗?
qǐng nín bǎ shōuyīnjī guān xiǎo yīdiǎn hǎo ma?

Het toiletpapier is op
手纸 / 卫生纸用完了
shǒuzhǐ/wèishēngzhǐ yòng wán le

De wc zit verstopt
厕所堵了
cèsuǒ dǔ le

De tv doet het niet
电视坏了
diànshì huài le

Het bed is niet opgemaakt
床还没有叠好
chuáng hái méiyǒu dié hǎo

De lakens ontbreken
缺床单
quē chuáng dān

Er zijn geen/niet genoeg handdoeken
没有毛巾 / 毛巾不够
méiyǒu máojīn/máojīn búgòu

Het beddengoed is vuil
床单很脏
chuángdān hěn zāng

De kamer is niet schoongemaakt
房间没有打扫
fángjiān méiyǒu dǎsǎo

De keuken is niet schoon
厨房不干净
chúfáng bù gānjìng
De verwarming doet het niet
暖气不热
nuǎnqì bù rè
Er is geen (warm) water/elektriciteit
没有(热)水 / 电
méiyǒu(rè)shuǐ/diàn
Het raam gaat niet open/dicht
窗户不能开 / 关
chuānghu bùnéng kāi/guān
Het slot is kapot
锁坏了
suǒ huài le
Kunt u dat in orde laten brengen?
您可以把它修好吗?
nín kěyǐ bǎ tā xiūhǎo ma?
Mag ik een andere kamer/plaats voor de tent?
我可以要另外一间房间 / 一个帐篷位置吗?
wǒ kěyǐ yào lìngwài yījiān fángjiān/yīge zhàngpeng wèizhi ma?
Het bed kraakt ontzettend
床响得厉害
chuáng xiǎng de lìhai
Het bed zakt te veel door
床会凹下去
chuáng huì āo xiàqù
We hebben last van ongedierte/insecten
害虫 / 昆虫给我们带来很多麻烦
hàichóng/kūnchóng gěi wǒmen dàilái hěnduō máfan

5.6 Vertrek

Het is ons hier erg goed bevallen
我们对这里感到非常满意
wǒmen duì zhèlǐ gǎndào fēicháng mǎnyì
We komen graag nog een keer terug
我们很愿意再来
wǒmen hěn yuànyì zàilái
Ik vertrek morgen. Kan ik nu afrekenen?
我明天离开。我能现在结帐吗?
wǒ míngtiān líkāi. wǒ néng xiànzài jiézhàng ma?
Hoe laat moeten wij van de kamer/de camping af?
我们应该几点办理离开房间 / 露营地的手续?
wǒmen yīnggāi jǐdiǎn bànlǐ líkāi fángjiān/lùyíngdì de shǒuxù?

Mag ik mijn borgsom/paspoort terug?
请还给我押金 / 护照?
qǐng huán gěi wǒ yājīn/hùzhào?

We hebben erge haast
我们特别匆忙
wǒmen tèbié cōngmáng

Kunt u mijn post doorsturen naar dit adres?
请您把我的邮件转寄到这个地址，好吗?
qǐng nín bǎ wǒde yóujiàn zhuǎnjì dào zhège dìzhǐ, hǎo ma?

Mag onze bagage hier blijven staan totdat we vertrekken?
我们离开前可以把行李留在这里吗?
wǒmen líkāi qián kěyǐ bǎ xíngli liúzài zhèlǐ ma?

Bedankt voor uw gastvrijheid
谢谢您的款待
xièxie nínde kuǎndài

6 Eropuit

6.1 Bezienswaardigheden

Waar is het VVV-kantoor?
旅行询问处在哪里?
lǚxíng xúnwènchù zài nǎli?

Hebt u een plattegrond/gids van de stad?
您有本市地图 / 城市指南吗?
nín yǒu běnshi dìtú/chéngshì zhǐnán ma?

Kunt u mij informatie geven over ...?
请您给我一些有关 ... 的资料
qǐng nín gěi wǒ yīxiē yǒuguān ... de zīliào

Waar heb ik het mooiste uitzicht over de omgeving/stad?
我在哪里可以看到周围 / 城市最美丽的景色?
wǒ zài nálǐ kěyǐ kàndào zhōuwéi/chéngshì zuì měilì de jǐngsè?

Hoe kom ik het gemakkelijkst bij ... met de auto/het openbaar vervoer?
我怎么最容易乘汽车 / 公共交通到 … 去?
wǒ zěnme zuì róngyì chéng qìchē/gōnggòng jiāotōng dào ... qù?

Hoeveel moeten we hiervoor betalen?
我们该付多少钱?
wǒmen gāi fù duōshao qián?

Wat zijn de belangrijkste bezienswaardigheden?
这里有哪些主要游玩的地方?
zhèlǐ yǒu nǎxiē zhǔyào yóuwánde dìfang?

Kunt u die aanwijzen op de kaart?
您可以在地图上指给我看吗?
nín kěyǐ zài dìtú shàng zhǐ gěi wǒ kàn ma?

Wat voor wilde dieren kunnen we daar tegenkomen?
我们可以看到哪些野生动物?
wǒmen kěyǐ kàndào nǎxiē yěshēng dòngwu?

Wat raadt u ons aan?
您推荐我们哪个景点?
nín tuījiàn wǒmen nǎge jǐngdiǎn?

We blijven hier een paar uur
我们在这里呆几个小时
wǒmen zài zhèlǐ dāi jǐge xiǎoshí

We zijn van plan een dag te blijven
我们打算在这里住一天
wǒmen dǎsuàn zài zhèlǐ zhù yītiān

We blijven hier een week
我们在这里呆一周
wǒmen zài zhèlǐ dāi yīzhōu

We zijn geïnteresseerd in ...
我们对 ... 感兴趣
wǒmen duì ... gǎn xìngqù

Kunnen we een stadswandeling maken?
我们能不能在城里逛一逛?
wǒmen néng bunéng zài chénglǐ guàng yīguàng?

Hoe lang duurt die?
要走多少时间?
yào zǒu duōshao shíjiān?

Waar is het startpunt/eindpunt?
在哪里开始 / 结束?
zài nǎli kāishǐ/jiéshù?

Zijn er hier rondvaartboten?
这里有游船吗?
zhèlǐ yǒu yóuchuán ma?

Waar kunnen we aan boord gaan?
我们在哪里上船?
wǒmen zài nǎli shàngchuán?

Zijn er rondritten per bus?
有没有坐旅游车的路线?
yǒu méiyǒu zuò lǚyóuchēde lùxiàn?

Waar moeten we opstappen?
我们在哪里上车?
wǒmen zài nǎli shàngchē?

Welke uitstapjes kan men in de omgeving maken?
附近有什么景点值得去玩?
fùjìn yǒu shénme jǐngdiǎn zhídé qù wán?

Is er amusement voor kinderen?
这里有孩子玩的地方吗?
zhèlǐ yǒu háizi wánde dìfang ma?

Zijn er pretparken in de buurt?
这里附近有游乐场吗?
zhèlǐ fùjìn yǒu yóulèchǎng ma?

Zijn er excursies?
有没有短途旅游路线?
yǒu méiyǒu duǎntú lǚyóu lùxiàn?

Waar gaan die naartoe?
短途旅游去哪儿?
duǎntú lǚyóu qù nǎr?

We willen naar ...
我们想去 ...
wǒmen xiǎng qù ...

Hoe lang duurt die tocht?
路上要多长时间?
lùshàng yào duōcháng shíjiān?

Hoe lang blijven we in ...?
我们在 ... 呆多久?
wǒmen zài ... dāi duōjiǔ?

Zijn er rondleidingen?
有没有导游?
yǒu méiyǒu dǎoyóu?

Hoeveel tijd hebben we daar voor onszelf?
到了那里，我们有多少自由活动时间?
dàole nàli, wǒmen yǒu duōshao zìyóu huódòng shíjiān?

We willen een trektocht maken
我们想去远足
wǒmen xiǎng qù yuǎnzú

Kunnen we een gids huren?
我们可以雇用一个导游吗?
wǒmen kěyǐ gùyòng yīge dǎoyóu ma?

Hoe laat gaat ... open/dicht?
什么时间 ... 开门 / 关门?
shénme shíjiān ... kāimén/guānmén?

Op welke dagen is ... geopend/gesloten?
... 哪天开门 / 关门?
... nǎtiān kāimén/guānmén?

Wat is de toegangsprijs?
入场费多少钱?
rùchǎngfèi duōshao qián?

Is er korting voor groepen/kinderen?
团体 / 儿童有没有优惠?
tuántǐ/értóng yǒu méiyǒu yōuhuì?

Is er korting voor 65+/studenten?
65岁以上老年人 / 学生有没有优惠?
liùshiwǔ suì yǐshàng lǎoniánrén/xuéshēng yǒu méiyǒu yōuhuì?

Mag ik hier fotograferen (met flits)/filmen?
我可以在这里(用闪光灯)照相/摄像吗?
wǒ kěyǐ zài zhèlǐ (yòng shǎnguāngdēng) zhàoxiàng/shèxiàng ma?

Mag ik met blote armen/benen naar binnen?
我可以赤裸着胳膊 / 腿进去吗?
wǒ kěyǐ chìluǒzhe gēbo/tuǐ jìnqù ma?

Ik ben slecht ter been, kunt u mij helpen?
我的腿不好使，您能帮助我吗?
wǒde tuǐ bùhǎoshǐ, nín néng bāngzhù wǒ ma?

Verkoopt u ansichtkaarten met ... erop?
您卖带 ... 的明信片吗?
nín màidài ... de míngxìnpiàn ma?

Hebt u een brochure in het Nederlands/Engels/Frans?
您有没有荷兰语 / 英语 / 法语的旅游小册子?
nín yǒu méiyǒu hélányǔ/yīngyǔ/fǎyǔ de lǚyóu xiǎocèzi?

Hoe oud is dit?
它有多少年了?
tā yǒu duōshao niánle?

Betaalt de gids?
导游付钱吗?
dǎoyóu fùqián ma?

Ik hoor bij hen
我随这个组
wǒ suí zhège zǔ

Ik ben mijn groep kwijt
我掉队了
wǒ diào duì le

Hebt u een groep (Nederlanders/Belgen/Vlamingen) gezien?
您见到一个(荷兰 / 比利时 / 佛兰芒)旅游团了吗?
nín jiàndào yīge (hélán/bǐlìshí/fólánmáng) lǚyóutuán le ma?

6.2 Sport en recreatie

Waar kunnen we hier ...?
在这附近哪里可以 ...?
zài zhèfùjìn nǎli kěyǐ ...?

Is er hier een ... in de buurt?
这里附近有没有 ...?
zhèlǐ fùjìn yǒu méiyǒu ...?

Verhuurt u ook mountainbikes?
您也出租山地自行车吗?
nín yě chūzū shāndì zìxíngchē ma?

Verhuurt u ook skates?
您也出租旱冰鞋吗?
nín yě chūzū hàn bīngxié ma?

Kan ik hier een fiets huren?
我能在这里租一辆自行车吗?
wǒ néng zài zhèlǐ zū yíliàng zìxíngchē ma?

Kan ik hier bungeejumpen?
我能在这里蹦极跳吗?
wǒ néng zài zhèlǐ bèngjítiào ma?

Kan ik hier tennissen?
我能在这里打网球吗?
wǒ néng zài zhèlǐ dǎ wǎngqiú ma?

Kan ik hier golfen?
我能在这里打高尔夫球吗?
wǒ néng zài zhèlǐ dǎ gāo'ěrfū qiú ma?

Kan ik hier paardrijden?
我能在这里骑马吗?
wǒ néng zài zhèlǐ qímǎ ma?

Ik wil graag een helikoptervlucht maken
我很想乘坐直升飞机
wǒ hénxiǎng chéngzuò zhíshēng fēijī

Ik wil graag een ballonvaart maken
我很想乘坐热气球
wǒ hénxiǎng chéngzuò rèqìqiú

Kan ik les nemen in ...?
我能上 ... 课吗?
wǒ néng shàng ... kè ma?

Hoeveel kost dat per uur/dag/keer?
每小时 / 每天 / 每次要多少钱?
měi xiǎoshí/měi tiān/měi cì yào duōshao qián?

Heb je daarvoor een vergunning nodig?
我需要一份许可证吗?
wǒ xūyào yīfèn xǔkězhèng ma?

Waar kan ik die vergunning krijgen?
我在哪里能得到许可证?
wǒ zài nǎli néng dédào xǔkězhèng?

6.3 Aan het water

Is het nog ver (lopen) naar zee?
到海边还要走多远呢?
dào hǎibiān háiyào zǒu duōyuǎn ne?

Kun je hier zwemmen?
这里可以游泳吗?
zhèlǐ kěyǐ yóuyǒng ma?

Is hier een zwembad?
这里有游泳池吗?
zhèlí yǒu yóuyǒngchí ma?

Is hier een zandstrand in de buurt?
这里附近有没有沙滩?
zhèlǐ fùjìn yǒu méiyǒu shātān?

Is hier ook een naaktstrand?
这里也有裸体沙滩吗?
zhèlǐ yěyǒu luǒtǐ shātān ma?

Word ik al bruin?
我晒黑了吗?
wǒ shài hēile ma?

Zal ik je even insmeren?
我给你擦一些防晒油吗?
wǒ gěi nǐ cā yīxiē fángshàiyóu ma?

Zullen we een strandwandeling maken?
我们在海滩散散步吗?
wǒmen zài hǎitān sànsan bù ma?

Kan ik een ligstoel huren?
我能租一个躺椅吗?
wǒ néng zū yīge tǎngyǐ ma?

Ik wil graag een parasol huren
我想要租一把太阳伞
wǒ xiǎng yào zū yībǎ tài yángsǎn

Verhuurt u ook windschermen?
您也出租挡风屏吗?
nín yě chūzū dǎngfēng píng ma?

Wanneer is het vloed/eb?
什么时候涨潮 / 退潮?
shénme shíhou zhǎngcháo/tuìcháo?

Wat is de temperatuur van het water?
水温是多少度?
shuǐwēn shì duōshao dù?

Is het hier (erg) diep?
这里（很）深吗?
zhèlǐ(hěn)shēn ma?

Kun je hier staan?
能站在这里吗?
néng zhàn zài zhèlǐ ma?

Is het hier veilig zwemmen (voor kinderen)?
(孩子)在这里游泳安全吗?
(háizi) zàizhèlǐ yóuyǒng ānquán ma?

Zijn er stromingen?
这里有没有急流?
zhèlǐ yǒu méiyǒu jíliú?

Heeft deze rivier stroomversnellingen/watervallen?
这条河上有急流 / 瀑布吗?
zhè tiáo héshàng yǒu jíliú/pùbù ma?

Wat betekent die vlag/boei daar?
那面旗子 / 那个浮标是什么意思?
nàmiàn qízi/nàge fúbiāo shì shénme yìsi?

Is er hier een badmeester die een oogje in het zeil houdt?
这里有没有救生员值班?
zhèlǐ yǒu méiyǒu jiùshēngyuán zhíbān?

Mogen hier honden komen?
狗让进吗?
gǒu ràng jìn ma?

Mag je hier kamperen op het strand?
海滩上允许露营吗?
hǎitānshàng yǔnxǔ lùyíng ma?

Mag je hier een vuurtje stoken?
这里允许点火/升火吗?
zhèlǐ yǔnxǔ diǎnhuǒ/shēnghuǒ ma?

Kan ik hier een duikuitrusting huren voor drie dagen?
我能在这里租用三天潜水设备吗?
wǒ néng zài zhèlǐ zūyòng sāntiān qiánshuǐ shèbèi ma?

Kan ik hier een duikbrevet halen?
我可以在这里获得潜水合格证吗?
wǒ kěyǐ zài zhèlǐ huòdé qiánshuǐ hégézhèng ma?

Ik ben een zwemvlies kwijtgeraakt
我的一对潜水蹼丢了
wǒde yīduì qiánshuǐpǔ diū le

Kan ik hier veilig snorkelen?
这里潜水通气管安全吗?
zhèlǐ qiánshuǐ tōngqìguǎn ānquán ma?

Ik wil graag een roeiboot huren
我想要租一只划船
wǒ xiǎng yào zū yīzhī huáchuán

Kan ik hier een motorboot huren?
我能在这里租一艘快艇吗?
wǒ néng zài zhèlǐ zū yìsōu kuàitǐng ma?

Is er hier ook een aanlegplaats voor boten?
这里也有停泊船的地方吗?
zhèlǐ yéyǒu tíngbó chuánde dìfang ma?

Kan ik hier een surfplank huren?
我能在这里租一块冲浪板吗?
wǒ néng zài zhèlǐ zū yīkuài chōnglàngbǎn ma?

Ik wil graag een waterscooter huren
我想租一艘摩托艇
wǒ xiǎng zū yīsōu mótuōtǐng

Kan ik hier een waterfiets huren?
我可以在这里租一只脚踏船吗?
wǒ kěyǐ zài zhèlǐ zū yīzhī jiǎotàchuán ma?

Verhuurt u ook waterski's?
您也出租滑水板吗?
nín yě chūzū huáshuǐbǎn ma?

Kan ik hier een zeilboot huren?
我可以在这里租一只帆船吗?
wǒ kěyǐ zài zhèlǐ zū yīzhī fānchuán ma?

Kan ik hier raften?
我能在这里划木筏吗?
wǒ néng zài zhèlǐ huá mùfá ma?

Kan ik hier surfen?
我能在这里冲浪吗?
wǒ néng zài zhèlǐ chōnglàng ma?

需许可证	Alleen met vergunning
危险	Gevaar
禁止冲浪	Verboden te surfen
禁止钓鱼	Verboden te vissen
禁止游泳	Verboden te zwemmen
鱼塘	Viswater

6.4 In de sneeuw

Kan ik hier skiles nemen?
这里有没有学滑雪的班?
zhèlǐ yǒu méiyǒu xué huáxuěde bān?

voor beginners/(half)gevorderden
对初学者 /(半)提高班
duì chūxué zhě/(bàn-)tígāo bān

Hoeveel kost een skiles?
一节滑雪课多少钱?
yìjié huáxuěkè duōshao qián?

Hoe groot zijn de groepen?
一个班多少人?
yíge bān duōshao rén?

Ik wil graag een abonnement voor de skilift
我要买(一日 / 周 / 月)缆车票
wǒ yào mǎi (yīrì/zhōu/yuè) lǎnchē piào

voor ... dagen/weken
... 天 / 个星期
... tiān/ge xīngqī

Moet ik een pasfoto inleveren?
我需要交一张照片吗?
wǒ xūyào jiāo yìzhāng zhàopiàn ma?

Waar kan ik een pasfoto laten maken?
我在哪里可以照一张护照照片?
wǒ zài nǎli kěyǐ zhào yìzhāng hùzhào zhàopiàn?

Ik wil graag bergschoenen huren/kopen
我想要租 / 买登山鞋
wǒ xiǎng yào zū/mǎi dēngshānxié

Kan ik hier ski's huren/kopen?
我能在这里租 / 买滑雪板吗?
wǒ néng zài zhèlǐ zū/mǎi huáxuěbǎn ma?

Verhuurt/verkoopt u ook skischoenen?
您也出租 / 出售滑雪鞋吗?
nín yě chūzū/chūshòu huáxuěxié ma?

Ik wil graag een snowboard huren/kopen
我想要租 / 买一副滑雪板
wǒ xiǎng yào zū/mǎi yīfù huáxuébǎn
Waar zijn de skipistes voor beginners?
初级滑雪道在哪里?
chūjí huáxuědào zài nǎli?
Zijn er langlaufloipes in de buurt?
这附近有没有越野滑雪道?
zhè fùjìn yǒu méiyǒu yuèyě huáxuě dào?
Zijn de langlaufloipes aangegeven?
越野滑雪道有没有标志?
yuèyě huáxuědào yǒu méiyǒu biāozhì?
Zijn de skiliften open?
滑雪缆车开不开?
huáxuě lǎnchē kāi bu kāi?
Zijn de stoeltjesliften open?
上山索道开不开?
shàngshān suǒdào kāi bu kāi?
Zijn de pistes open?
滑雪道开不开?
huáxuě dào kāi bu kāi?

6.5 Wandelen en bergbeklimmen

Waar kan ik meer te weten komen over wandelpaden?
我在哪里能找到更多有关徒步行走路线的信息?
wǒ zài nǎli néng zhǎodào gèngduō yǒuguān túbù xíngzǒu lùxiànde xìnxī?
Zijn er wandelroutes/klimplaatsen met gids?
有没有随导游的步行路线 / 登山路线?
yǒu méiyǒu suí dǎoyóu de bùxíng lùxiàn/dēngshān lùxiàn?
Kan ik met iemand spreken die het gebied (goed) kent?
我能跟（很）熟悉这一地区的人说话吗?
wǒ néng gēn(hěn)shúxī zhèyīdìqū de rén shuōhuà ma?
Moeten we ons tegen teken beschermen?
我们必须采取防吸血虫的措施吗?
wǒmen bìxū cáiqǔ fáng xīxuèchóng de cuòshī ma?
Verkoopt/verhuurt u ook nordic-walkingstokken?
您也出售 / 出租北欧手杖吗?
nín yě chūshòu/chūzū běi'ōu shǒuzhàng ma?
Zijn de paden goed gemarkeerd?
路途标志清楚吗?
lùtú biāozhì qīngchu ma?
Hoe hoog gaat de klim?
我们要爬多高?
wǒmen yào pá duōgāo?

Kunnen we terug? Ik heb last van hoogteziekte
我们能回去吗？ 我对高山反应感到不舒服
wǒmen néng huíqù ma? wǒ duì gāoshān fǎnyìng gǎndào bù shūfu

Wat is de gemakkelijkste/kortste route?
哪条是最容易的 / 最短的路?
nǎtiáo shì zuì róngyìde/zuì duǎnde lù?

Is de route het hele jaar toegankelijk/open?
这条路全年都可以通行 / 开放吗?
zhètiáolù quánnián dōu kěyǐ tōngxíng/kāifàng ma?

Hoe laat wordt het donker?
几点钟天黑?
jǐdiǎnzhōng tiān hēi?

Waar kan ik een (-)uitrusting huren?
我在哪里能租 ... 用品?
wǒ zài nǎli néng zū ... yòngpǐn?

Waar kan ik (-)benodigdheden kopen?
我在哪里能买 ... 必需品?
wǒ zài nǎli néng mǎi ... bìxūpǐn?

Waar kan ik (mond)voorraad kopen?
我能在哪儿买备用（食）品?
wǒ néng zài nǎr mǎi bèiyòng(shí)pǐn?

Waar kan ik de nacht doorbrengen?
哪里可以住宿?
nǎli kěyǐ zhùsù?

Mag ik over uw land lopen?
我可以从您地里穿过去吗?
wǒ kěyǐ cóng níndìlǐ chuān guò qù ma?

6.6 Fitness en wellness

Is er een wellness center in de buurt?
附近哪里有保健中心?
fùjìn nǎlǐ yóu bǎojiàn zhōngxīn?

Ik ben op zoek naar een fitnesscentrum
我在找健身房
wǒ zài zhǎo jiànshēnfáng

Kunt u mij aan het adres van een sportschool in de buurt helpen?
您能告诉我附近体育学校的地址吗?
nín néng gàosu wǒ fùjìn tǐyùxuéxiào de dìzhǐ ma?

Is er een sauna in het hotel?
酒店里有桑拿浴吗?
jiǔdiànlí yǒu sāngnáyù ma?

Is er een schoonheidssalon in de buurt?
附近有美容店吗?
fùjìn yóu měiróngdiàn ma?

Ik wil graag een massage
我要做按摩
wǒ yào zuò ànmó
Ik wil graag een uitgebreide schoonheidsbehandeling
我要做全套的美容
wǒ yào zuò quántàode měiróng
Welke kruiden zitten er in dat kruidenbad?
浴盆里放了哪种草药?
yùpénlǐ fàngle nǎzhǒng cǎoyào?
De modderpakking was geweldig!
用泥裹身太奇妙了!
yòngní guǒshēn tài qímiào le!
Kan ik hier een yogaklas volgen?
我可以在这里上瑜珈课吗?
wǒ kěyǐ zài zhèlǐ shàng yújiākè ma?

7 Winkelen

■ Winkels

面包（糕点）店	(banket)bakkerij
古董	antiek
药店	apotheek
免税商店	belastingvrije winkel
花匠	bloemist
书店	boekhandel
健康用品店	drogist
美食店	delicatessenwinkel
照相机商店	fotohandel
蔬菜水果店	groente en fruit
家用电器	huishoudelijke apparaten
家庭用品	huishoudelijke artikelen
贷款银行	hypotheekbank
雪糕店	ijssalon
五金商店	ijzerwaren
珠宝店	juwelier
理发店	kapsalon
报亭	kiosk
廉价商品部	koopjeskelder
报纸/期刊	kranten/tijdschriften
食品杂货商	kruidenier
小餐馆	lunchroom
自由市场	markt
乳制品	melkproducten
家具店	meubelzaak
眼镜商	opticien
香水	parfumerie
光盘商店	cd-winkel
邮局	postkantoor
有机食品店	biologische winkel
旅行社	reisbureau
自行车行	rijwielhandel
烟草商	rookartikelen
鞋店	schoenenwinkel

美容店	schoonheidssalon
肉店	slagerij
卖酒商店	slijterij
玩具店	speelgoedzaak
运动商店	sportzaak
干洗衣店	stomerij
超级市场	supermarkt
二手货	tweedehands artikelen
鱼店	vishandel
百货公司	warenhuis
自助洗衣店	wasserette
购物中心	winkelcentrum
购物廊	winkelgalerij
自助式销售	zelfbediening
电话商店	telefoonwinkel
计算机店	computerzaak

7.1 Algemeen

Is er een supermarkt op loopafstand?
这附近走路的距离有超级市场吗?
zhè fùjìn zǒulùde jùlí yǒu chāojíshìchǎng ma?
Ik ben op zoek naar een warenhuis
我在找一家百货商店
wǒ zài zhǎo yījiā bǎihuò shāngdiàn
Is er hier in de buurt een winkelstraat?
这附近有商业街吗?
zhè fùjìn yǒu shāngyè jiē ma?
In welke winkel kan ik ... krijgen?
从哪家商店我能买到 ...?
cóng nǎjiā shāngdiàn wǒ néng mǎi dào ...?
Wanneer is deze winkel geopend?
这家商店几点营业?
zhè jiā shāngdiàn jǐdiǎn yíngyè?
Kunt u me de ...-afdeling wijzen?
您可以告诉我 ... 部门在哪儿吗?
nín kěyǐ gàosù wǒ ... bùmén zài nǎr ma?
Kunt u me helpen? Ik zoek ...
您可以帮我吗? 我在找 ...
nín kěyǐ bāng wǒ ma? wǒ zài zhǎo ...
Verkoopt u Nederlandse/Belgische/Vlaamse kranten?
您出售荷兰 / 比利时 / 佛兰芒报纸吗?
nín chū shòu hélán/bǐlìshí/fólánmáng bàozhǐ ma?

Verkoopt u ook iPod's? Ik ben op zoek naar een iPod touch
您也卖iPod吗？ 我想要一个iPod触屏
nín yě mài 'iPod' ma? wǒ xiǎng yào yīge 'iPod' chùpíng

您要点什么?	Kan ik u helpen?
还要什么?	Anders nog iets?

Ja/Nee. Ik had graag ...
是的 / 不是， 我想要 …
shìde/búshi, wǒ xiǎng yào ...

Ik kijk wat rond, als dat mag
如果可以的话， 我只在这里看看
rúguǒ kěyǐ de huà, wǒ zhǐ zài zhèlǐ kànkan

Ja, geeft u me ook nog ...
是， 我还要 ...
shì, wǒ háiyào ...

Nee, dank u. Dat was het
不， 谢谢您。就这些
bù, xièxie nín. jiù zhèxiē

Kunt u me ... laten zien?
请让我看看 ... 好吗?
qǐng ràng wǒ kànkan ... hǎo ma?

Ik wil liever ...
我宁可 ...
wǒ nìngkě ...

Dit is niet wat ik zoek
这不是我要的
zhè búshì wǒ yàode

Dank u. Ik kijk nog even verder
谢谢您。我再看看
xièxie nín. wǒ zài kànkan

Hebt u niet iets wat goedkoper is?
您没有更便宜的东西吗?
nín méiyǒu gèng piányi de dōngxi ma?

Hebt u niet iets kleiners/groters?
您没有更小 / 更大一些的吗？
nín méiyǒu gèngxiǎo/gèngdà yīxiē de ma?

Deze neem ik
我要这个
wǒ yào zhège

Zit er een gebruiksaanwijzing bij?
有说明书吗?
yǒu shuōmíngshū ma?

Ik vind het te duur
我觉得太贵了
wǒ juéde tàiguì le

Ik bied u ...
我愿意出 ... 钱
wǒ yuànyì chū ... qián
Ik heb niet veel geld bij me
我没有带很多钱
wǒ méiyǒu dài hěnduō qián
Kunt u het goedkoper maken?
您能便宜一点吗?
nín néng piányi yīdiǎn ma?
Ik geef u er (niet meer dan) ... voor
我（最多）给您 ...
wǒ (zuìduō)gěinín ...
Wilt u dit voor mij bewaren? Ik kom het straks ophalen
您可以为我保存吗? 我一会儿来取
nín kěyǐ wèiwǒ bǎocún ma? wǒ yīhuìr lái qǔ
Hebt u een tasje voor me?
您能给我一个袋子吗?
nín néng gěi wǒ yīge dàizi ma?
Kunt u het inpakken in cadeaupapier?
请把它包装成礼品，好吗?
qǐng bǎ tā bāozhuāng chéng lǐpǐn, hǎo ma?
Ik wil dit graag terugbrengen
我要把它还了
wǒ yào bǎ tā huán le
Dit artikel is niet goed
这个东西不好
zhège dōngxi bùhǎo
Dit artikel is kapot
这个东西坏了
zhège dōngxi huàile

对不起，我们这里没有	Het spijt me, dat hebben we niet
对不起，都卖完了	Het spijt me, dat is uitverkocht
对不起，要等到 ... 才有货	Het spijt me, dat komt pas ... weer binnen

7.2 Levensmiddelen

Ik wil graag een ons ...
请给我一百克 ...
qǐng gěi wǒ yībǎi kè ...
Ik wil graag een kilo ...
请给我一公斤 …
qǐng gěi wǒ yī gōngjīn ...

Wilt u het voor me in plakjes/stukjes snijden?
您能帮我切成薄片 / 切成小块吗?
nín néng bāng wǒ qiēchéng bópiàn/qiēchéng xiǎokuài ma?

Kan ik het bestellen?
我可以订购吗?
wǒ kěyǐ dìnggòu ma?

Ik kom het morgen/om ... uur ophalen
我明天 / ... 点钟来取
wǒ míngtiān/... diǎnzhōng lái qǔ

Is dit om te eten/drinken?
这个可以吃 / 喝吗?
zhège kěyǐ chī/hē ma?

Wat zit erin?
里面含有什么?
lǐmiàn hányǒu shénme?

Verkoopt u ook biologische producten?
您也出售有机食品吗?
nín yě chūshòu yǒujī shípǐn ma?

7.3 Kleding en schoenen

Ik heb in de etalage iets gezien. Zal ik het aanwijzen?
我在橱窗里看见一样东西。我能指给你看吗?
wǒ zài chúchuānglǐ kànjiàn yīyàng dōngxi. wǒ néng zhǐgěi nǐ kàn ma?

Ik wil graag iets wat hierbij past
有没有什么配这个的?
yǒu méiyǒu shénme pèi zhège de?

Hebt u schoenen in dezelfde kleur als dit?
有没有与这一样颜色的鞋?
yǒu méiyǒu yǔ zhè yīyàng yánsè de xié?

Ik heb maat ... in Nederland/België
在荷兰 / 比利时我的号码是 ...
zài hélán/bǐlìshí wǒde hàomǎ shì ...

Mag ik dit passen?
我可以试穿吗?
wǒ kěyǐ shìchuān ma?

Waar is de paskamer?
试衣室在哪里?
shìyī shì zài nǎli?

Het past me niet
这(件)不合身
zhè(jiàn) bù héshēn

Dit is de goede maat
这个大小正好
zhège dàxiǎo zhènghǎo

Kunt u het op maat maken?
您能量体定做吗？
nín néng liàngtǐ dìngzuò ma?

Het staat me niet
我穿着不好看
wǒ chuānzhe bù hǎokàn

Hebt u deze ook in het ...?
您有没有这个 ... 的?
nín yǒu méiyǒu zhège ... de?

Ik vind de hak te hoog/laag
鞋跟太高 / 矮了
xiégēn tàigāo/ǎile

Is dit echt leer?
这是真皮的吗?
zhèshì zhēnpí de ma?

Ik zoek een ... voor een baby/kind van ... jaar
我找一(个) ... 送给 ... 岁小孩
wǒ zhǎoyī(ge) ... sònggěi ... suì xiǎohái

Ik had graag een ... van zijde
我想要一件真丝的 …
wǒ xiǎng yào yījiàn zhēnsī de ...

Verkoopt u ook ... van katoen of linnen?
您也出售棉布 / 亚麻布的…吗?
nín yě chūshòu miánbù/yàmábù de ... ma?

Ik ben op zoek naar een ... van wol
我在找一件羊毛的 …
wǒ zài zhǎo yījiàn yángmáo de ...

Op welke temperatuur kan ik het wassen?
我应该用什么水温洗?
wǒ yīnggāi yòng shénme shuǐ wēn xǐ?

Krimpt het in de was?
会缩水吗?
huì suōshuǐ ma?

干洗	Chemisch reinigen
手洗	Handwas
机器洗	Machinewas
晾干	Nat ophangen
不能甩干	Niet centrifugeren
不能熨	Niet strijken
不能烘干	Niet in de droger

Schoenreparaties

Kunt u deze schoenen repareren?
您可以修一下这双鞋吗?
nín kěyǐ xiū yíxià zhè shuāngxié ma?
Kunt u hier nieuwe zolen/hakken onder zetten?
您可以钉个新的鞋底 / 后跟儿吗?
nín kěyǐ dīngge xīn dexiédǐ/hòugēnr ma?
Wanneer zijn ze klaar?
什么时候能取?
shénme shíhou néng qǔ?
Ik wil graag een doosje schoensmeer
请给我一盒鞋油
qíng gěi wǒ yīhé xiéyóu
Ik wil graag een paar veters
请给我一副鞋带
qǐng gěi wǒ yīfù xiédài

7.4 Kapper

Moet ik een afspraak maken?
我要预约吗?
wǒ yào yùyuē ma?
Kunt u me direct helpen?
您能马上做吗?
nín néng mǎshàng zuò ma?
Hoe lang moet ik wachten?
要等多久?
yào děng duōjiǔ?
Ik wil mijn haar laten knippen
我要理发
wǒ yào lǐfà
Kan ik mijn haar hier laten wassen?
我能在这里洗头吗?
wǒ néng zài zhèlǐ xǐtóu ma?
Ik wil mijn haar graag laten föhnen
我想在这里吹头发
wǒ xiǎng zài zhèlǐ chuī tóufa
Ik wil graag coupe soleil
我想在头发上加点显眼的颜色
wǒ xiǎng zài tóufa shàng jiādiǎn xiǎnyǎnde yánsè
Hebt u een kleurenkaart, a.u.b.?
您有颜色卡（号）吗?
nín yǒu yánsè kǎ(hào)ma?

Ik wil dezelfde kleur houden
我要保持同样的颜色
wǒ yào bǎochítóngyàngde yánsè

Ik wil het donkerder/lichter
我要颜色再深 / 浅一点
wǒ yào yánsè zàishēn/qiǎn yīdiǎn

Ik wil wel/geen versteviger in mijn haar
我想要 / 不想要喷雾发胶
wǒ xiǎngyào/bù xiǎngyào pēnwù fàjiāo

Ik wil wel/geen gel
我想要 / 不想要定型胶
wǒ xiǎngyào/bù xiǎngyào dìngxíngjiāo

Ik wil mijn pony kort
我想要前刘海短一点
wǒ xiǎng yào qiánliúhǎir duǎn yīdiǎn

Wilt u mijn pony bijknippen?
可以给我修剪一下刘海儿吗?
kěyǐ gěi wǒ xiūjiǎn yīxià liúhǎir ma?

Ik wil het van achteren niet te kort
我想背后不要太短
wǒ xiǎng bèihòu búyào tài duǎn

Ik wil het hier niet te lang
我想这里不要太长
wǒ xiǎng zhèlǐ búyào tài cháng

Ik wil (niet te veel) krullen
我想要(不要太多)卷儿
wǒ xiǎng yào (búyào tàiduō) juǎnr

Ik wil de oren vrij
我想要露出耳朵
wǒ xiǎng yào lùchū ěrduo

Er moet een klein stukje/flink stuk af
我需要少 / 多去掉一点
wǒ xūyào shǎo/duō qùdiào yīdiǎn

Ik wil mijn haar zoals die mevrouw
我要剪像那位女士一样的发型
wǒ yào jiǎn xiàng nàwèi nǚshì yíyàng de fàxíng

Ik wil mijn haar zoals op deze foto
我要剪像这张照片中一样的发型
wǒ yào jiǎn xiàng zhèzhāng zhàopiàn zhōng yíyàng de fàxíng

Kunt u de kap hoger/lager zetten?
请把吹风机调高 / 调低一点好吗?
qǐng bǎ chuīfēngjī tiáogāo/tiáodī yīdiǎn hǎo ma?

您想怎么剪?	Hoe wilt u uw haar geknipt hebben?
您想剪什么发型?	Welk model hebt u op het oog?

您想染成什么颜色?	Welke kleur moet het worden?
温度适合吗?	Is dit de goede temperatuur?
您想看些什么?	Wilt u iets te lezen hebben?
您想喝点什么?	Wilt u iets drinken?
这是您要剪的发型吗?	Is het zo naar uw zin?

Kan ik hier mijn baard laten bijknippen?
请给我修剪一下胡须，好吗?
qǐng gěi wǒ xiūjiǎn yíxià húxū, hǎo ma?
Wilt u mijn snor bijknippen?
可以修剪一下小胡子吗?
kěyǐ xiūjiǎn yíxià xiǎo húzi ma?
Scheren, a.u.b.
请给我刮刮胡子
qǐng gěi wǒ guāguā húzi
Ik wil nat geschoren worden
我想要修面(湿刮胡子)
wǒ xiǎngyào xiūmiàn(shī guāhúzi)

7.5 Afrekenen

Waar kan ik afrekenen?
在哪里交款?
zài nǎli jiāokuǎn?
Hoeveel is dit bij elkaar?
总共多少钱?
zǒng gòng duōshao qián?
Kan ik pinnen?
我可以用银行(密码)卡付款吗?
wǒ kěyǐ yòng yínháng(mìmǎ) kǎ fùkuǎn ma?
Kan ik met een creditcard betalen?
我可以用信用卡付款吗?
wǒ kěyǐ yòng xìnyòngkǎ fùkuǎn ma?
U hebt me te veel/weinig (terug)gegeven
您找给我的钱太多 / 太少了
nín zhǎo gěi wǒde qián tàiduō/tàishǎo le
Wilt u dit nog eens narekenen?
请您再算一算好吗?
qǐng nín zài suàn yī suàn hǎo ma?
Kunt u me de kassabon geven?
您能不能给我一张收据?
nín néng bunéng gěi wǒ yīzhāng shōujù?
Ik heb niet genoeg geld bij me
我身上没有带足够的钱
wǒ shēnshàng méiyǒu dài zúgòude qián

Alstublieft, dit is voor u
这给您
zhè gěi nín
Houdt u het wisselgeld maar
不用找钱了
búyòng zhǎo qián le

您可以在收款台交钱	U kunt aan de kassa afrekenen
我们不接受信用卡	We nemen geen creditcards aan
您在这里不能使用银行卡（按密码）付款	U kunt hier niet pinnen
付款未成功。请用其它方式支付	De transactie is niet gelukt. Betaal anders

8 Eten en uitgaan

8.1 In het restaurant

Kan ik een tafel voor zeven uur reserveren?
我想订一张桌子，（我们）七点钟来
wǒ xiǎng dìng yīzhāng zhuōzi, (wǒmen)qīdiǎn zhōng lái
Graag een tafel voor twee personen
我想订一张两个人的桌子
wǒ xiǎng dìng yīzhāng liǎngge rén de zhuōzi
Wij hebben wel/niet gereserveerd
我们预订了 / 没预订
wǒmen yùdìng le/méi yùdìng
Is de keuken al open?
食堂已经开门了吗?
shítáng yǐjing kāimén le ma?
Hoe laat gaat de keuken open/dicht?
食堂几点钟开 / 关门?
shítáng jǐdiǎn zhōng kāi/guān mén?
Is er een tafel vrij?
有空桌子吗？
yǒu kòng zhuōzi ma?
Kunnen we op een tafel wachten?
我们能等候一张桌子吗?
wǒmen néng děnghòu yīzhāng zhuōzi ma?
Moeten we lang wachten?
我们必须等很久吗?
wǒmen bìxū děng hěnjiǔ ma?
Is deze (eet)gelegenheid rookvrij?
这(吃饭)场所禁止抽烟吗？
zhè (chīfàn) chángsuǒ jìnzhǐchōuyān ma?
Waar kan ik hier roken?
这儿哪里可以抽烟？
zhèr nǎlǐ kěyǐ chōuyān?

您预订座位了吗?	Hebt u gereserveerd?
用什么名字订的?	Onder welke naam?
请，这边来	Deze kant op, a.u.b.
这张桌子已被预订了	Deze tafel is gereserveerd
十五分钟以后有一张空桌子	Over een kwartier hebben wij een tafel vrij
您可以(在柜台边)等一会儿吗?	Wilt u zolang (aan de bar) wachten?

Is deze plaats bezet?
这个位子有人坐吗?
zhège wèizi yǒurén zuò ma?

Mogen wij hier/daar zitten?
我们可以坐在这儿 / 那儿吗?
wǒmen kěyǐ zuò zài zhèr/nàr ma?

Mogen wij bij het raam zitten?
我们可以靠窗户坐吗?
wǒmen kěyǐ kào chuānghu zuò ma?

Kunnen we ook buiten eten?
我们也可以坐在外面吃吗?
wǒmen yě kěyǐ zuòzài wàimiànchī ma?

Hebt u nog een stoel voor ons?
您能再给我们一把椅子吗?
nín néng zài gěi wǒmen yībǎ yǐzi ma?

Hebt u een kinderstoel voor ons?
您能给我们一把小孩椅子吗?
nín néng gěi wǒmen yībǎ xiǎohái yǐzi ma?

Is er voor deze flessenwarmer een stopcontact?
有没有插这个暖瓶的插座?
yǒu méiyǒu chā zhège nuǎnpíng de chāzuò?

Kunt u dit flesje/potje voor mij opwarmen?
请您把这个奶瓶 / 大口瓶加热一下好吗?
qǐng nín bǎ zhège nǎipíng/dàkǒu píng jiārè yīxià hǎo ma?

Niet te warm, a.u.b.
请不要太烫了
qǐng búyào tàitàng le

Is hier een ruimte waar ik de baby kan verzorgen?
有没有地方我可以给婴儿换尿布?
yǒu méiyǒu dìfang wǒ kěyǐ gěi yīng'ér huàn niàobù?

Waar is het toilet?
厕所在哪儿?
cèsuǒ zài nǎr?

8.2 Bestellen

Ober!
服务员!
fúwùyuán!

Mevrouw!
小姐!
xiǎojie!

Meneer!
先生!
xiānsheng!

Wij willen graag wat eten/drinken
我们想要吃点东西 / 喝点饮料
wǒmen xiǎng yào chīdiǎn dōngxi/hēdiǎn yǐnliào

Kan ik snel iets eten?
有没有快餐?
yǒu méiyǒu kuàicān?

Wij hebben weinig tijd
我们没有很多时间
wǒmen méiyǒu hěnduō shíjiān

Wij willen eerst nog wat drinken
我们想先喝点什么
wǒmen xiǎng xiān hē diǎn shénme

Mogen wij de menukaart/wijnkaart?
请给我们看看菜单 / 酒单好吗?
qǐng gěi wǒmen kànkan càidān/jiǔdān hǎo ma?

Twee bier, a.u.b.
两杯啤酒, 谢谢
liǎngbēi píjiǔ, xiè xie

Hebt u een dagschotel?
今天有没有特别的菜?
jīntiān yǒu méiyǒu tèbiéde cài?

Ik wil het vlees graag medium/well done/doorbakken
我想要肉烧得中度 / 烧透
wǒ xiǎng yào ròu shāode zhōngdù/shāotòu

We weten het nog niet
我们还没想好点什么菜
wǒmen hái méi xiǎnghǎo diǎn shénme cài

Wat kunt u ons aanbevelen?
您可以给我们介绍几道菜吗?
nín kěyǐ gěi wǒmen jièshào jǐdào cài ma?

Wat zijn de specialiteiten van deze streek/het huis?
本地 / 本餐馆有什么风味菜吗?
běndì/běncānguǎn yǒu shénme fēngwèi cài ma?

Ik houd van aardbeien/olijven
我喜欢吃草莓 / 橄榄
wǒ xǐhuan chī cǎoméi/gǎnlǎn

Ik houd niet van vis/vlees
我不喜欢吃鱼 / 肉
wǒ bù xǐhuan chī yú/ròu

Wat is dit?
这是什么?
zhèshì shénme?

Zitten er ... in?
这里面有 ... 吗?
zhèlǐmiàn yǒu ... ma?

Waar lijkt het op?
吃起来什么味?
chīqĭlái shénme wèi?

Kan ik daar een extra portie kip/ham bij krijgen?
我能额外要一份鸡 / 火腿吗?
wǒ néng éwài yào yīfèn jī/huótuǐ ma?

Is dit gerecht warm of koud?
这道菜是热的还是凉的?
zhèdàocài shì rède háishì liángde?

Is dit gerecht zoet?
这道菜是甜的吗?
zhèdào cài shì tiánde ma?

Is dit gerecht pikant/gekruid?
这道菜是辣的 / 加香料的吗?
zhèdào cài shì làde/jiā xiāng liào de ma?

Hebt u misschien iets anders?
您还有些别的什么菜吗?
nín hái yǒu xiē biéde shénme cài ma?

要点菜吗?	Hebt u uw keuze gemaakt?
要不要先来杯开胃酒?	Wilt u een aperitief gebruiken?
您要喝点什么?	Wat wilt u drinken?
菜来了，请慢用	Eet smakelijk
您还要甜点 / 咖啡吗?	Wilt u nog een nagerecht/koffie?

Graag hetzelfde als die mensen
要跟他们吃一样的菜
yào gēn tāmén chī yīyàng de cài

Ik wil graag ...
我想要 ...
wǒ xiǎngyào ...

Wij nemen geen voorgerecht
我们不要冷盘
wǒmen búyào lěngpán

Het kind zal wat van ons menu mee-eten
孩子将从我们的盘子里吃
háizi jiāng cóng wǒmende pánzilǐ chī

Nog wat brood, a.u.b.
我再要一些面包
wǒ zài yào yīxiē miànbāo

We willen graag nog een fles water/wijn
我们还要一瓶水 / 葡萄酒
wǒmen hái yào yīpíng shuǐ/pútaojiǔ

Kunnen we nog een portie ... krijgen?
我们能再要一份 … 吗？
wǒmen néng zàiyào yīfèn … ma?

Kunt u zout en peper brengen, a.u.b.?
请给我一些盐和胡椒粉，好吗？
qǐng gěi wǒ yīxiē yán hé hújiāofěn, hǎo ma?

Kunnen we nog wat extra servetten krijgen?
我们能额外再要几张餐巾纸吗？
wǒmen néng éwài zài yào jǐzhāng cānjīnzhǐ ma?

Kunt u een lepeltje brengen, a.u.b.?
请给我一把小勺儿，好吗？
qǐng gěi wǒ yībǎ xiǎo sháor, hǎo ma?

Hebt u ook tandenstokers?
您也有牙签吗？
nín yěyǒu yáqiān ma?

Ik wil graag een glas water
我要一杯水
wǒ yào yībēi shuǐ

Kunt u een rietje (voor het kind) brengen, a.u.b.?
请给我一根(孩子用的)吸管，好吗？
qǐng gěi wǒ yīgēn (háizi yòngde) xīguǎn, hǎo ma?

Het is heerlijk!
太好吃了！
tài hǎo chī le!

Eet smakelijk!
请慢用！
qǐng màn yòng!

Van hetzelfde
您也慢用！
nín yě màn yòng!

Proost!
干杯！
gānbēi!

Het volgende rondje is voor mij
下次我请客
xiàcì wǒ qǐngkè

Mogen we de restjes meenemen?
请把剩下的菜给我们打包，好吗？
qǐng bǎ shèngxià de cài gěi wǒmen dǎ bāo, hǎo ma?

■ Dieetwensen

Ik ben vegetariër/veganist
我吃素 / 我是素食者
wǒ chī sù/wǒ shì sùshí zhě

Hebt u vegetarische gerechten?
您有素食的菜吗?
nín yǒu sùshíde cài ma?

Zit er vlees in dit gerecht?
这盘菜里有肉吗?
zhè páncài lǐ yǒu ròu ma?

Is dit koosjer/halal?
这是按犹太教规 / 回教教规制成的食物吗?
zhèshì àn yóutàijiàoguī/huíjiào jiàoguī zhìchéngde shíwù ma?

Ik eet geen rundvlees/varkensvlees
我不吃牛肉 / 猪肉
wǒ bùchī niúròu/zhūròu

Ik lust geen vis/kaas
我不喜欢吃鱼 / 奶酪
wǒ bù xǐhuān chī yú/nǎilào

Bevat dit gerecht eieren/melkproducten?
这道菜含有鸡蛋 / 乳制品吗?
zhèdàocài hányǒu jīdàn/rǔzhìpǐn ma?

Is dit gerecht glutenvrij?
这道菜里有面筋吗?
zhè dào cài lǐ yǒu miànjīn ma?

Zit er suiker in dit gerecht?
这道菜里有糖吗?
zhè dào cài lǐ yǒu táng ma?

Ik mag geen suiker
我不能吃糖
wǒ bùnéng chī táng

Is dit gerecht zoutloos?
这道菜里有盐吗?
zhè dào càilǐ yǒu yán ma?

Ik mag geen zout (eten)
我不能吃盐
wǒ bùnéng chī yán

Kan ik dit gerecht zonder ... krijgen?
我要这道菜，但不要 ...，行吗?
wǒ yào zhèdàocài, dàn búyào ..., xíng ma?

Ik ben allergisch voor noten/gluten
我对果仁 / 面筋过敏
wǒ duì guǒrén/miànjīn guòmǐn

Ik mag geen varkensvlees
我不可以吃猪肉
wǒ bù kěyǐ chī zhūròu

Ik mag geen vet
我不可以吃肥肉
wǒ bù kěyǐ chī féiròu

Ik mag geen (scherpe) kruiden
我不能吃辣的
wǒ bùnéng chī làde
Hebt u ook iets met weinig calorieën?
您是否也有低热能的食物?
nín shìfǒu yěyǒu dī rènéng de shíwù?

Menukaart

主餐	(Am E) hoofdgerecht
酒	alcoholische dranken
开胃小菜(冷盘)	aperitief/(Am) voorgerechtje
不包括服务费	bediening niet inbegrepen
汽水	frisdrank
主餐	hoofdgerechten
冷饮	koude dranken
冷盘	koude gerechten
甜点	nagerechten
汤	soepen
特色菜	specialiteiten
糕饼	taart, gebak
头一道菜(冷盘)	voorgerechten
热饮料	warme dranken
热餐	warme gerechten
葡萄酒	wijnen

Dranken en gerechten

果子露	aanmaaklimonade
土豆	aardappelen
土豆泥	aardappelpuree
土豆沙拉	aardappelsalade
草莓	aardbeien
杏	abrikozen
杏仁	amandelen
菠萝	ananas
苣荬菜	andijvie
苹果煎饼	appelbeignets
苹果饼	appelbol
苹果酒	appelwijn
朝鲜蓟	artisjok
芦笋	asperge
醋	azijn
面条	bami
香蕉	banaan
罗勒属植物（用于调味）	basilicum
油煎饼	beignets
莓	bessen
臀部牛排	biefstuk
去骨头兔肉	biefstuk van de haas
啤酒	bier
苦啤酒	bitter bier
油酥皮	bladerdeeg

芹菜	bleekselderij
黑香肠	bloedworst
菜花	bloemkool
豆子	bonen
胸脯肉	borst
黄油 / 奶油	boter
肉汤	bouillon
牛肉汤料	bouillondrank
大腿（鸡等）	bout
面包	brood
小面包	broodje
面包卷	broodje
蘑菇	champignons
柠檬	citroen
柠檬汽水	citroenlimonade
麦片	cornflakes e.d.
雪梨酒蛋糕	custardtoetje met fruit, room en cake
浓烈的黑啤酒	donker bier
豌豆	doperwten
干	droog
葡萄	druiven
鸭子	eend
雉鸡	fazant
(无骨的)肉片	filet
瓶子	fles
鳟鱼	forel
山莓	frambozen
薯条	frites
鹅肝	ganzenlever
虾	garnalen
糕点	gebak/gebakje
炒 / 烤	gebakken, gebraden
熏肉炒鸡蛋	gebakken eieren met spek
烤的	gebraden
裹湿面烤牛排	gebraden worstjes gebakken in beslag
油炸食物	gefrituurd
(食物上)带装饰的	gegarneerd
(加在水，果糕点上的)糖浆	geglaceerd
烤的	gegrild
肉末	gehakt
肉馅土豆泥饼	gehakt met korst van aardappelpuree
煮的	gekookt
腌	gemarineerd
姜	gember
什锦沙拉	gemengde salade
面包屑	gepaneerd
水煮（荷包蛋，鱼等）	gepocheerd
土豆皮	gepofte aardappel in de schil
熏的	gerookt
熏制的鲱鱼	gerookte, gezouten haring
炖煮	gestoofd
蒸	gestoomd
家禽	gevogelte
包馅的	gevuld
煮透（牛排）	goed doorbakken (biefstuk)
蔬菜	groente
奶酪(浓味)	harde, pittige kaas
鲱鱼	haring
心	hart
(麦片)粥	havermoutpap
大比目鱼	heilbot
脑	hersenen
咸猪头	hoofdkaas (zult)
冰淇淋 / 冰激凌	ijs
泡制的 / 腌制的	in het zuur
约克郡布丁	in oven gebakken beslag
杜松子酒	jenever
肉汁	jus
橘子汁	jus d'orange
干酪 / 奶酪	kaas

鳕鱼	kabeljauw
小牛肉	kalfsvlees
火鸡	kalkoen
桂皮香料	kaneel
酸牛奶	karnemelk
咖哩粉	kerrie
樱桃	kersen
鸡 / 鸡肉	kip/kippenvlees
鸡爪	kippenpoot
甜的圆面包	kleine, zoete broodjes
大蒜	knoflook
咖啡（黑 / 加奶的）	koffie (zwart/met melk)
黄瓜	komkommer
兔子	konijn
卷心菜	kool
油酥皮	korstdeeg
肉排	kotelet
龙虾	kreeft
炸肉卷	kroketjes
酥皮水果蛋糕	kruimeltaart met vruchten
薄荷酱	kruizemuntsaus
鹌鹑	kwartel
柠檬汁	kwast
羊肉	lamsvlees
牛里脊肉	lendebiefstuk
肝脏	lever
嫩(牛排)	lichtgebakken (biefstuk)
酸橙	limoen
小扁豆	linzen
玉米	maïs
玉米(棒)	maïs (aan de kolf)
鲭鱼	makreel
牛奶	melk
瓜	meloen
辣根	mierikswortel
淡菜	mosselen
含汽的（如汽酒）	mousserend
炒饭	nasi
肾	niertjes
中度 / 正常（牛排烧的程度）	normaal gebakken (biefstuk)
坚果	noten
牡蛎	oesters
油	olie
橄榄	olijf
牛里脊	ossenhaas
牛尾（汤）	ossenstaart(soep)
鳝鱼	paling
薄煎饼	pannekoekje
煎饼	pannenkoek
珍珠鸡	parelhoen
馅饼	pastei
鹧鸪	patrijs
梨	peer
辣椒（青椒）	peper (ook: paprika)
桃子	perzik
荷兰芹	peterselie
啤酒	pils
花生(米)	pinda's
大葱	prei
李子	pruim
小萝卜	radijsjes
炖肉	ragout
生的	rauw
米饭	rijst
淡水螯虾	rivierkreeft
红菜头	rode biet
炒鸡蛋	roerei
红色	rood
奶油	room
烤牛肉	rosbief
牛排	runderlap
牛肉	rundvlees
坚果沙拉	salade met noten
鼠尾草（用作调料）	salie
汁	sap

酱	saus
酱(调味)	saus
贝类	schelpdieren
黑线鳕	schelvis
比目鱼	schol
蛋白酥	schuimgebak
橙子	sinaasappel
橙汁汽水	sinas
生菜	sla
奶油（打成糊状）	slagroom
蜗牛	slakken
狗鱼	snoek
酱油	sojasaus (ketjap)
烤面饼	soort beschuitbol
香料	specerijen
豆角	sperziebonen
荷包蛋	spiegelei
菠菜	spinazie
球芽甘蓝	spruitjes
麦芽啤酒	sterkgehopt bier
对虾	steurgarnalen
糖浆	stroop
糖	suiker
糖粉	suikerglazuur
茶	thee
百里香（可作香料）	tijm
西红柿/蕃茄	tomaat
鳎鱼	tong (vis)
金枪鱼	tonijn
蚕豆	tuinbonen
洋葱	ui
火腿炒鸡蛋	uitsmijter
生啤酒	van de tap
猪肉	varkensvlees
蔓越橘	veenbessen
鱼	vis
肉	vlees
牛排和腰子肉饼	vlees en niertjes in korstdeeg
肉馅饼	vleespasteitje
水田芥	waterkers
葡萄酒	wijn
酿酒年份	wijnjaar
野味	wild
鹿肉	wildbraad/hertenvlees
白色	wit
(蔬菜)菊苣	witlof
在西红柿酱中的豆	witte bonen in tomatensaus
香肠	worstjes
胡萝卜	worteltjes
鲑鱼	zalm
鳟鱼	zalmforel
海鲜	zeebanket
甜	zoet
糖醋	zoetzuur
盐	zout
黑刺莓	zwarte bessen

Chinese dranken en gerechten

竹笋	*zhúsŭn*	bamboescheuten
葱	*cōng*	bosui
水饺	*shuĭjiăo*	Chinese ravioli (gekookt)
茅台	*máotái*	Chinese sterke drank
炒什锦蔬菜	*chăo shíjĭng shūcài*	diverse roergebakken groenten
炒饭	*chăofàn*	gebakken rijst
油条	*yóutiáo*	gefrituurde deegrol

鱼香肉丝	*yúxiāng ròusī*	gerecht van reepjes vlees
红烧肉	*hóngshāoròu*	gesmoord varkensvlees (rood gekleurd)
馒头	*mántou*	gestoomde broodjes
包子	*bāozi*	gevulde gestoomde broodjes
绿茶	*lǜchá*	groene thee
鱿鱼	*yóuyú*	inkvis
茉莉花茶	*mòlìhuāchá*	jasmijnthee
鲤鱼	*lǐyú*	karper
青蛙	*qīngwā*	kikker
粽子	*zòngzi*	kleefrijst gewikkeld in bamboebladeren
螃蟹	*pángxiè*	krab
春卷	*chūnjuǎn*	loempia
荔枝	*lìzhī*	lychees
乌龙茶	*wūlóngchá*	oolong thee
油白菜	*yóubáicài*	paksoy
北京烤鸭	*Běijīng kǎoyā*	Peking-eend
酸辣汤	*suānlà tāng*	pittige zure soep
白萝卜	*bái luóbo*	rettich
稀饭 / 稀粥	*xīfàn/xīzhōu*	rijstepap
八宝饭	*bābǎo fàn*	rijst met "acht kostbaarheden"
米酒 / 黄酒	*mǐjiǔ/huángjiǔ*	rijstwijn
西红柿炒鸡蛋	*xīhóngshì chǎo jīdàn*	roereieren met tomaten
青椒肉丝	*qīngjiāo ròusī*	roergebakken gerecht met paprika en reepjes vlees
宫保鸡丁	*gōngbǎo jīdīng*	roergebakken kip met pinda's
牛肉炒面	*niǔròu chǎomiàn*	roergebakken noedels met rundvlees
肉片菜花	*ròupiàn càihūa*	roergebakken varkensvlees met bloemkool
小吃	*xiǎochī*	snack
鸡蛋汤	*jīdàn tāng*	soep met sliertjes ei
汤面	*tāngmiàn*	soepnoedels
豆浆	*dòujiāng*	sojamelk
白酒	*báijiǔ*	sterke drank
烧卖	*shāomài*	stoomvoedsel van vlees en meel
豆腐	*dòufu*	tofu
味精	*wèijīng*	vetsin (smaakmaker)
西瓜	*xīguā*	watermeloen
馄饨	*húntun*	wonton
糖醋排骨	*tángcùpáigǔ*	zoetzure varkensribben
糖醋鱼	*tángcù yú*	zoetzure vis

8.3 Klachten

Het duurt wel erg lang
我已经等了很久了
wǒ yǐjing děngle hěnjiǔ le

Wij zitten hier al een uur
我们在这里已经一个小时了
wǒmen zài zhèlǐ yǐjing yīge xiǎoshí le

Dit moet een vergissing zijn
这一定是搞错了
zhè yīdìng shì gǎo cuò le

Dit is niet wat ik besteld heb
这不是我点的菜
zhè búshì wǒ diǎnde cài

Ik heb om ... gevraagd
我要的是 ...
wǒ yàode shì ...

Er ontbreekt een gerecht
还差一个菜
hái chà yīge cài

Dit is kapot/niet schoon
这个坏了 / 这个不干净
zhège huàile/zhège bù gānjìng

Het eten is koud
菜是冷的
cài shì lěngde

Het eten is niet vers
食物不新鲜
shíwù bù xīnxiān

Het eten is te zout/zoet
菜太咸 / 太甜
cài tàixián/tàitián

Dit eten is niet gekruid genoeg
这菜没有放够佐料
zhè cài méiyǒu fànggòu zuǒliào

Het vlees is niet gaar
肉没煮熟
ròu méi zhǔshú

Het vlees is te gaar
肉煮得太老了
ròu zhǔde tàilǎo le

Kunt u mij hier iets anders voor geven?
我可以有别的东西代替这个吗?
wǒ kěyǐ yǒu biéde dōngxi dàitì zhège ma?

De rekening/dit bedrag klopt niet
帐单 / 这数额不对
zhàngdān/zhè shù'é búduì
Dit hebben wij niet gehad
我们没吃这个
wǒmen méichī zhège
Er is geen toiletpapier op het toilet
厕所里没有手纸了
cèsuǒlǐ méiyǒu shǒuzhǐ le
Wilt u a.u.b. uw chef roepen?
请叫您的经理来，好吗?
qǐng jiào nínde jīnglǐ lái, hǎo ma?

8.4 Afrekenen

Zie ook 7.5 *Winkelen, Afrekenen.*
Wat is de prijs van dit gerecht?
这盘菜多少钱?
zhè páncài duōshao qián?
De rekening, a.u.b.
请给我账单
qǐng gěi wǒ zhàngdān
Alles bij elkaar
一共
yī gòng
Ieder betaalt voor zich
我们各付各的账单吧
wǒmen gèfùgède zhàngdān ba
Mogen wij de kaart nog even zien?
请给我们再看看菜单好吗?
qǐng gěi wǒmen zài kànkan càidān hǎo ma?
De ... staat niet op de rekening
账单上没有 ...
zhàngdān shàng méiyǒu ...
De volgende keer betaal ik/betalen wij
下一次我 / 我们来付账
xià yīcì wǒ/wǒmen lái fùzhàng
Kunt u het op mijn rekening zetten?
请记在我的账单上，好吗?
qǐng jìzài wǒde zhàngdān shàng, hǎo ma?
Is de bediening (bij dit bedrag) inbegrepen?
服务费包括在内吗?
fúwùfèi bāokuò zài nèi ma?

8.5 Uitgaan

Zijn er evenementen in deze periode?
这段时间有什么活动吗?
zhèduàn shíjiān yǒu shénme huódòng ma?

Zijn er festivals die u kunt aanraden?
有没有您建议去参加的节日?
yǒu méiyǒu nín jiànyì qù cānjiāde jiérì?

Zijn er popconcerten de komende weken?
过几周有流行音乐会吗?
xiàzhōu yǒu liúxíng yīnyuè huì ma?

Hebt u de uitgaanskrant van deze week/deze maand?
您有没有本周 / 本月的娱乐指南?
nín yǒu méiyǒu běnzhōu/běnyuède yúlè zhǐnán?

Wat is er vanavond te doen?
今晚有什么活动?
jīnwǎn yǒu hénme huódòng?

We willen naar ...
我们想去 . . .
wǒmen xiǎng qù ...

Ik wil naar de bioscoop
我想去电影院
wǒ xiǎngqù diànyǐng yuàn

Welke films draaien er?
哪些电影正在上映?
nǎxiē diànyǐng zhèngzài shàngyìng?

Wat voor film is dat?
那是什么电影?
nà shì shénme diànyǐng?

alle leeftijden
所有人都适宜
suǒyǒurén dōu shìyí

boven de 12/16 jaar
12/16岁以下的孩子不宜看
shí'èr/shíliù suì yǐxià de háizi bù yì kàn

originele versie
原版
yuánbǎn

met ondertitels
有字幕
yǒu zìmù

nagesynchroniseerd
有翻译配音
yǒu fānyì pèiyīn

Ik wil vanavond naar de kroeg
我想今晚去酒吧
wǒ xiǎng jīnwǎn qù jiǔbā

Ik wil morgen naar het theater
明天我想去剧场
míngtiān wǒ xiǎngqù jùchǎng

Wat is er te doen in het theater?
剧场在演什么?
jùchǎng zài yǎn shénme?

Hoe laat begint de show?
表演什么时候开始?
biǎoyǎn shénme shíhou kāishǐ?

Is het een doorlopende voorstelling?
它是连续演出吗?
tā shì liánxù yǎnchū ma?

Is er nog iets leuks te doen in het concertgebouw?
音乐厅还有什么好的演出?
yīnyuètīng háiyǒu shénme hǎode yǎnchū?

Wil je vanavond mee naar een concert?
今晚你一起去听音乐会吗?
jīnwǎn nǐ yīqǐ qù tīng yīnyuèhuì ma?

Ik wil vanavond naar een opera
今晚我想去看歌剧
jīnwǎn wǒ xiǎngqù kàn gējù

Zullen we uit eten gaan?
我们去外面吃饭吗?
wǒmen qù wàimiàn chīfàn ma?

Waar is het uitgaanscentrum?
娱乐场所在哪里?
yúlèchǎngsuǒ zài nǎli?

Ga je mee naar een discotheek?
你一起去迪斯科舞厅吗?
nǐ yīqǐ qù dísikē wǔtīng ma?

Waar kun je hier leuk stappen?
附近哪儿有娱乐和喝东西的地方吗?
fùjìn nǎr yǒu yúlè hé hē dōngxi de dìfang?

Ik heb zin om te dansen
我想跳舞
wǒ xiǎng tiàowǔ

Is lidmaatschap vereist?
仅对会员开放吗?
jǐn duì huìyuán kāifàng ma?

Waar is hier een goede nachtclub?
附近哪里有好的夜总会?
fùjìn nǎli yǒu hǎode yèzǒnghuì?

Is avondkleding verplicht?
一定要穿晚礼服吗?
yīdìng yào chuān wǎnlǐfú ma?
Is avondkleding gewenst?
希望穿晚礼服吗?
xīwàng chuān wǎnlǐfú ma?
Ik wil vanavond naar een karaokebar
我想今晚去卡拉 OK
wǒ xiǎng jīnwǎn qù kǎlā ōukèi
Zijn deze stoelen bezet?
这些位子有人吗?
zhèxiē wèizi yǒu rén ma?
Ik kom je om ... halen
我在 ... 点钟来接你
wǒ zài ... diǎn zhōng lái jiē nǐ
Als ik er om ... nog niet ben, moet je maar vast gaan
如果我 ... 点钟还没到, 你就自己去吧
rúguǒ wǒ ... diǎn zhōng hái méidào,nǐ jiù zìjǐ qù ba
Wanneer is de eerstvolgende voetbalwedstrijd?
下一场足球比赛是在什么时候?
xiàyīchǎng zúqiú bǐsài shì zài shénme shíhou?
Wie spelen er tegen elkaar?
谁和谁比赛?
shuí hé shuí bǐsài?

8.6 Kaartjes reserveren

Kunt u voor ons reserveren?
您可以为我们预订几张票吗?
nín kěyǐ wèi wǒmen yùdìng jǐzhāng piào ma?
We willen een tafeltje in de zaal
我们想在大厅里要一个桌子
wǒmen xiǎng zài dàtīnglǐ yào yīge zhuōzi
Zijn er nog plaatsen op het balkon?
在包厢里还有位子吗?
zài bāoxiāng lǐ háiyǒu wèizi ma?
Ik zou graag ... plaatsen in de loge willen reserveren
我们想要一个包厢预订 … 个位子
wǒmen xiǎng yào yīge bāoxiāng yùdìng ... gè wèizi
We willen ... plaatsen vooraan
我们要 … 个前面的位子
wǒmen yào ... ge qiánmiàn de wèizi
We willen het liefst plaatsen achteraan
我们最想要后面的位子
wǒmen zuìxiǎngyào hòumian de wèizi

Kan ik ... plaatsen voor de voorstelling van ... uur reserveren?
我想预订 ... 张 ... 点钟开演的票
wǒ xiǎng yùdìng ... zhāng ... diǎn zhōng kāiyǎnde piào

Zijn er nog kaartjes voor vanavond?
还有没有今晚的票?
hái yǒu méiyǒu jīnwǎnde piào?

Hoeveel kost een kaartje?
一张票多少钱?
yīzhāng piào duōshao qián?

Wanneer kan ik de kaartjes ophalen?
我什么时候能来取票?
wǒ shénme shíhou néng lái qǔpiào?

Ik heb gereserveerd
我预订了票
wǒ yùdìngle piào

Mijn naam is ...
我的名字是 ...
wǒde míngzi shì ...

您想要预订哪一场演出?	Voor welke voorstelling wilt u reserveren?
您要坐在哪里呢?	Waar wilt u zitten?
票已售完	Alles is uitverkocht
只有站的位子了	Er zijn alleen nog staanplaatsen
我们只有包厢的票了	Er zijn alleen nog plaatsen op het balkon
我们只有最便宜的位子了	Er zijn alleen nog plaatsen op het schellinkje
我们只有正厅的票了	Er zijn alleen nog plaatsen in de zaal
我们只有前排的票了	Er zijn alleen nog plaatsen vooraan
我们只有后排的票了	Er zijn alleen nog plaatsen achteraan
您要几张票?	Hoeveel plaatsen wilt u?
您要在 ... 点以前来取票	U moet de kaartjes vóór ... uur ophalen
请出示票	Mag ik uw plaatsbewijzen zien?
这是您的座位	Dit is uw plaats

9 Gezondheid

9.1 De dokter roepen

Wilt u a.u.b. snel een dokter bellen/halen?
请您快点打电话给大夫 / 去接大夫，好吗?
qǐng nín kuàidiǎn dǎ diànhuà gěi dàifu/qùjiè dàifu, hǎo ma?

Kan ik een dokter spreken?
我可以看医生吗?
wǒ kěyǐ kàn yīshēng ma?

Er is haast bij
急需
jíxū

Wanneer heeft de dokter spreekuur?
医生几点看病?
yīshēng jǐdiǎn kànbìng?

Wanneer kan de dokter komen?
医生什么时候能来?
yīshēng shénme shíhou néng lái?

Kunt u voor mij een afspraak bij de dokter maken?
我想要约个时间看医生
wǒ xiǎngyào yuēge shíjiān kàn yīshēng

Ik heb een afspraak met de dokter om ... uur
我已经预约好 ... 点钟去看医生
wǒ yǐjing yùyuē hǎo ... diǎnzhōng qù kàn yīshēng

Welke dokter heeft nachtdienst?
哪位医生晚上值班?
nǎwèi yīshēng wǎnshang zhíbān?

Welke apotheek heeft weekenddienst?
哪家药店周末开门?
nǎjiā yàodiàn zhōumò kāimén?

9.2 Klachten van de patiënt

Ik voel me niet goed
我不太舒服
wǒ bú tài shūfu

Ik ben duizelig
我头晕
wǒ tóuyūn

Ik ben ziek
我生病了
wǒ shēngbìng le
Ik ben misselijk
我感到恶心
wǒ gǎndào ěxin
Ik ben verkouden
我感冒了
wǒ gǎnmào le
Ik heb hier pijn
我这儿疼
wǒ zhèr téng
Ik heb overgegeven
我呕吐了
wǒ ǒutù le
Ik heb last van ...
我 . . . 不舒服
wǒ ... bù shūfu
Ik heb oorpijn
我耳朵疼
wǒ ěrduo téng
Ik heb last van huiduitslag
我有皮疹
wǒ yǒu pízhěn
Mijn zoontje is al twee dagen aan de diarree
我小儿子已经腹泻两天了
wǒ xiǎo érzi yǐjīng fùxiè liǎngtiān le
Ik ben bang dat ik een soa heb opgelopen
我害怕我已经得了性病
wǒ hàipà wǒ yǐjīng déle xìngbìng
Ik heb koorts
我发烧了
wǒ fāshāo le
Ik ben gestoken door een wesp
我被黄蜂蜇了
wǒ bèi huángfēng zhē le
Ik ben gestoken door een insect
我被虫蜇了
wǒ bèi chóng zhē le
Ik ben gebeten door een hond
我被狗咬了
wǒ bèi gǒu yǎo le
Ik ben gebeten door een kwal
我被水母蜇了
wǒ bèi shuǐmǔ zhē le

Ik ben gebeten door een slang
我被蛇咬了
wǒ bèi shé yǎo le

Ik heb me gesneden
我割伤自己了
wǒ gē shāng zìjǐ le

Ik heb me gebrand
我被烧伤了
wǒ bèi shāoshāng le

Ik heb me geschaafd
我被擦伤了
wǒ bèi cāshāng le

Ik ben gevallen
我跌伤了
wǒ diēshāng le

Ik heb mijn enkel verzwikt
我扭伤了我的脚踝
wǒ niǔshāngle wǒde jiǎohuái

Ik kom voor de morning-afterpil
我要买行房后第二天用的避孕药
wǒ yào mǎi xíngfáng hòu dìèr tiān yòngde bìyùn yào

Ik denk dat mijn vriend een overdosis heeft genomen
我认为我的朋友用药过量了
wǒ rènwéi wǒde péngyou yòngyào guòliàng le

Ik denk dat iemand iets in mijn drankje heeft gedaan
我认为有人在我的饮料里加了东西
wǒ rènwéi yǒurén zài wǒde yǐnliàolǐ jiāle dōngxi

9.3 Het consult

你哪里不舒服?	Wat zijn de klachten?
您有这个病情多久了?	Hoe lang hebt u deze klachten al?
以前您有过这个病吗?	Hebt u deze klachten al eerder gehad?
您发烧多少度?	Hoeveel graden koorts hebt u?
请脱去衣服	Kleedt u zich uit, a.u.b.
您能脱去上衣吗?	Kunt u uw bovenlijf ontbloten?
您可以在那里脱衣服	U kunt zich daar uitkleden
请卷起左 / 右袖子	Kunt u uw linkerarm/rechterarm ontbloten?
请躺在这里	Gaat u hier maar liggen
疼不疼?	Doet dit pijn?
深呼吸	Adem diep in en uit
张开嘴	Doe uw mond open

Lichaamsdelen

1	achter-hoofd	后脑勺	*hòunǎosháo*
2	arm	胳膊	*gēbo*
3	been	腿	*tuǐ*
4	bil	屁股	*pìgu*
5	borst	乳房	*rǔfáng*
6	borstkas	胸腔	*xiōngqiāng*
7	buik	肚子	*dùzi*
8	elleboog	肘	*zhǒu*
	gebit	牙齿	*yáchǐ*
9	geslachts-delen	生殖器	*shēngzhíqì*
10	gezicht	脸	*liǎn*
11	hals	脖子	*bózi*
12	hand	手	*shǒu*
13	heup	臀部	*túnbù*
14	hiel	脚后跟	*jiǎohòugēn*
15	hoofd	头	*tóu*
16	kaak	颚	*è*
17	keel	喉咙	*hóulóng*
18	Kin	下巴	*xiàba*
19	knie	膝盖	*xīgài*
20	kuit	小腿肚	*xiǎotuǐdù*
21	lende	腰部	*yāobù*
22	lies	腹股沟	*fùgǔgōu*
23	mond	口	*kǒu*
24	navel	肚脐	*dùqí*
25	nek	脖子	*bózi*
26	neus	鼻子	*bízi*
27	oksel	腋窝	*yèwō*
28	onderbuik	腹部	*fùbù*
29	oog	眼睛	*yǎnjing*
30	oogkas	眼窝	*yǎnwō*
31	oor	耳朵	*ěrduo*
32	pols	手腕	*shǒuwàn*
33	rug	背	*bèi*
34	schouder	肩膀	*jiānbǎng*
35	teen	脚趾	*jiǎozhǐ*
36	tepel	乳头	*rǔtóu*
37	vinger	手指	*shǒuzhǐ*
38	voet	脚	*jiǎo*
39	voorhoofd	前额	*qián'é*
40	wang	面颊	*miànjiá*
41	wreef	脚背	*jiǎobèi*
42	zij	（身体的）侧边 / 肋	*(shēntíde) cèbiān/lèi*
43	zitvlak	臀部	*túnbù*

Beenderen, gewrichten en spieren

bekken	骨盆	*gǔpén*
buikspier	腹肌	*fùjī*
dijbeen	大腿骨	*dàtuǐgǔ*
halswervel	颈脊椎骨	*jǐngjǐzhuīgǔ*
knieschijf	膝盖骨	*xīgàigǔ*
kuitspier	小腿肚肌	*xiǎotuǐdù jī*
jukbeen	颊骨	*jiágǔ*
kuitbeen	腓骨	*féigǔ*
middenrif	隔膜	*gémó*
neusholte	鼻通道	*bítōngdào*
rib	肋骨	*lèigǔ*
schedel	头颅骨	*tóulúgǔ*
scheenbeen	胫骨	*jìnggǔ*
schouderblad	后肩骨	*hòujiāngǔ*
sleutelbeen	锁骨	*suǒgǔ*
spier	肌肉	*jīròu*
tong	舌头	*shétóu*
trommelvlies	中耳	*zhōngěr*
wervelkolom	脊椎骨	*jǐzhuīgǔ*

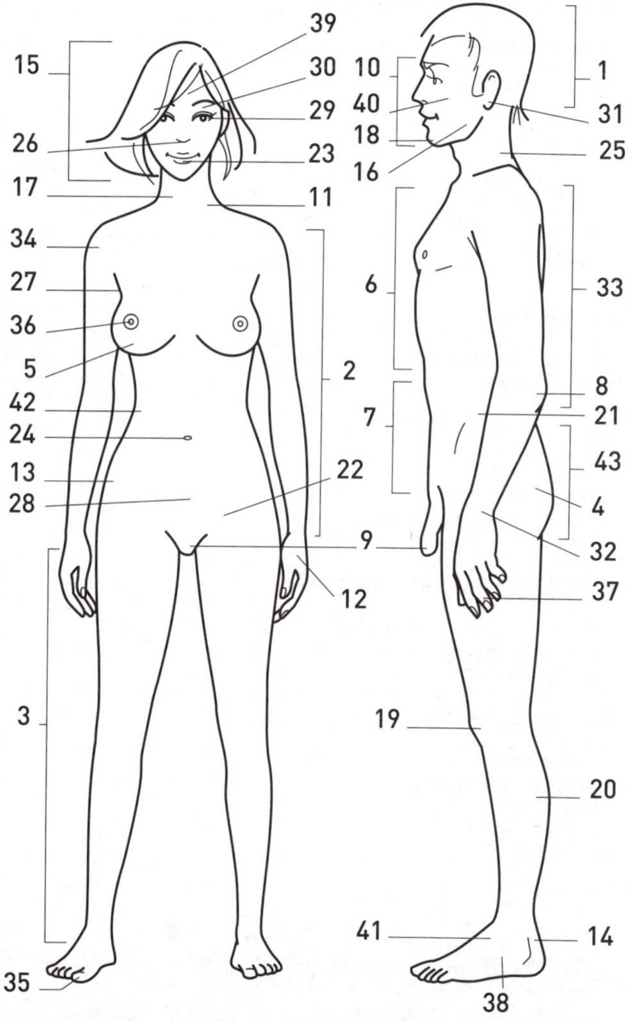
39
15
30
10
1
40
29
31
26
18
23
25
16
17
11
34
6
33
27
36
2
5
8
42
21
7
24
43
22
13
4
28
32
9
12
37
3
19
20
41
14
35
38

Voorgeschiedenis van de patiënt

Ik ben suikerpatiënt
我有糖尿病
wǒ yǒu tángniào bìng

Ik ben hartpatiënt
我有心脏病
wǒ yǒu xīnzàng bìng

Ik ben astmapatiënt
我有哮喘病
wǒ yǒu xiàochuǎn bìng

Ik gebruik drugs
我吸毒
wǒ xīdú

Ik ben allergisch voor ...
我对 . . . 过敏
wǒ duì ... guòmǐn

Ik ben ... maanden zwanger
我已怀孕 . . . 个月了
wǒ yǐ huáiyùn ... ge yuè le

Ik ben op dieet
我在节食(减肥)
wǒ zài jiéshí (jiǎnféi)

Ik gebruik medicijnen/de pil
我在服药 / 避孕药
wǒ zài fú yào/bìyùn yào

Ik heb al eerder een hartaanval gehad
我以前有过一次心脏病发作
wǒ yǐqián yǒuguo yīcì xīnzàngbìng fāzuò

Ik ben geopereerd aan ...
我以前 . . . 动过手术
wǒ yǐqián ... dòngguo shǒushù

Ik ben pas ziek geweest
我最近病过一次
wǒ zuìjìn bìngguo yīcì

Ik heb een maagzweer
我有胃溃疡
wǒ yǒu wèikuìyáng

Ik ben ongesteld
我月经刚来
wǒ yuèjīng gāng lái

您对什么过敏呢?	Bent u ergens allergisch voor?
您现在吃什么药?	Gebruikt u medicijnen?
您是不是在节食(减肥)?	Volgt u een dieet?

您怀孕了吗?	Bent u zwanger?
您打过破伤风针吗?	Bent u ingeënt tegen tetanus?

De diagnose

不要紧/不严重	Het is niets ernstigs
您的 ... 断了	U hebt uw ... gebroken
您的 ... 碰伤了	U hebt uw ... gekneusd
您的 ... 拉伤了	U hebt uw ... gescheurd
您有炎症	U hebt een ontsteking
您得了阑尾炎	U hebt een blindedarmontsteking
您得了气管炎	U hebt bronchitis
您得了性病	U hebt een geslachtsziekte/soa
您得了流感	U hebt griep
您的心脏病发作了	U hebt een hartaanval gehad
您被病毒感染了	U hebt een virusinfectie
您得了肺炎	U hebt een longontsteking
您得了胃溃疡	U hebt een maagzweer
您扯伤了肌肉	U hebt een spier verrekt
您的阴道感染了	U hebt een vaginale infectie
您食物中毒了	U hebt voedselvergiftiging
您中暑了	U hebt een zonnesteek
您对 ... 过敏	U bent allergisch voor ...
您怀孕了	U bent zwanger
我要给您化验您的血/尿 / 大便	Ik wil uw bloed/urine/ontlasting laten onderzoeken
这需要缝针	Het moet gehecht worden
我把您转到专科医生/医院	Ik stuur u door naar een specialist/het ziekenhuis
您要去拍X光片	Er moeten foto's gemaakt worden
请您在候诊室等候	U moet weer even in de wachtkamer gaan zitten
您需要动手术	U moet geopereerd worden

Is het besmettelijk?
它传染吗?
tā chuánrǎn ma?

Hoe lang moet ik in bed blijven?
我必须在床上躺多久?
wǒ bìxū zài chuángshàng tǎng duōjiǔ?

Moet ik me aan een dieet houden?
我必须要节食吗?
wǒ bìxū yào jiéshí ma?

Mag ik reizen?
我可以去旅行吗?
wǒ kěyǐ qù lǚxíng ma?
Kan ik een nieuwe afspraak maken?
我能重新约个时间吗?
wǒ néng chóngxīn yuēge shíjiān ma?
Wanneer moet ik terugkomen?
我需要什么时候再来?
wǒ xūyào shénme shíhou zài lái?
Ik kom morgen terug
我明天回来
wǒ míngtiān huílái

请明天 / ... 天后回来复诊	U moet morgen/over ... dagen terugkomen
您有保险吗?	Bent u verzekerd?

In het ziekenhuis

Waar moet ik me laten registreren?
我在哪里挂号?
wǒ zài nǎli guàhào?
Hoe lang moet ik in het ziekenhuis blijven?
我必须在医院住多久?
wǒ bìxū zài yīyuàn zhù duōjiǔ?
Wat zijn de bezoekuren?
什么时候是探视时间?
shénme shíhou shì tànshì shíjiān?
Kunt u vertellen op welke kamer ... ligt?
请告诉我 ... 住在哪个房间?
qǐng gàosù wǒ ... zhù zài nǎge fángjiān?
Waar is de eerste hulp?
哪里是急诊?
nǎlǐ shì jízhěn?
Wanneer word ik geopereerd?
我什么时候开刀?
wǒ shénme shíhou kāidāo?
Moet ik nuchter zijn voor de operatie?
手术前我必须禁食吗?
shǒushù qián wǒ bìxū jìnshí ma?
Mogen mijn kinderen op bezoek komen?
我的孩子可以来看我吗?
wǒde háizi kěyǐ lái kàn wǒ ma?
Kan ik naar Nederland/België worden vervoerd?
我能被转到荷兰 / 比利时吗?
wǒ néng bèi zhuǎndào hélán/bǐlìshí ma?

Wilt u contact opnemen met de hulpdienst van mijn verzekering?
您可以与我的保险公司紧急服务部联系吗?
nín kěyǐ yú wǒde bǎoxiǎn gōngsī jǐnjí fúwùbù liánxì ma?

9.4 Recept en voorschriften

Hoe moet ik deze medicijnen innemen?
这种药怎么吃?
zhèzhǒng yào zěnme chī?

Hoeveel capsules/druppels per keer?
每次多少胶囊 / 滴?
měicì duōshao jiāonáng/dī?

Hoeveel lepels/tabletten per dag?
每天几勺 / 片?
měi tiān jǐsháo/piàn?

Kan ik mezelf die injecties geven?
我能自己打针吗?
wǒ néng zìjǐ dǎzhēn ma?

Hoeveel keer per dag?
一天几次?
yītiān jǐcì?

Ik heb mijn medicijnen vergeten. Thuis gebruik ik ...
我忘了吃药。在家我吃 ...
wǒ wàngle chī yào. zàijiā wǒ chī ...

Kunt u voor mij een recept uitschrijven?
您可以为我开个处方吗?
nín kěyǐ wèiwǒ kāi ge chǔfāng ma?

Moet ik de kuur afmaken?
我必须治完这个疗程吗?
wǒ bìxū zhìwán zhège liáochéng ma?

Wat moet ik doen als de medicijnen op zijn?
药用完了以后，怎么办?
yào yòng wánle yǐhòu, zěnme bàn?

我给您开了抗生素 / 药水	Ik schrijf u antibiotica/een drankje voor
我给您开了镇静剂 / 止痛药	Ik schrijf u een kalmeringsmiddel/pijnstillers voor
多注意休息	U moet rust houden
您不能出门	U mag niet naar buiten
您必须躺在床上	U moet in bed blijven

一天 ... 次	... maal per etmaal
只限外用	alleen voor uitwendig gebruik
胶囊	capsules

完成疗程	de kuur afmaken
这药物影响您驾驶车辆	deze medicijnen beïnvloeden de rijvaardigheid
滴	druppels
为期 ... 天	gedurende ... dagen
注射	injecties
吃(药)	innemen
擦 / 抹	insmeren
整个吞下	in zijn geheel doorslikken
勺子 (汤勺 / 茶勺)	lepels (eetlepels/theelepels)
每 ... 个小时	om de ... uur
溶水	oplossen in water
药片	tabletten
在每餐之前	voor elke maaltijd
软膏	zalf

9.5 De tandarts

Weet u een goede tandarts?
您认识哪一位好牙医吗?
nín rènshi nǎyīwèi hǎo yáyī ma?

Kunt u voor mij een afspraak maken bij de tandarts?
您能帮我预约牙科医生吗?
nín néng bāng wǒ yùyuē yákē yīshēng ma?

Er is haast bij
越快越好
yuèkuài yuèhǎo

Kan ik a.u.b. vandaag nog komen?
我能今天来吗?
wǒ néng jīntiān láima?

Ik heb (vreselijke) kiespijn/tandpijn
我的牙疼死了
wǒde yá téng sǐle

Ik heb heel erg last van ontstoken tandvlees
我牙床发炎很厉害
wǒ yáchuáng fāyán hěn lìhài

Kunt u een pijnstiller voorschrijven/geven?
您可以给我开止痛药吗?
nín kěyǐ gěi wǒ kāi zhǐtòngyào ma?

Er is een stuk van mijn tand/kies afgebroken
我的这颗牙齿掉了一块 / 断了
wǒde zhèkē yáchǐ diào le yīkuài/duàn le

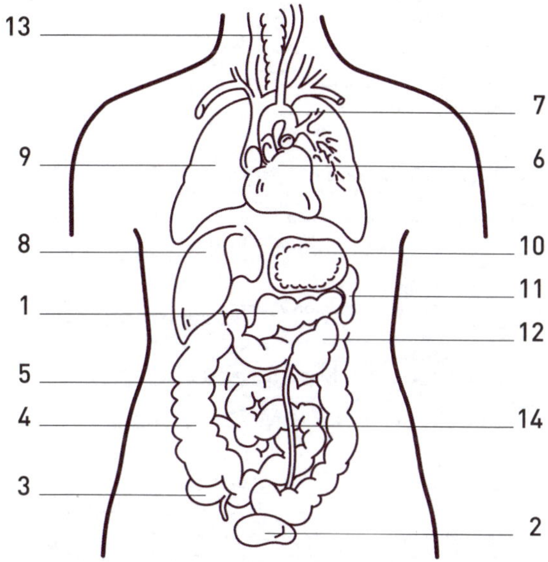

Ingewanden

1	**alvleesklier**	胰(腺)	*yí(xiàn)*
2	**blaas**	膀胱	*pángguāng*
3	**blindedarm**	阑尾	*lánwěi*
4	**dikke darm**	结肠	*jiécháng*
5	**dunne darm**	小肠	*xiǎocháng*
6	**hart**	心脏	*xīnzàng*
7	**kransslagader**	冠状动脉	*guānzhuàng dòngmài*
8	**lever**	肝脏	*gānzàng*
9	**long**	肺	*fèi*
10	**maag**	胃	*wèi*
11	**milt**	脾脏	*pízàng*
12	**nier**	肾	*shèn*
13	**slokdarm**	食道	*shídào*
14	**urineleider**	输尿管	*shūniàoguǎn*

Mijn vulling is eruit gevallen
我补牙的填充物掉出来了
wǒ bǔyáde tiánchōngwù diào chūlái le

Mijn beugel is stuk
我的牙齿矫正架坏了
wǒde yáchǐ jiǎozhèngjià huài le

Mijn kroon is afgebroken
我的齿冠撞坏了
wǒde chǐguān zhuàng huài le

Ik wil wel/niet plaatselijk verdoofd worden
我要 / 我不要上局部麻醉
wǒ yào/wǒ búyào shàng júbù mázuì

Kunt u me nu op provisorische wijze helpen?
可以给我临时补一补牙吗?
kěyǐ gěi wǒ línshí bǔyībǔ yá ma?

Ik wil niet dat deze kies getrokken wordt
我不要拔这颗牙
wǒ búyào bá zhèkēyá

Mijn kunstgebit is gebroken. Kunt u het repareren?
我的假牙坏了。您能修吗?
wǒde jiǎyá huài le. nín néng xiū ma?

哪颗牙疼	Welke tand/kies doet pijn?
您牙床有脓肿	U hebt een abces
我得给您治疗牙神经	Ik moet u een zenuwbehandeling geven
我现在给您打局部麻药	Ik ga u plaatselijk verdoven
我得给您补 / 拔这颗牙	Ik moet deze tand vullen/trekken
我得给您磨平这颗牙	Ik moet deze tand afslijpen
我得钻这颗牙	Ik moet boren
张开嘴	Mond open
闭上嘴	Mond dicht
请嗽口	Spoelen
还疼吗?	Voelt u nog pijn?

10 In moeilijkheden

10.1 Om hulp vragen

Help!
救命啊！
jiùmìng'a!

Brand!
救火啊！
jiùhuǒ'a!

Politie!
警察！
jǐngchá!

Dokter!
去叫医生！
qùjiào yīshēn!

Snel!
快！
kuài!

Gevaar!
危险！
wēixiǎn!

Pas op!
小心！
xiǎoxīn!

Stop!
站住 / 停住！
zhànzhù/tíngzhù!

Voorzichtig!
小心！
xiǎoxīn!

Niet doen!
不要这样做！
búyào zhèyàng zuò!

Laat los!
放开！
fàngkāi!

Houd de dief!
抓小偷啦！
zhuā xiǎotōu la!

Wilt u me helpen?
您能帮我吗?
nín néng bāng wǒ ma?

Waar is het politiebureau?
哪儿是警察局?
nǎr shì jǐngchájú?

Ik kan de nooduitgang niet vinden
我找不到紧急出口
wǒ zhǎo búdào jǐnjí chūkǒu

Is dat de brandtrap?
那是防火梯吗?
nà shì fánghuǒtī ma?

Waar is een brandblusapparaat?
灭火器在哪里?
mièhuǒqì zài nǎli?

Waarschuw de brandweer!
快叫消防队!
kuàijiào xiāofángduì!

Bel de politie!
打电话给警察!
dǎ diànhuà gěi jǐngchá!

Waarschuw een ziekenauto!
快叫救护车!
kuài jiào jiùhù chē!

Waar is een telefoon?
电话在哪里?
diànhuà zài nǎli?

Mag ik uw telefoon gebruiken?
我可以用您的电话吗?
wǒ kěyǐ yòng nínde diànhuà ma?

Wat is het alarmnummer?
报警号码是多少?
bàojǐng hàomǎ shì duōshao?

Wat is het telefoonnummer van de politie?
警察局的电话是多少?
jǐngchájú de diànhuà shì duōshao?

Wilt u het alarmnummer bellen?
您能打电话报警吗?
nín néng dǎdiànhuà bàojǐng ma?

10.2 Ongelukken

Er is een ongeluk gebeurd
这儿出事故了
zhèr chū shìgù le

Er is iemand in het water gevallen
有人掉进水里了
yǒurén diào jìn shuǐlǐ le

Er is brand
着火了！
zháohuǒ le!

Is er iemand gewond?
有没有人受伤?
yǒu méiyǒu rén shòushāng?

Er zijn gewonden
有人受伤了
yǒu rén shòushāng le

Er zijn geen gewonden
没有人受伤
méiyǒurén shòushāng

Er zit nog iemand in de auto/trein
还有人在汽车 / 火车上
hái yǒurén zài qìchē/huǒchē shàng

Het valt wel mee. Maakt u zich geen zorgen
还算好。别担心
háisuàn hǎo. bié dānxīn

Wilt u geen veranderingen aanbrengen?
请让所有的东西保持原状
qǐng ràng suǒyǒude dōngxi bǎochí yuánzhuàng

Ik wil eerst met de politie praten
我要先跟警察谈谈
wǒ yào xiān gēn jǐngchá tántan

Ik wil eerst een foto nemen
我要先拍个照
wǒ yào xiān pāigezhào

Hier hebt u mijn naam en adres
这是我的名字和地址
zhèshì wǒde míngzi hé dìzhǐ

Mag ik uw naam en adres weten?
您可以给我您的名字和住址吗?
nín kěyǐ gěi wǒ nínde míngzi hé zhùzhǐ ma?

Mag ik uw identiteitsbewijs/verzekeringspapieren zien?
请出示您的身份证 / 保险单?
qǐng chūshì nínde shēnfènzhèng/bǎoxiǎndān?

Wilt u een getuigenverklaring afleggen?
您愿意作证吗?
nín yuànyì zuòzhèng ma?

Ik moet de gegevens weten voor de verzekering
保险公司需要知道细节
bǎoxiǎn gōngsī xūyào zhīdào xìjié

Bent u verzekerd?
您办保险了吗?
nín bàn bǎoxiǎn le ma?

WA of allrisk?
您买的保险是第三者保险还是全保险?
nín mǎide bǎoxiǎn shì dìsānzhě bǎoxiǎn háishi quán bǎoxiǎn?

Wilt u hier uw handtekening zetten?
请您在这里签字好吗?
qǐng nín zài zhèlǐ qiānzì hǎo ma?

10.3 Er is iemand vermist

Ik ben mijn zoon/dochter kwijt
我的儿子 / 女儿丢了
wǒde érzi/nǚ'ér diū le

Ik ben mijn man/vrouw kwijt
我找不到我的丈夫 / 妻子了
wǒ zhǎo búdào wǒde zhàngfu/qīzi le

Wilt u mij helpen zoeken?
您可以帮助我找吗?
nín kěyǐ bāngzhù wǒ zhǎo ma?

Hebt u een klein jongetje/meisje gezien?
您见到一个小男孩儿 / 小女孩儿了吗?
nín jiàndào yīge xiǎo nánháir/xiǎo nǚháir le ma?

Hij/zij is ... jaar
他/她 ... 岁了
tā/tā ... suì le

Hij/zij heeft kort/lang/blond/rood/bruin/zwart/krullend/steil haar
他 / 她有短 / 长 / 金黄 / 红 / 棕 / 黑 / 卷 / 直的头发
tā/tā yǒu duǎn/cháng/jīnhuáng/hóng/zōng/hēi/juǎn/zhí de tóufa

met een paardenstaart
梳着马尾辫
shūzhe mǎwěi biàn

met vlechten
梳着辫子
shūzhe biànzi

Zijn/haar ogen zijn blauw/bruin/groen
他 / 她的眼睛是蓝色 / 棕色 / 绿色的
tā/tā de yǎnjing shì lánsè/zōngsè/lǜsè de

Hij/zij draagt een zwembroekje/bergschoenen
他 / 她穿着游泳裤 / 登山鞋
tā/tā chuānzhe yóuyǒngkù/dēngshānxié

met bril/tas
戴着眼镜 / 拎包
dàizhe yǎnjìng/līnbāo

groot/klein
他 / 她很高 / 矮
tā/tā hěn gāo/ǎi
Dit is een foto van hem/haar
这是一张他 / 她的照片
zhèshì yīzhāng tā/tā de zhàopiàn
Hij/zij is zeker verdwaald
他 / 她一定迷路了
tā/tā yīdìng mílù le
Ik ben verdwaald
我迷路了
wǒ mílù le

10.4 Verlies en diefstal

■ Verlies

Ik ben mijn portemonnee verloren
我丢失了我的钱包
wǒ diūshīle wǒde qiánbāo
Ik ben mijn paspoort kwijt
我的护照丢了
wǒde hùzhào diūle
Is mijn mobieltje toevallig gevonden?
你们找到我的手机了吗?
nǐmen zhǎodào wǒde shǒujī le ma?
Ik ben gisteren mijn ... vergeten
我昨天在这里忘记了我的 ...
wǒ zuótiān zài zhèlǐ wàngjì le wǒde ...
Ik heb hier mijn ... laten liggen/staan
我把我的 ... 落在这里
wǒ bǎ wǒde ... là zài zhèlǐ
Hebt u mijn ... gevonden?
您找到我的 ... 了吗?
nín zhǎodào wǒde ... le ma?
Hij stond/lag hier
我记得是放在这里的
wǒ jìde shì fàngzài zhèlǐ de
Het is zeer kostbaar
这东西很贵
zhè dōngxi hěnguì
Waar is het bureau Gevonden Voorwerpen?
失物招领处在哪里?
shīwù zhāolǐngchù zài nǎli?

Diefstal

Ik ben bestolen
我被抢劫了
wǒ bèi qiángjié le

Mijn ... is gestolen
我的 ... 被偷了
wǒde ... bèi tōu le

Mijn auto is opengebroken
我的汽车被撬开了
wǒde qìchē bèi qiàokāi le

Waar kan ik aangifte doen?
我在哪里可以报案?
wǒ zài nǎli kěyǐ bào'àn?

Het was een zakkenroller
刚才这儿有个扒手
gāngcái zhèr yǒuge páshǒu

Mijn fiets stond op slot
我的自行车锁着停在那里
wǒde zìxíngchē suǒzhe tíngzài nàlǐ

Ik lag te slapen
我躺着睡着了
wǒ tǎngzhe shuìzháo le

10.5 Aanranding

Ik ben aangerand
我受到了袭击
wǒ shòudàole xíjī

Ik ben verkracht
我被强奸了
wǒ bèi qiángjiān le

Ik ken de dader niet
我不认识罪犯
wǒ bú rènshi zuìfàn

Kan ik worden geholpen door een vrouwelijke agent?
可以让一位女警察来帮我吗?
kěyǐ ràng yíwèi nǚjǐngchá lái bāng wǒ ma?

Ik word lastiggevallen door ...
我被 … 打扰了
wǒ bèi ... dǎrǎo le

10.6 De politie

Een aanhouding

请出示您的汽车证	Uw autopapieren, a.u.b.
您超速了	U reed te hard
这里不能停放车辆	U staat fout geparkeerd
您没有在计时器里投钱	U hebt de parkeermeter niet gevuld
您的车灯不亮	Uw lichten doen het niet
这是一张 … 元的罚款	U krijgt een boete van ... yuan
您付现款吗?	Wilt u direct betalen?
您要付现款	U moet direct betalen
您必须一起去警察局	U moet mee naar het bureau

Ik spreek geen Chinees
我不会讲中文
wǒ búhuì jiǎng Zhōngwén
Ik heb dat bord niet gezien
我没看见标志
wǒ méikànjiàn biāozhì
Ik begrijp niet wat daar staat
我看不懂上面写什么?
wǒ kàn bù dǒng shàngmian xiě shénme?
Ik reed maar ... km per uur
我驾驶的速度只有每小时 ... 公里
wǒ jiàshǐde sùdù zhǐyǒu měi xiǎoshí ... gōnglǐ
Ik zal mijn auto laten nakijken
我将去检修我的汽车
wǒ jiāng qù jiǎnxiū wǒde qìchē
Ik werd verblind door een tegenligger
对面开过来的车灯晃了我的眼睛
duìmiàn kāi guòláide chēdēng huǎngle wǒde yǎnjing
Ik heb hier niets mee te maken
我与这事毫无关系
wǒ yǔ zhèshì háowúguānxi

Op het politiebureau

哪里发生什么了?	Waar is het gebeurd?
您丢失了什么?	Wat bent u kwijt?
什么东西被偷了?	Wat is er gestolen?
请出示您的身份证，好吗?	Mag ik uw identiteitsbewijs?

什么时候发生的?	Hoe laat is het gebeurd?
谁是当事人?	Wie waren erbij betrokken?
有没有证人?	Zijn er getuigen?
请填写这张表格	Wilt u dit invullen, a.u.b.?
请在这里签名	Hier tekenen, a.u.b.
您需要翻译吗?	Wilt u een tolk?

Ik kom aangifte doen van diefstal/een botsing
我要报盗窃 / 撞车的案子
wǒ yào bào dàoqiè/zhuàngchē de ànzi

Kan ik hier aangifte doen van een vermissing/een verkrachting?
我要在这里报失踪 / 强奸的案子?
wǒ yào zài zhèlǐ bào shī zōng/qiángjiān de ànzi?

Wilt u een proces-verbaal opmaken?
您要不要作个报案记录?
nín yào buyào zuòge bào'àn jìlù?

Mag ik een afschrift voor de verzekering?
我可以要一份保险单的复印件吗?
wǒ kěyǐ yào yīfèn bǎoxiǎndān de fùyìn jiàn ma?

Ik ben alles kwijt
我所有的东西都丢失了
wǒ suǒyǒude dōngxi dōu diūshī le

Mijn geld is gestolen, ik ben radeloos
我的钱被偷了，我不知道怎么办好
wǒde qián bèi tōule, wǒ bùzhīdào zěnme bàn hǎo

Ik wil graag een tolk
我想要一个翻译
wǒ xiǎng yào yīge fānyì

Ik ben onschuldig
我是无辜的
wǒ shì wúgū de

Ik weet nergens van
我一点都不知道
wǒ yīdiǎn dōu bù zhīdào

Ik wil spreken met iemand van de Nederlandse/Belgische ambassade of het consulaat
我要跟荷兰 / 比利时大使馆或领事馆某人讲话
wǒ yào gēn hélán/bǐlìshí dàshǐguǎn huò lǐngshìguán mǒurén jiǎnghuà

Ik wil een advocaat die ... spreekt
我要找一个会说 ... 的律师
wǒ yào zhǎo yīge huì shuō ... de lǜshī

Woordenlijst

Nederlands – Chinees – Pinyin

Deze woordenlijst is bedoeld als aanvulling op de hoofdstukjes hiervoor. De nummers achter het woord verwijzen naar de paragraaf met de belangrijkste zinnen waarin u deze woorden kunt gebruiken. In een aantal gevallen kunt u woorden die in deze lijst ontbreken elders in het boekje vinden, namelijk bij de illustraties van de auto, de fiets, de tent en het menselijk lichaam. Veel etenswaren kunt u vinden in de Chinees-Nederlandse lijst in 8.2.
De volgende afkortingen zijn gebruikt: bn = bijvoeglijk naamwoord, ww = werkwoord, zn = zelfstandig naamwoord.

A

aanbevelen *8.2* 推荐 *tuījiàn*
aanbieden *3.8* 提供 *tígòng*
aanbieding 降价 *jiàngjià*
aangebrand 烧焦 *shāojiāo*
aangenaam *3.3* 幸会 *xìnghuì*
aangetekend *2.2* 挂号 *guàhào*
aangeven (bij douane) 申报 *shēnbào*
aanhangwagen 拖车 *tuōchē*
aankomen 到达 *dàodá*
aankomsttijd 到达时间 *dàodá shíjiān*
aanranding 强奸 *qiángjiān*
aanrijding 撞车 *zhuàngchē*
aansteker 打火机 *dǎhuǒjī*
aantrekkelijk 有吸引力 *yǒuxīyǐnlì*
aanwezig *2.3* 在场 *zàichǎng*
aanwijzen *3.4, 4.1, 6.1, 7.3* 指出 *zhǐchū*
aardappel *8.2* 土豆 *tǔdòu*
aardbeien *8.2* 草莓 *cǎoméi*
aarde (grond) 泥土 *nítǔ*
aardewerk 陶器 *táoqì*
aardig 和蔼的 *hé'ǎide*
abonnement *4.12, 6.4* 长期票 *chángqīpiào*
accommodatie *5.1* 住宿 *zhùsù*
accu *2.5, 4.4* 电瓶 *diànpíng*
acculader 充电器 *chōngdiànqì*
achter *4.1* 后面 *hòumian*
achterhoofd *9.2* 后脑勺 *hòunǎosháo*
achterin *4.12* 在后面 *zàihòumian*

achterlicht *4.4, 4.7, 4.8* 尾灯 *wěidēng*
achternaam *1.5* 姓 *xìng*
achteruitkijkspiegel *4.4* 后视镜 *hòushì jìng*
achteruitrijden (auto) 倒车 *dàochē*
adapter 适配器 *shìpèiqì*
ader 血管 *xuèguǎn*
adres *1.5, 3.12, 4.12, 5.1, 5.6, 6.6* 地址 *dìzhǐ*
advies 建议 *jiànyì*
advocaat (jur.) 律师 *lǜshī*
afdeling *7.1* 部门 *bùmén*
afdingen 还价 *huánjià*
afdruk 打印 *dǎyìn*
afdrukken (foto) 洗印（照片） *xǐyìn (zhàopiàn)*
afgesloten (rijweg) 关闭 / 封锁 *guānbì/fēngsuǒ*
afrekenen *5.6, 7.5* 结账 *jiézhàng*
afscheid 告别 *gàobié*
afscheiding (med.) 分泌 *fēnmì*
afschuwelijk *3.6* 可怕的 *kěpàde*
afspraak (bij arts) （看医生） 预约 *(kàn yīshēng) yùyuē*
afspraak maken (bij arts) 预约（医生） *yùyuē (yīshēng)*
afspraakje 约会 *yuēhuì*
afspreken (ontmoeten) 约会（相见） *yuēhuì (xiāngjiàn)*
afspreken (overeenkomen) 确定（同意） *quèdìng (tóngyì)*
afstand 距离 *jùlí*
aftershave （剃须后搽的）香水 *(tìxūhòu cāde) xiāngshuǐ*
aftersun 晒后修复霜 *shàihòu xiūfù shuāng*
afval *1.3* 垃圾 *lājī*
agent *10.5* 警察 *jǐngchá*
aids *3.11* 艾滋病 *àizībìng*
airbag *4.4* 安全气囊 *ānquán qìnáng*
airconditioning *4.9, 5.4* 空调 *kōngtiáo*
akkoord 同意 *tóngyì*
alarm 警报 *jǐngbào*
alarmnummer *10.1* 报警号 *bàojǐnghào*
alcohol *3.8* 酒精 *jiǔjīng*
alcoholvrij 无酒精 *wújiǔjīng*
allebei 两者 *liǎngzhě*
alleen (in je eentje) 单独 *dāndú*
allergisch zijn 过敏 *guòmǐn*
alles *3.12, 8.4, 8.6, 10.6* 一切 *yīqiè*
all-in 包括一切（费用）的 *bāokuò yíqiè (fèiyòng) de*
alstublieft (antwoord) 给您 *gěinín*
alstublieft (vragend) 请 *qǐng*
altijd *2.6* 总是 *zǒngshì*
alvleesklier *9.3* 胰（腺） *yí(xiàn)*
ambassade *4.2, 10.6* 大使馆 *dàshǐguǎn*
ambulance 救护车 *jiùhùchē*
ananas *8.2* 菠萝 *bōluó*

andere *3.9, 4.5, 4.9, 4.11, 4.12, 5.3* 其它 *qítā*
annuleren *4.11* 取消 *qǔxiāo*
ansichtkaart *2.2* 明信片 *míngxìnpiàn*
antenne *4.4* 天线 *tiānxiàn*
antibiotica *9.4* 抗生素 *kàngshēngsù*
anticonceptie 避孕 *bìyùn*
anticonceptiepil 避孕药 *bìyùnyào*
antiek (bn) 古董的 *gǔdǒngde*
antiek (zn) 古董 *gǔdǒng*
antivries 防冻剂 *fángdòngjì*
antwoord 回答 *huídá*
antwoordapparaat *2.3* (电话)答录机 *(diànhuà) dálùjī*
anus 肛门 *gāngmén*
apenstaartje @(电子邮件符号) *@ (diànzǐ yóujiàn fúhào)*
aperitief *8.2* 开胃酒 *kāiwèijiǔ*
apotheek *7, 9.1* 药店 *yàodiàn*
appartement *3.3* 公寓 *gōngyù*
appel 苹果 *píngguǒ*
appelsap 苹果汁 *píngguǒzhī*
appeltaart 苹果蛋糕 *píngguǒ dàngāo*
architectuur 建筑 *jiànzhù*
arm *9.2* 胳膊 *gēbo*
armband 手镯 *shǒuzhuó*
artikel *7.1* 商品 *shāngpǐn*
arts 医生 *yīshēng*
as *4.8* 轴 *zhóu*
asbak 烟灰缸 *yānhuīgāng*
aspirine 阿斯匹林 *āsīpīlín*
astma 哮喘 *xiàochuǎn*
auto *3.7, 4.1, 4.6, 4.7, 4.9, 4.11* 汽车 *qìchē*
autodek 船上(停车)甲板 *chuánshàng(tíngchē)jiǎbǎn*
automaat (auto) 自动换档(车) *zìdòng huàndàng (chē)*
automaat (machine) 自动售货机 *zìdòng shòuhuòjī*
automatisch *2.3* 自动的 *zìdòngde*
autopapieren *10.6* 汽车文件 *qìchē wénjiàn*
autosleutel 汽车钥匙 *qìchē yàoshi*
autoverhuurbedrijf 汽车出租公司 *qìchē chūzū gōngsī*
autoweg *4.5* 公路 *gōnglù*
autozitje (汽车)小孩座 *(qìchē) xiǎohái zuò*
avond (na 21 uur) 夜里 *yèli*
avond (tot 21 uur) 晚上 *wǎnshang*
avondeten 晚饭 *wǎnfàn*
avondkleding *8.5* 晚礼服 *wǎnlǐfú*
avonds ('s) (na 21 uur) 晚上(21点以后) *wǎnshang (21 diǎn yǐhòu)*
avonds ('s) (tot 21 uur) 傍晚 *bàngwǎn*

B

baby *7.3, 8.1* 婴儿 *yīng'ér*
babysitter *5.4* 婴儿保姆 *yīng'ér báomǔ*
babyvoeding 婴儿食品 *yīng'ér shípǐn*
bad *5.4* 洗澡 *xǐzhǎo*
badhanddoek 浴巾 *yùjīn*
badhokje 沐浴小卧室 *mùyù xiǎo wòshì*
badkamer 浴室 *yùshì*
badkuip 浴缸 *yùgāng*
badmeester *6.3* 游泳池看管员 *yóuyǒngchí kānguǎnyuán*
badmuts 浴帽 *yùmào*
badpak 游泳衣 *yóuyǒngyī*
badplaats 海滨胜地 *hǎibīn shèngdì*
bagage *4.3, 4.10, 4.12, 5.6* 行李 *xíngli*
bagagedrager *4.8* 后车架 *hòuchējià*
bagagekluis 行李寄存柜 *xíngli jìcúnguì*
bakker (winkel) 面包店 *miànbāodiàn*
bal 球 *qiú*
balhoofd *4.8* 转向头 *zhuǎnxiàngtóu*
balie *4.12* 柜台 *guìtái*
balkon *8.6* 阳台 *yángtái*
ballet 芭蕾舞 *bālěiwǔ*
balpen 圆珠笔 *yuánzhūbǐ*
banaan *8.2* 香蕉 *xiāngjiāo*
band *4.7, 4.8* 轮胎 *lúntāi*
bandenlichter 轮胎杠杆 *lúntāi gànggǎn*
bandenspanning *4.6* 轮胎压力 *lúntāi yālì*
bang zijn 害怕 *hàipà*
bank (geldinstelling) 银行 *yínháng*
bank (in park) 长椅子 *chángyǐzi*
bankbiljet 钞票 *chāopiào*
banketbakkerij 面包(糕点)店 *miànbāo(gāodiǎn)diàn*
bankpas 银行卡 *yínháng kǎ*
bar (café, meubel) 酒吧(咖啡馆，家具) *jiǔbā (kāfēiguǎn, jiājù)*
barbecue 烧烤 *shāokǎo*
batterij 电池 *diànchí*
batterij, oplaadbare – 电池，可充电的 *diànchí, kěchōngdiàn de*
batterijoplader *2.5* 充电器 *chōngdiànqì*
beautycase 小化装盒 *xiǎo huàzhuānghé*
bed *3.3, 3.11, 5.1, 5.4, 5.5, 9.3* 床 *chuáng*
bed-and-breakfast *5.1* 含早餐家庭旅馆 *hán zǎocān jiātíng lǚguǎn*
bedanken 感谢 *gǎnxiè*
bedankt *3.1, 3.9, 3.12, 5.6* 谢谢 *xièxie*
bediening *1.3, 8.2, 8.4* 服务 *fúwù*
bedorven 变质 *biànzhì*
bedrag *8.3, 8.4* 数额 *shù'é*
beeldhouwkunst 雕刻 *diāokè*

been *6.1, 9.2* 腿 *tuǐ*
beestje (ongedierte) 虫子 *chóngzi*
beetje, een – 一点（儿） *yīdiǎn(r)*
begaanbaar 可通行的 *kětōngxíngde*
begane grond 底层，一楼 *dǐcéng, yīlóu*
beginnen 开始 *kāishǐ*
beginner 初学者 *chūxuézhě*
begrijpen 理解 / 懂 *lǐjiě/dǒng*
begroeten 问候 *wènhòu*
beha 乳罩 *rǔzhào*
behandeling (med.) 治疗 *zhìliáo*
beheerder *5.3* 管理员 *guǎnlǐyuán*
bekeuring 罚款 *fákuǎn*
bekijken *2.4* 看 *kàn*
bel *2.3, 3.11, 3.12, 4.8, 10.1* 铃 *líng*
belangrijk 重要的 *zhòngyàode*
belasting 税 *shuì*
Belg, Belgische (zn) 比利时人 *bǐlìshí rén*
België *2.1, 3.3, 3.12, 7.3, 9.3* 比利时 *bǐlìshí*
Belgisch (bn) 比利时的 *bǐlìshíde*
bellen *2.3, 3.12, 4.2, 4.7, 4.12, 5.2* 打电话 *dǎdiànhuà*
beltegoed *2.3* 电话卡余额 *diànhuàkǎ yú' é*
belwinkel 手机商店 *shǒujī shāngdiàn*
beneden, naar – 向下 *xiàngxià*
benzine *4.6, 4.7, 4.9* 汽油 *qìyóu*
benzinestation *4.6, 4.7* 加油站 *jiāyóuzhàn*
benzinetank *4.4* 油箱 *yóuxiāng*
berg 山 *shān*
bergbeklimmen 爬山 *páshān*
berghut 山间小屋 *shānjiānxiǎowū*
bergschoenen *6.4, 10.3* 登山鞋 *dēngshānxié*
bergsport 登山运动 *dēngshān yùndòng*
beroemd 著名的 *zhùmíngde*
beroep *1.5* 职业 *zhíyè*
beschadigd *4.3* 被损坏 *bèisǔnhuài*
besmettelijk *9.3* 传染的 *chuánrǎnde*
bespreken (kaartjes) 预订（票） *yùdìng (piào)*
bestek 刀叉餐具 *dāochā cānjù*
bestellen *4.7, 7.2* 定购 *dìnggòu*
bestelling 订购 *dìnggòu*
bestemming 目的地 *mùdìdì*
betalen *2.1, 4.2, 4.11, 4.12, 5.1, 5.2* 付钱 *fùqián*
betekenen 意思 *yìsi*
beter (na ziekte) 康复 *kāngfù*
betrouwbaar (apparaat) 可靠 *kěkào*
betrouwbaar (persoon) 可信赖 *kěxìnlài*
bevestigen *4.11, 4.12* 确认 *quèrèn*
bevolking 人口 *rénkǒu*

B

bewaring, in – geven 寄存 *jìcún*
bewijs (van betaling) 收据 *shōujù*
bezet (stoel) (椅子)有人了 *(yǐzi) yǒu rén le*
bezet (telefoonlijn, toilet) (电话 / 厕所)被占用 *(diànhuà/cèsuǒ) bèi zhànyòng*
bezichtigen 看见 *kànjiàn*
bezienswaardigheid 值得一看的地方 *zhídé yīkànde dìfang*
bezoeken *2.7* 访问（动） *fǎngwèn*
bibliotheek 图书馆 *túshūguǎn*
bier *8.2* 啤酒 *píjiǔ*
bij *2.2, 2.5, 2.6, 3.2, 3.3, 3.11* 靠近 *kàojìn*
bij (dier) 蜜蜂 *mìfēng*
bijpunten 修剪整齐 *xiūjiǎn zhěngqí*
bijten 咬 *yǎo*
bijvullen 加满 *jiāmǎn*
bijzonder 特别 *tèbié*
bikini 三点式泳装 *sāndiǎnshì yóngzhuāng*
bil *9.2* 屁股 *pìgu*
biljarten 打台球 *dǎ táiqiú*
binnen *1.3, 4.1, 4.8, 4.12, 6.1, 7.1* 里面 *lǐmiàn*
binnenband *4.8* 内胎 *nèitāi*
binnenlands (vlucht) 国内(航班) *guónèi(hángbān)*
biologisch 生物的，有机的 *shēngwù de, yǒujī de*
bioscoop *8.5* 电影院 *diànyǐngyuàn*
bitter *8.2* 苦的 *kǔde*
blaar 水疱 *shuǐpào*
blaas *9.3* 膀胱 *pángguāng*
blauw *10.3* 蓝色 *lánsè*
blij *3.6* 高兴 *gāoxìng*
blijven *4.2, 5.1, 5.2, 5.6, 6.1, 9.3* 停留 / 呆 *tíngliú/dāi*
blikje 小罐头 *xiǎoguàntou*
blikopener *5.3* 开罐头刀 *kāi guàntou dāo*
bliksem 闪电 *shǎndiàn*
blindedarm 阑尾 *lánwěi*
blocnote 笔记本 *bǐjìběn*
bloed *9.3* 血 *xuè*
bloeddruk 血压 *xuèyā*
bloedneus 流鼻血 *liúbíxuè*
bloem (meel) 面粉 *miànfěn*
bloem (plant) 花 *huā*
bloemkool *8.2* 菜花 *càihuā*
blond *10.3* 金发 *jīnfà*
blonderen 头发染成金色 *tóufa rǎnchéng jīnsè*
bloot 裸体的 *luǒtǐde*
blouse 女衬衫 *nǚchènshān*
bodymilk 洗浴液 *xǐyùyè*
boeddhistisch 佛教的 *fójiàode*
boei *6.3* 浮标 *fúbiāo*

boek 书 *shū*
boeken, online – 在网上预订 *zài wǎngshàng yùdìng*
boekhandel *7* 书店 *shūdiàn*
boer 农民 *nóngmín*
boerderij 农场 *nóngchǎng*
boerin 农民的妻子 *nóngmínde qīzi*
bommelding *2.7* 有炸弹报警 *yǒu zhàdàn bàojǐng*
bon (kwitantie) 收据 *shōujù*
bonbon 巧克力糖果 *qiǎokèlì tángguǒ*
boodschap (bericht) 消息 *xiāoxi*
boodschappen doen 买东西 *mǎi dōngxi*
boord, aan – 飞机上 / 船上 *fēijīshàng/chuánshang*
boos 生气 *shēngqì*
boot *4.11, 4.12* 船 *chuán*
bord (op tafel) 盘子 *pánzi*
bord (verkeersbord) 交通板 *jiāotōng bǎn*
borgsom *4.9, 5.1, 5.6* 押金 *yājīn*
borst *8.2, 9.2* 乳房 / 胸 *rǔfáng/xiōng*
borstel 刷子 *shuāzi*
borstkas *9.2* 胸部 *xiōngbù*
bot (been) 骨头(腿) *gǔtou(tuǐ)*
botanische tuin 植物园 *zhíwùyuán*
boter *8.2* 黄油 / 奶油 *huángyóu/nǎiyóu*
botsing *10.6* 撞车 *zhuàngchē*
bouillon (soep) 肉汤 *ròutāng*
bouillonblokje 肉汤块料 *ròutāng kuàiliào*
boven (hoger dan) 上面 *shàngmian*
boven, naar – 上面，上去 *shàngmian, shàngqu*
bowlen 打保龄球 *dǎ bǎolíngqiú*
braken 呕吐 *ǒutù*
brand *10.1, 10.2* 着火 *zháohuǒ*
brandblusser *1.3* 灭火器 *mièhuǒqì*
branden 燃烧 *ránshāo*
brandtrap *1.3, 5.4, 10.1* 安全梯 *ānquántī*
brandweer *10.1* 消防队 *xiāofángduì*
brandwond 烧伤 *shāoshāng*
brandzalf 烧伤软膏 *shāoshāng ruǎngāo*
breken (been) 摔断(腿) *shuāiduàn(tuǐ)*
brengen *3.12, 4.12, 5.5, 8.2* 带来 / 拿 *dàilái/ná*
brief *2.2* 信 *xìn*
briefpapier 信纸 *xìnzhǐ*
brievenbus *2.2* 邮箱 *yóuxiāng*
bril *10.3* 眼镜 *yǎnjìng*
brochure *6.1* 小册子 *xiǎocèzi*
broek (kort) 短裤 *duǎnkù*
broek (lang) 长裤 *chángkù*
broer 兄弟 *xiōngdì*
brommer *4.7* 助动车 / 机动自行车 *zhùdòngchē/jīdòng zìxíngchē*

bron (opwellend water) 泉水 *quánshuí*
bronchitis *9.3* 支气管炎 *zhīqìguǎn yán*
brood *8.2* 面包 *miànbāo*
broodje *8.2* 小面包 *xiǎo miànbāo*
broodrooster 烤面包器 *kǎomiànbāoqì*
brug *4.1* 桥 *qiáo*
bruiloft 婚礼 *hūnlǐ*
bruin (kleur) 棕色 *zōngsè*
bruin worden 晒黑 *shàihēi*
buik *9.2* 肚子 *dùzi*
buikpijn 肚子痛 *dùzitòng*
buiten *4.1, 8.1, 9.4* 外面 *wàimiàn*
buitenband *4.8* 外胎 *wàitāi*
buitenland *2.3* 国外 *guówài*
buitenlands 外国的 *wàiguóde*
buitenspiegel *4.4* 侧视镜 *céshìjìng*
bumper *4.4* 缓冲挡板 *huǎnchōng dǎngbǎn*
bungalowpark 度假村 *dùjiàcūn*
bungeejumpen *6.2* 蹦极跳 *bèngjítiào*
buren 邻居 *línjū*
burgemeester 市长 *shìzhǎng*
bus (lijndienst) 公共汽车 *gōnggòng qìchē*
bus (touringcar) 长途旅游车 *chángtú lǚyóu chē*
bushalte *4.11* 公共汽车站 *gōnggòng qìchēzhàn*
busje 面包车 *miànbāo chē*
busstation *4.11* 公共汽车站 *gōnggòng qìchēzhàn*
butagasfles *5.3* 丁烷煤气罐 *dīngwán méiqìguàn*

C

cadeau 礼物 *lǐwù*
café 咖啡厅，小餐馆 *kāfēitīng, xiǎocānguǎn*
cafeïnevrij 无咖啡因的 *wú kāfēiyīnde*
camera *2.5* 照相机 *zhàoxiàngjī*
camper 露营者 *lùyíngzhě*
camping *3.3, 5.1, 5.6* 露营 *lùyíng*
campinggas (butaan) 露营（丁烷）煤气罐 *lùyíng(dīngwán) méiqìguàn*
campinggas (propaan) 露营（丙烷）煤气罐 *lùyíng(bǐngwán) méiqìguàn*
caravan *5.3* （露营用）拖车 *(lùyíngyòng)tuōchē*
carnaval 狂欢节 *kuánghuānjié*
casino 赌场 *dǔchǎng*
catalogus 目录 *mùlù*
cd *2.5, 4.9, 7* 光盘，光碟 *guāngpán, guāngdié*
cd-rom CD-光盘 *cd-guāngpán*
cd-rw CD-可擦除光盘 *cd-kěcāchú guāngpán*
centimeter 公分 / 厘米 *gōngfēn/límǐ*
centrale verwarming 暖气 *nuǎnqì*
centrum *4.5, 4.10, 4.12* 市中心 *shìzhōngxīn*

champagne 香槟酒 *xiāngbīnjiǔ*
chartervlucht 包机 *bāojī*
chauffeur 司机 *sījī*
chef *8.3* 厨师 *chúshī*
chemisch toiletvloeistof 马桶清洁剂 *mǎtǒng qīngjiéjì*
cheque 支票 *zhīpiào*
chips 土豆片 *tǔdòupiàn*
chocolade 巧克力 *qiǎokèlì*
chocolademelk 热巧克力 *rè qiǎokèlì*
circus 马戏 *mǎxì*
cirkel 圆圈 *yuánquān*
citroen *8.2* 柠檬 *níngméng*
cognac 白兰地酒 *báilándìjiǔ*
cola 可乐 *kělè*
collega 同事 *tóngshì*
compliment 称赞 *chéngzàn*
computer *2.4* 计算机 *jìsuànjī*
computerbestand 计算机文档 *jìsuànjī wéndàng*
concert *8.5* 音乐会 *yīnyuèhuì*
concertgebouw *8.5* 音乐厅 *yīnyuètīng*
condoom *3.11* 避孕套 *bìyùntào*
constipatie 便秘 *biànmì*
consulaat *4.2, 10.6* 领事馆 *lǐngshìguǎn*
consult 看病 *kànbìng*
contactlens 隐形眼镜 *yǐnxíng yǎnjìng*
contactlensvloeistof 隐形眼镜片溶液 *yǐnxíng yǎnjìngpiàn róngyè*
contactsleutel 点火钥匙 *diǎnhuǒ yàoshi*
contant geld 现金 *xiànjīn*
contract 合同 *hétong*
controleren *4.6* 检查 *jiǎnchá*
correct *2.3* 正确的 *zhèngquède*
corresponderen 通信 *tōngxìn*
cosmetica 化妆品 *huàzhuāngpǐn*
couchette *4.12* 卧铺 *wòpù*
coupé 列车车厢 *lièchē chēxiāng*
crank *4.8* 曲柄 *qūbǐng*
creditcard *2.1, 5.2, 7.5* 信用卡 *xìnyòngkǎ*
crème 乳霜 *rǔshuāng*
croissant 牛角面包 *niújiǎo miànbāo*
cruise *3.3* 大型游船 *dàxíng yóuchuán*

D

daar *2.7, 3.9, 4.1, 4.7, 4.11, 6.1* 那里 *nàli*
dag (hallo) 你好 *nǐhǎo*
dag (tot ziens) 再见 *zàijiàn*
dag (zn) 天 *tiān*
dagschotel *8.2* 今天推荐的菜 *jīntiān tuījiàn de cài*

dal 山谷 *shāngǔ*
damestoilet 女厕所 *nǚcèsuǒ*
dank u wel *3.1, 4.10* 谢谢您 *xièxie nín*
dansen *3.6, 3.9, 8.5* 跳舞 *tiàowǔ*
dekbed 床单 *chuángdān*
deken *5.4* 毯子 *tǎnzi*
delicatessenwinkel *7* 美食店 *měishídiàn*
denken *3.11* 想 *xiǎng*
deodorant 除臭剂 *chúchòujì*
derailleur *4.8* 转辙器 *zhuǎnzhéqì*
derde (deel) 第三 *dìsān*
desinfecteringsmiddel 消毒剂 *xiāodújì*
dessert 甜点 *tiándiǎn*
deur *5.2* 门 *mén*
diabeet 糖尿病 *tángniàobìng*
diamant 钻石 *zuànshí*
diarree *9.2* 腹泻 *fùxiè*
dicht *3.3, 4.12, 5.2, 5.3, 5.5, 6.1* 关上 *guānshàng*
dichtbij *4.1* 附近 *fùjìn*
dichtstbijzijnde 紧挨着 *jǐnāizhe*
dieet *9.3* 节食（减肥）*jiéshí (jiǎnféi)*
dief *10.1* 小偷 *xiǎotōu*
diefstal *10.6* 盗窃 *dàoqiè*
dienstregeling *4.11* 时刻表 *shíkèbiǎo*
diep *6.3, 9.3* 深 *shēn*
diepvries 深冻冰箱 *shēndòng bīngxiāng*
diepzeeduiken 深海潜水 *shēnhǎi qiánshuǐ*
dier 动物 *dòngwù*
dierbaar 珍爱的 *zhen'àide*
dierentuin 动物园 *dòngwùyuán*
diesel *4.6* 柴油 *cháiyóu*
digitale camera 数机码照相 *shùmǎ zhàoxiàngjī*
dij 大腿 *dàtuǐ*
dik (materiaal) 厚 *hòu*
dikke darm *9.3* 结肠 *jiécháng*
diner *5.4* 晚餐 *wǎncān*
dineren 吃晚餐 *chīwǎncān*
direct (onmiddellijk) 马上，立刻 *mǎshàng, lìkè*
direct (rechtstreeks) 直接 *zhíjiē*
disco 迪斯科舞会 *dísikē wǔhuì*
dochter *3.3, 10.3* 女儿 *nǚ'ér*
doe-het-zelfzaak （自己动手做）商店 *(zìjǐ dòngshǒu zuò)shāngdiàn*
doen *1.3, 2.5, 3.1, 3.2, 3.9, 3.11* 做 *zuò*
dokter *9.1, 10.1* 医生 *yīshēng*
doktersverklaring 医生证明 *yīshēng zhèngmíng*
dolfijn 海豚 *hǎitún*
dollar 美元 *měiyuán*
dompelaar 加热器 *jiārèqì*

donker *6.5, 8.2* 暗 *àn*
dood 死的 *sǐde*
doof 聋 *lóng*
dooien *2.6* 解冻 *jiědòng*
doorreis *3.3, 4.2* 继续旅行 *jìxù lǚxíng*
doorslikken *9.4* 吞 *tūn*
doorsturen *5.6* 转递 *zhuǎndì*
doos 盒子 *hézi*
dorp 村庄 *cūnzhuāng*
dorst hebben 渴 *kě*
douane 海关 *hǎiguān*
douche *5.4* 淋浴 *línyù*
douchemuntje 淋浴用代币 *lín yù yòng dài bì*
draad(je) *4.8* 线 *xiàn*
draaien (nummer) 拨（电话号码） *bō(diànhuà hàomǎ)*
drankje (alcohol) （带酒精的）饮料 *(dài jiǔjīng de) yǐnliào*
drankje (med.) 汤药 *tāngyào*
driehoek 三角形 *sānjiǎoxíng*
dringend 紧急的 *jǐnjíde*
drinken *3.8, 3.9, 7.2, 7.4, 8.2* 喝 *hē*
drinkwater *5.3* 饮用水 *yǐnyòngshuǐ*
drogen 弄干 *nònggān*
drogisterij 保健用品店 *bǎojiàn yòngpǐn diàn*
droog *2.6, 8.2* 干 *gān*
droogshampoo 干洗发精 *gānxǐfàjīng*
droogte 干旱 *gānhàn*
droogtrommel 烘干机 *hōnggānjī*
druif 葡萄 *pútao*
druk (bn) 忙碌的 *mánglùde*
druk (spanning) 压力 *yālì*
drukken 按 *àn*
druppel 滴 *dī*
duidelijk 清楚 *qīngchu*
duikbril 潜水镜 *qiánshuǐjìng*
duiken 潜水，跳水 *qiánshuǐ, tiàoshuǐ*
duikplank 跳水板 *tiàoshuǐbǎn*
duiksport 潜水 *qiánshuǐ*
duikuitrusting *6.3* 潜水衣 *qiánshuǐyī*
Duits *3.4* 德语 / 德文 *déyǔ/déwén*
duizelig *9.2* 头晕 *tóuyūn*
dun 薄 *bó*
dunne darm *9.3* 小肠 *xiǎocháng*
duur (bn) 贵 *guì*
duwen *1.3, 4.7* 推 *tuī*
dvd *2.5* 数码光盘 *shùmǎ guāngpán*
dynamo *4.4, 4.8* 发电机 *fā diàn jī*

E

eau de toilette 古龙香水 *gǔlóng xiāngshuǐ*
eb *6.3* 低潮 *dīcháo*
echtgenoot 丈夫 *zhàngfu*
echtgenote 妻子 *qīzǐ*
ecotoerisme 生态旅游 *shēngtài lǚyóu*
eczeem 湿疹 *shīzhěn*
eenpersoons *4.12, 5.4* 单人 *dānrén*
eenrichtingsverkeer *4.5* 单行道 *dānxíngdào*
eenvoudig 简单的 *jiǎndānde*
eergisteren *1.4* 前天 *qiántiān*
eerlijk 诚实的 *chéngshíde*
eerste *1.3, 4.11, 9.3* 第一 *dìyī*
eerste hulp *1.3, 9.3* 急救 *jíjiù*
eerste klas 头等 *tóuděng*
eetzaal *5.4* 餐厅 *cāntīng*
EHBO-doos 急救箱 *jíjiùxiāng*
ei *8.2* 蛋 *dàn*
eiland 岛 *dǎo*
eindpunt *6.1* 终点 *zhōngdiǎn*
elastiekje 橡皮筋 *xiàngpíjīn*
elektriciteit *5.5* 电 *diàn*
elektriciteitsaansluiting 电源接头 *diànyuán jiētóu*
elektrisch 电的 *diànde*
elleboog *9.2* 肘 *zhǒu*
e-mail *2.4, 3.12, 5.2* 电子邮件 *diànzǐ yóujiàn*
e-mailadres *1.5* 电子邮件地址 *diànzǐ yóujiàn dìzhǐ*
e-mailen *3.12* 发电子邮件 *fā diànzǐ yóujiàn*
emmer 桶 *tǒng*
en *1.4, 1.5, 3.2, 3.3, 3.12, 4.11* 和 *hé*
Engels *3.4, 6.1* 英语 / 英文 *yīngyǔ/yīngwén*
enkel (lichaamsdeel) 踝 *huái*
enkele reis (kaartje) 单程(票) *dānchéng(piào)*
entree 入场(口) *rùchǎng(kǒu)*
entreebewijs 入场券 *rùchǎngquàn*
envelop 信封 *xìnfēng*
erg (ernstig) 严重 *yánzhòng*
ergens *2.1, 2.3, 4.1, 4.7, 9.3* 某处 *mǒuchù*
ernstig 严重 *yánzhòng*
erwt 豌豆 *wāndòu*
etalage *7.3* 橱窗 *chúchuāng*
eten (ww) 吃 *chī*
etmaal *9.4* 一(整)天 *yī(zhěng)tiān*
euro *2.1* 欧元 *ōuyuán*
evenement 活动 *huódòng*
excursie 短途旅行 *duǎntú lǚxíng*
excuses 道歉 *dàoqiàn*

explosieven 炸弹 *zhàdàn*
eyeliner 眼线笔 *yǎnxiànbǐ*

F

fabriek 工厂 *gōngchǎng*
familie (verwanten) 亲戚 *qīnqi*
familie (gezin) 家庭 *jiātíng*
fastfoodrestaurant 快餐店 *kuài cān diàn*
faxen *2.2* 传真 *chuánzhēn*
feest 聚会 *jùhuì*
feestdag 节日 *jiérì*
feestvieren 庆祝 *qìngzhù*
feliciteren 祝贺 *zhùhè*
festival 节日 *jiérì*
festiviteiten 庆祝活动 *qìngzhù huódòng*
fiets *4.7, 4.8, 6.2, 10.4* 自行车 *zìxíngchē*
fietsen *3.9, 4.1, 4.8* 骑自行车 *qízìxíngchē*
fietsenmaker 自行车修理工 *zìxíngchē xiūlǐgōng*
fietshelm 自行车头盔 *zìxíngchē tóukuī*
fietspomp *4.8* 自行车打气筒 *zìxíngchē dǎqìtǒng*
fietsslot 自行车锁 *zìxíngchē suǒ*
fietstas 自行车包 *zìxíngchē bāo*
fietszitje 自行车孩子坐 *zìxíngchē háizi zuò*
fijn *3.6, 3.11* 好，舒服 *hǎo, shūfu*
film *2.5, 3.5, 8.5* 电影 *diànyǐng*
filmcamera 电影摄影机 *diànyǐngshèyǐngjī*
filmen *6.1* 拍摄 *pāishè*
filter 过滤器 *guòlǜqì*
flat 公寓 *gōngyù*
flauw (eten) 无味的(食物) *wúwèide(shíwù)*
flauwekul *3.6* 胡说八道 *húshuōbādào*
fles *4.2, 8.2* 瓶子 *píngzi*
flesopener 开瓶器 *kāipíngqì*
flessenwarmer *8.1* 暖瓶器 *nuǎnpíngqì*
flitslampje 闪光灯 *shǎnguāngdēng*
föhn 吹发器 *chuīfāqì*
föhnen *7.4* 吹风 *chuīfēng*
folkloristisch 民间传说的 *mínjiān chuánshuōde*
fontein 人造喷泉 *rénzàopēnquán*
fooi 小费 *xiǎofèi*
forel *8.2* 鳟鱼 *zūnyú*
formulier *5.1* 表格 *biǎogé*
fort 堡垒 *bǎolěi*
foto *2.5, 3.2, 3.12, 7.4, 9.3, 10.2* 照片 *zhàopiàn*
fotograferen *3.5, 6.1* 照相 *zhàoxiàng*
fotokopie 复印 *fùyìn*
fotokopiëren *2.2* 复印 *fùyìn*

fotorolletje *2.5* 胶卷 *jiāojuǎn*
fototoestel 照相机 *zhàoxiàngjī*
fout (bn) 错误的 *cuòwùde*
fout (zn) 错误 *cuòwù*
Frans *3.4, 6.1* 法语 / 法文 *fǎyǔ/fǎwén*
frisdrank *8.2* 汽水 *qìshuǐ*
fruit *7, 8.2* 水果 *shuǐguǒ*

G

gaan *3.9, 4.2, 4.7, 4.12, 6.1, 8.5* 去 *qù*
gaar *8.3* 煮熟了的 *zhǔshúlede*
galerie 美术馆 *měishùguǎn*
gang (in gebouw) 走廊 *zǒuláng*
garage *4.7* 修车行 *xiūchēháng*
garderobe 衣橱 *yīchú*
garen 线 *xiàn*
garnaal 虾 *xiā*
gasfles 煤气罐 *méiqìguàn*
gaspedaal *4.4* 油门 *yóumén*
gasstel *5.3* 煤气炉 *méiqìlú*
gastvrijheid *5.6* 好客 *hàokè*
gauw *3.12* 不久 *bùjiǔ*
gebakje *8.2* 糕点 *gāodiǎn*
gebakken *8.2* 炒 / 烤 *chǎo/kǎo*
geboren 出生 *chūshēng*
gebouw *4.1* 大楼 *dàlóu*
gebraden *8.2* 烘烤的 *hōngkǎode*
gebruikelijk 通常的 *tōngchángde*
gebruiken *4.9, 8.2, 10.1* 用 / 吃 *yòng/chī*
gebruiksaanwijzing *7.1* 说明书 *shuōmíngshū*
gedistilleerd water 蒸馏水 *zhēngliúshuǐ*
gedurende *9.4* 在…期间 *zài…qījiān*
geel 黄色 *huángsè*
gegevens *2.1, 10.2* 信息 *xìnxī*
gegrild *8.2* 烤的 *kǎode*
gehakt (zn) 肉末 *ròumò*
gehandicapt 残疾 *cánjí*
geheugenkaart *2.5* 存储卡 *cúnchúkǎ*
gehoorapparaat 助听器 *zhùtīngqì*
gekoeld 冰镇 *bīngzhèn*
gekookt *8.2* 煮的 *zhǔde*
gekruid *8.2, 8.3* 加香料的 *jiāxiāngliàode*
gel *7.4* 发胶 *fàjiāo*
geld *2.1, 2.2, 4.4, 4.11, 7.1, 7.5* 钱 *qián*
geldautomaat *2.1* 取款机 *qǔkuǎnjī*
geldig *4.12* 有效 *yǒuxiào*
geloof (godsdienst) 信仰 *xìnyǎng*

geluid 声音 *shēngyīn*
geluk *3.12* 运气 *yùnqì*
geluk hebben 走运 *zǒuyùn*
gemakkelijk 容易 *róngyì*
gemiddelde 平均 *píngjūn*
geneesmiddel 药 *yào*
genetisch gemanipuleerd 基因转换 *jī yīn zhuǎn huàn*
genieten 享受 *xiǎngshòu*
genoegen *3.1* 乐意 *lèyì*
gepensioneerd *3.3* 退休的 *tuìxiūde*
gerecht *1.3, 8.2, 8.3, 8.4* (一盘)菜 *(yīpán)cài*
gereedschap 工具 *gōngjù*
gereserveerd (besproken) 预订 *yùdìng*
gerookt *4.12, 8.2* 熏的 *xūnde*
geroosterd 烤的 *kǎode*
gescheiden *1.5, 3.3, 4.5* 离婚 *líhūn*
geschenk 礼物 *lǐwù*
geslachtsdelen *9.2* 生殖器 *shēngzhíqì*
geslachtsziekte *9.3* 性病 *xìngbìng*
gesprek *2.3* 谈话 *tánhuà*
gesprek (in –) (电话)占线 *(diànhuà)zhànxiàn*
gestolen *4.3, 10.4, 10.6* 被偷 *bèitōu*
getrouwd *3.3* 已婚 *yǐhūn*
getuige 证人 *zhèngrén*
gevaar *1.3, 4.5, 6.3, 10.1* 危险 *wēixiǎn*
gevaarlijk *4.7* 危险的 *wēixiǎnde*
gevarendriehoek 紧急停车用的三角形 *jǐnjí tíngchē yòngde sānjiǎoxíng*
geven *2.1, 2.3, 4.2, 4.3, 4.7, 6.1* 给 *gěi*
gevoelens *3.11* 感情 *gǎnqíng*
gevogelte *8.2* 家禽 *jiāqín*
gevonden voorwerpen *10.4* 失物招领处 *shīwù zhāolǐngchù*
geweldig *6.6* 很棒 *hěnbàng*
gewicht *4.12* 重量 *zhòngliàng*
gewond *10.2* 受伤 *shòushāng*
gewoon 正常的 *zhèngchángde*
gezellig *3.6* 愉快 *yúkuài*
gezicht *9.2* 脸 *liǎn*
gezin *3.3* 家庭 *jiātíng*
gezond 健康 *jiànkāng*
gezondheid 健康 *jiànkāng*
gids *6.1, 6.5* 指南 *zhǐnán*
gif 毒 *dú*
gisteren *1.4, 10.4* 昨天 *zuótiān*
glas *1.3, 8.2* 玻璃杯 *bōlibēi*
gletsjer 冰川 *bīngchuān*
god 上帝，神 *shàngdì, shén*
godsdienst 宗教 *zōngjiào*
goed *1.3, 3.1, 3.2, 3.6, 3.7, 3.9* 好 *hǎo*

goedemiddag *3.2* 下午好 *xiàwǔhǎo*
goedemorgen *3.2* 早上好 *zǎoshanghǎo*
goedenacht *3.12* 晚安 *wǎn'ān*
goedenavond (bij aankomst) 晚上好 *wǎnshang hǎo*
goedenavond (bij vertrek) 晚安 *wǎn'ān*
goedkoop *5.1* 便宜 *piányi*
golfbaan 高尔夫球场 *gāo'ěrfūqiúchǎng*
golfen *6.2* 打高尔夫球 *dǎ gāo'ěrfūqiú*
golfslagbad 波浪游泳池 *bōlàng yóuyǒngchí*
goud 金 *jīn*
gps *4.9* 导航器 *dǎohángqì*
graag *1.3, 2.1, 2.2, 2.3, 2.5, 3.1* 好，可以 *hǎo, kěyǐ*
graden *2.6, 9.3* 度 *dù*
graf 坟墓 *fénmù*
gram 克 *kè*
grap 笑话 *xiàohuà*
gras *1.3* 草 *cǎo*
gratis *1.3, 2.4* 免费 *miǎnfèi*
grens 边界 *biānjiè*
grensovergang 过境 *guòjìng*
griep *9.3* 流感 *liúgǎn*
grijs 灰色 *huīsè*
grillen 烧烤 *shāokǎo*
groen *10.3* 绿色 *lǜsè*
groene kaart *4.2* 绿卡 *lǜkǎ*
groente *7, 8.2* 蔬菜 *shūcài*
groentesoep 蔬菜汤 *shūcàitāng*
groep *1.4, 6.1* 团体 *tuántǐ*
groepsreis *3.3* 旅游团 *lǚ yóu tuán*
groeten, de 问候 *wènhòu*
grond *5.3* 地面 *dìmiàn*
grondzeil *5.3* (搭帐篷)铺在地上的单子 *(dāzhàngpeng)pūzài dìshàngde dānzi*
groot *4.9, 6.4, 10.3* 大 *dà*
groothoeklens 广角镜 *guǎngjiǎojìng*
grot 岩洞 *yándòng*
grote weg 主干线 *zhǔ gānxiàn*
gsm 手机 *shǒujī*

H

haai 鲨鱼 *shāyú*
haar *2.3, 7.4, 10.3* 头发 *tóufa*
haarlak 头发定型剂 *tóufa dìngxíngjì*
haarspeld 发夹 *fàjiā*
haast hebben 匆忙 *cōngmáng*
hak *7.3* 鞋后跟 *xiéhòugēn*
halal *8.2* 符合回教教规的食物 *fúhé huíjiào jiàoguīde shíwù*

half *1.4, 6.4* 一半 *yībàn*
halfpension 含早餐家庭旅馆 *hán zǎocān jiātíng lǚguǎn*
halfvol (halfleeg) 半满 *bànmǎn*
hallo *2.3, 3.2, 3.3* 你好 *nǐhǎo*
hals *9.2* 脖子 *bózi*
halte *1.3, 4.12* 停车站 *tíngchēzhàn*
ham *8.2* 火腿 *huǒtuǐ*
hamer *5.3* 锤子 *chuízi*
hand *3.2, 9.2* 手 *shǒu*
handbagage *4.12* 手提行李 *shǒutí xíngli*
handdoek 毛巾 *máojīn*
handgemaakt 手工制的 *shǒugōng zhìde*
handrem *4.4* 手煞车 *shǒushāchē*
handschoen 手套 *shǒutào*
handtas 手提包 *shǒutíbāo*
handtekening *10.2* 签名 *qiānmíng*
handwerk 手工品 *shǒugōngpǐn*
hard (luid) 大声 *dàshēng*
hard (stijf) 硬 *yìng*
haring (tent-) 帐篷钉 *zhàngpengdīng*
haring (vis) 鲱鱼 *fēiyú*
hart *8.2, 9.3* 心 *xīn*
hartig 有味道的 *yǒu wèidàode*
haven 港口 *gǎngkǒu*
hechten (med.) 缝合 *fénghē*
hechting 缝针 *féngzhēn*
heenreis *4.12* 单程旅行 *dānchéng lǚxíng*
heerlijk (erg lekker) 很好吃 *hénhǎochī*
heerlijk (erg leuk) 好玩 *hǎowán*
heimwee hebben 想家 *xiǎngjiā*
hek *5.2, 5.3* 栅栏 *zhàlan*
helemaal *4.12, 5.3, 5.4* 完全地 *wánquánde*
helft *1.4* 一半 *yībàn*
helling *4.5* 斜坡 *xiépō*
helm *4.9* 头盔 *tóukuī*
helpen *1.3, 2.3, 3.2, 4.7, 4.12, 5.4* 帮助 *bāngzhù*
hemd (onder-) 背心 *bèixīn*
hengel 钓鱼竿 *diàoyúgān*
herfst *1.4* 秋天 *qiūtiān*
herhalen *3.4* 重复 *chóngfù*
hersenschudding 脑震荡 *nǎozhèndàng*
hetzelfde *8.2* 同样 *tóngyàng*
heup *9.2* 臀部 *túnbù*
hiel *9.2* 脚后跟 *jiǎohòugēn*
hier *1.3, 2.1, 2.2, 2.3, 2.6, 2.7* 这里 *zhèlǐ*
hindoeïstisch 印度教的 *yìndùjiàode*
hobby *3.5* 爱好 *àihào*
hoe? *1.3, 1.4, 2.3, 2.5, 3.2, 3.3* 如何 / 怎么? *rúhé/zěnme?*

hoe lang? *1.3, 2.5, 3.3, 4.2, 4.11, 4.12* 多久?, 多长? *duōjiǔ/duōcháng?*
hoe ver? *1.3, 4.11, 4.12* 多远? *duōyuǎn?*
hoed 帽子 *màozi*
hoek *4.1* 角落 *jiǎoluò*
hoest 咳嗽 *késou*
hoestdrank 咳嗽药水 *késouyàoshuǐ*
hoeveel? *1.3, 2.1, 2.2, 2.4, 2.5, 2.6* 多少? *duōshao?*
hond *1.3, 9.2* 狗 *gǒu*
honger hebben 饿 *è*
honing 蜂蜜 *fēngmì*
hoofd *1.3, 9.2* 头 *tóu*
hoofdgerecht *8.2* 主食 *zhǔshí*
hoofdpijn 头疼 *tóuténg*
hoofdstad 首都 *shǒudū*
hoog *6.5, 7.3* 高 *gāo*
hoogtevrees 恐高症 *kǒnggāozhèng*
hoogteziekte *6.5* 高山反应 *gāoshān fǎnyìng*
hooikoorts 花粉热 *huāfěnrè*
horizontaal 水平的 *shuǐpíngde*
horloge 手表 *shǒubiǎo*
hotel *1.3, 2.7, 3.3, 4.12, 5.1, 5.4* 酒店 / 旅馆 *jiǔdiàn/lǚguǎn*
houdbaar zijn 可保存 *kěbǎocún*
houden van (iemand) 爱 *ài*
houden van (iets) 喜欢 *xǐhuan*
hout 木头 *mùtou*
huid 皮肤 *pífū*
huilen 哭 *kū*
huis *3.3, 3.12, 8.2* 房子 *fángzi*
huisarts *1.3* 家庭医生 *jiātíng yīshēng*
huisdieren *1.3, 5.2* 宠物 *chǒngwù*
huishoudelijke artikelen *7* 家庭用品 *jiātíng yòngpǐn*
huisje (vakantie-) 度假房 *dùjiàfáng*
huisnummer （门牌）号 *(mén pái) hào*
huisvrouw *3.3* 主妇 *zhǔfù*
hulp *1.3, 9.3* 帮助 *bāngzhù*
huren *4.9, 4.11, 5.3, 5.4, 6.1, 6.2* 租 *zū*
hut (niet op schip) 小木屋 *xiǎomùwū*
hut (op schip) 客舱 *kècāng*
huur (zn) 租金 *zūjīn*
huur (te –) 出租 *chūzū*
huurauto 租用的汽车 *zūyòngde qìchē*
huwelijk 婚姻 *hūnyīn*
huwelijk (bruiloft) 婚礼 *hūnlǐ*
huwelijksreis *3.3* 蜜月旅行 *mìyuèlǚxíng*
hyperventilatie 换气过度 *huànqìguòdù*

idee *3.9* 主意 *zhŭyi*
identificeren, zich 鉴定 *jiàndìng*
identiteitsbewijs *1.5, 2.1, 10.2, 10.6* 身份证件 *shēnfènzhèngjiàn*
iemand *2.3, 3.4, 6.5, 9.2, 10.2, 10.6* 某人 *mŏurén*
iets *3.6, 3.8, 3.9, 3.10, 4.1, 4.2* 某事 *mŏushì*
ijs (consumptie-) 冰淇淋 / 冰激凌 *bīngqílín/bīngjīlíng*
ijsblokjes 冰块 *bīngkuài*
ijzer 铁 *tiě*
ijzerwarenhandel 五金商店 *wŭjīn shāngdiàn*
imperiaal (汽车)顶架 *(qìchē)dĭngjià*
in *1.3, 1.4, 2.1, 2.2, 2.3, 2.5* 在…里面 *zài…lĭmiàn*
inbegrepen *4.9, 5.4, 8.2, 8.4* 包括 *bāokuò*
inbraak 盗窃 *dàoqiè*
inchecken *4.12* 登机手续 *dēngjīshŏuxù*
inclusief *5.4* 包括 *bāokuò*
indrukken *3.2* 按，压 *àn, yā*
inenten 注射疫苗 *zhùshè yìmiáo*
inenting 接种疫苗 *jiēzhòng yìmiáo*
infectie (virus-, bacteriële -) 感染(病毒性 -， 细菌性 -) *gănrăn (bìngdúxìng –, xìjūnxìng –)*
informatie *1.3, 2.3, 6.1* 信息 *xìnxī*
ingang *1.3* 入口 *rùkŏu*
ingrediënt 成分 *chéngfèn*
inhaalverbod 严禁超车 *yánjìnchāochē*
inhalen 超车 *chāochē*
injectie 打针 *dăzhēn*
inlegkruisje (妇女)卫生巾 *(fùnǚ)wèishēngjīn*
inlichting 询问 *xúnwèn*
inlichtingenbureau 询问处 *xúnwènchù*
innemen *9.4* 吃，喝(药) *chī, hē(yào)*
inpakken *4.2, 7.1* 包装 *bāozhuāng*
insect *9.2* 虫子 *chóngzi*
insectenbeet 虫咬 *chóngyăo*
insgelijks *3.12* 你也一样 *nĭyě yīyàng*
instapkaart *4.12* 登机卡 *dēngjīkă*
interlokaal gesprek 长途电话 *chángtú diànhuà*
internationaal 国际 *guójì*
internet *2.4, 4.12, 5.4* 因特网 *yīntèwăng*
internetbankieren 因特网银行业务 *yīntèwăng yínháng yèwù*
internetcafé *2.4* 网吧 *wăngbā*
invalide 残疾人 *cánjírén*
invoerrechten *4.2* 进口关税 *jìnkŏu guānshuì*
invullen *2.1, 5.1, 10.6* 填表 *tiánbiăo*
islamitisch 伊斯兰教的 *yīsīlánjiàode*

J

ja *1.3, 3.2, 3.9, 7.1* 是(的) *shì (de)*
jaar *1.4, 3.3, 6.5, 7.3, 8.5, 10.3* 年 *nián*
jacht (schip) 游艇 *yóutǐng*
jachthaven 游艇港 *yóutǐnggǎng*
jam 果酱 *guǒjiàng*
jammer *3.6* 可惜 *kěxī*
jarig (zijn) (过)生日 *(guò) shēngri*
jas 外套 *wàitào*
jasje 夹克衫 *jiākèshān*
jerrycan *5.3* 汽油桶 *qìyóutǒng*
jetlag 时差 *shíchā*
jeugdherberg *5.1* 青年旅馆 *qīngniánlǚguǎn*
jeuk 痒 *yǎng*
jodium 碘酒 *diǎnjiǔ*
joggen 慢跑 *mànpǎo*
jongen *3.3, 3.7* 男孩 *nánhái*
joods *3.3* 犹太人 *yóutàirén*
jurk 连衣裙 *liányīqún*
juwelier *7* 珠宝商 *zhūbǎoshāng*

K

kaak *9.2* 颚 *è*
kaars 蜡烛 *làzhú*
kaart (land–) 地图 *dìtú*
kaartje (toegang) 入场券 *rùchǎng quàn*
kaartje (voor transport) 票 *piào*
kaas (oude –, jonge –) 奶酪(浓味的, 淡味的) *nǎilào (nóngwèide, dànwèide)*
kabeljauw *8.2* 鳕鱼 *xuěyú*
kakkerlak 蟑螂 *zhāngláng*
kalfsvlees *8.2* 小牛肉 *xiǎoniúròu*
kalmeringsmiddel *9.4* 镇静剂 *zhènjìngjì*
kam 梳子 *shūzi*
kameel 骆驼 *luòtuo*
kamer *2.3, 5.2, 5.4, 5.5, 5.6, 9.3* 房间 *fángjiān*
kamermeisje 女服务员 *nǚfúwùyuán*
kamernummer 房间号 *fángjiānhào*
kampeergids 露营指南 *lùyíngzhǐnán*
kampeerterrein 露营地 *lùyíngdì*
kampeervergunning 露营许可证 *lùyíng xǔkězhèng*
kamperen *2.7, 5.3, 6.3* 露营 *lùyíng*
kampvuur *5.3* 营火 *yínghuǒ*
kampwinkel 露营商店 *lùyíng shāngdiàn*
kano 独木舟 *dúmùzhōu*
kanoën 划独木舟 *huádúmùzhōu*

kant (richting) 方向 *fāngxiàng*
kantoor *3.3, 6.1* 办公室 *bàngōngshì*
kapel 小教堂 *xiǎojiàotáng*
kapot *3.6, 4.1, 4.7, 5.5, 7.1, 8.3* 坏了 *huàile*
kapper 理发员 *lǐfàyuán*
karaf 饮料杯(瓶) *yǐnliào bēi(píng)*
kassa *1.3, 7.5* 收款处 *shōukuǎnchù*
kassabon *7.5* 收据 *shōujù*
kast 柜子 *guìzi*
kasteel 城堡 *chéngbǎo*
kathedraal 大教堂 *dàjiàotáng*
katholiek *3.3* 天主教 *tiānzhǔjiào*
katoen *7.3* 棉花 *miánhuā*
kauwgum 口香糖 *kǒuxiāngtáng*
keel *9.2* 喉咙 *hóulóng*
keel-, neus- en oorarts 耳鼻喉科医生 *ěrbíhóukē yīshēng*
keelpijn 喉咙疼 *hóulóngténg*
keer *5.6, 6.2, 8.4, 9.4* 次 *cì*
kentekenbewijs *4.2* (汽车)登记证 *(qìchē)dēngjìzhèng*
kentekenplaat 车牌 *chēpái*
kerk 教堂 *jiàotáng*
kerkdienst 礼拜 *lǐbài*
kerkhof 墓地 *mùdì*
kermis 游乐场 *yóulèchǎng*
Kerstmis 圣诞节 *shèngdànjié*
ketting *4.8* 车链 *chēliàn*
kettingkast *4.8* 车链保护罩 *chēliàn bǎohùzhào*
kettingslot 链条锁 *liàntiáosuǒ*
keuken *5.5, 8.1* 厨房 *chúfáng*
kies *9.5* 臼齿 *jiùchǐ*
kiespijn *9.5* 牙疼 *yáténg*
kiestoon (电话)拨号音 *(diànhuà)bōhàoyīn*
kiezen 选择 *xuǎnzé*
kijken 看 *kàn*
kilo *1.3, 7.2* 公斤 *gōngjīn*
kilometer *4.1, 4.6, 4.9* 公里 *gōnglǐ*
kilometerteller *4.8* 里程表 *lǐchéngbiǎo*
kin *9.2* 下巴 *xiàba*
kind *3.3, 7.3, 8.2* 孩子 *háizi*
kinderbedje *5.4* 儿童床 *értóngchuáng*
kinderstoel *8.1* (幼儿吃饭用的)高脚椅 *(yòu'ér chīfàn yòngde)gāojiǎoyǐ*
kinderwagen 童车 *tóngchē*
kindvriendelijk 适合孩子的 *shìhé háizi de*
kiosk *7* 报亭 *bàotíng*
kip *8.2* 鸡 *jī*
klaar *2.5, 4.7, 7.3* 完成 / 好了 *wánchéng/hǎole*
klacht 抱怨 *bàoyuàn*
klassiek concert 古典音乐会 *gǔdiǎn yīnyuèhuì*

K

kleding *5.4* 服装 *fúzhuāng*
kledingstuk 一件衣服 *yíjiàn yīfu*
kleerhanger 衣架 *yījià*
klein *4.9, 5.4, 7.4, 10.3* 小 *xiǎo*
kleingeld *2.1* 零钱 *língqián*
kleinkind 孙子 / 孙女 *sūnzǐ/sūnnǚ*
kleren 衣服 *yīfu*
kleur *7.3, 7.4* 颜色 *yánsè*
kleurboek 涂色本 *túsèběn*
kleuren-tv 彩色电视 *cǎisè diànshì*
kleurpotloden 彩色铅笔 *cǎisè qiānbǐ*
klimaat 气候 *qìhòu*
klimmen (向上)爬 *(xiàngshàng) pá*
klimuitrusting 爬山用品 *páshān yòngpǐn*
klontje (suiker) 方糖块 *fāngtángkuài*
klooster 修道院 *xiūdàoyuàn*
kluis (bagage) 行李存放柜 *xíngli cúnfàngguì*
kluis (in hotel) 保险箱 *bǎoxiǎnxiāng*
knalpot *4.4* 消音器 *xiāoyīnqì*
kneuzen 青肿 *qīngzhǒng*
knie *9.2* 膝盖 *xīgài*
knijprem *4.8* 手刹车 *shǒushāchē*
knippen *7.4* 剪 *jiǎn*
knoflook *8.2* 大蒜 *dàsuàn*
knoop (aan jas) 钮扣 *niǔkòu*
knop(je) *3.2* 按钮 *ànniǔ*
knuffelbeest 绒毛玩具 *róngmáo wánjù*
koekenpan 平底锅 *píngdǐ guō*
koekjes 饼干 *bǐnggān*
koelbox *5.3* 冰桶 *bīngtǒng*
koelelement *5.3* 冷冻块 *lěngdòngkuài*
koelkast 冰箱 *bīngxiāng*
koers (geld) 汇率 *huìlǜ*
koffer *4.3* 箱子 *xiāngzi*
kofferbak *4.4, 4.10* (汽车)后备箱 *(qìchē) hòubèixiāng*
koffie *8.2* 咖啡 *kāfēi*
koffiemelk 咖啡奶 *kāfēinǎi*
koffiezetapparaat 咖啡机 *kāfēijī*
kok *3.7* 厨师 *chúshī*
koken (eten –) 做饭 *zuòfàn*
koken (water –) 煮水 *zhǔshuǐ*
komen *2.7, 3.2, 4.11, 5.6, 6.3, 6.5* 来 *lái*
komkommer *8.2* 黄瓜 *huángguā*
kompas *5.3* 指南针 *zhǐnánzhēn*
koning 国王 *guówáng*
koningin 女王 *nǚwáng*
koorts *9.2, 9.3* 发烧 *fāshāo*

koosjer *8.2* （食物）按犹太教规制成的 *(shíwù)àn yóutài jiàoguī zhìchéngde*
kopen *2.3, 4.8, 4.12, 6.4, 6.5* 买 *mǎi*
kopie 副本 *fùběn*
kopieerapparaat 复印机 *fùyìnjī*
kopje 杯子 *bēizi*
koplamp *4.4, 4.8* 前灯 *qiándēng*
koptelefoon 耳机 *ěrjī*
kort *7.4, 10.3* 短 *duǎn*
korting *5.1, 6.1* 折扣，优惠 *zhékòu, yōuhuì*
kortsluiting （电）短路 *(diàn)duǎnlù*
kostbaar *10.4* 贵重的 *guìzhòngde*
kostuum 西装 *xīzhuāng*
kotszakje （飞机上）呕吐袋 *(fēijīshàng)ǒutùdài*
koud *2.6, 8.2, 8.3* 冷 *lěng*
kous 长筒袜 *chángtǒngwà*
kraan *2.7* 水龙头 *shuǐlóngtóu*
kraanwater 自来水 *zìláishuǐ*
krampen (in buik) （腹部）痉挛 *(fùbù)jìngluán*
krampen (in spieren) （肌肉）抽筋 *jīròu chōujīn*
kransslagader *9.3* 冠状动脉 *guānzhuàng dòngmài*
krant 报纸 *bàozhǐ*
kreeft *8.2* 龙虾 *lóngxiā*
krik 千斤顶 *qiānjīndǐng*
kruiden (ww) 加佐料 *jiāzuǒliào*
kruiden (zn) 佐料 *zuǒliào*
kruidenier *7* 食品杂货商 *shípǐn záhuòshāng*
kruidenthee 花茶 *huāchá*
kruik 暖水袋 *nuǎnshuǐdài*
kruispunt 交叉口 *jiāochākǒu*
krullend *10.3* 卷曲的 *juǎnqūde*
kubieke meter 立方米 *lìfāngmǐ*
kuit (lichaamsdeel) 腿肚子 *tuǐdùzi*
kunst *3.6* 艺术 *yìshù*
kunstgebit *9.5* 假牙 *jiǎyá*
kunstnijverheid 工艺 *gōngyì*
kurkentrekker *5.3* 拔塞钻 *básāizuàn*
kus *3.11* 吻 *wěn*
kussen (ww) 吻（动） *wěn*
kussen (zn) 枕头 *zhěntóu*
kussensloop 枕头套 *zhěntóutào*
kuur (medicijnen) 疗程 *liáochéng*
kwaad 生气 *shēngqì*
kwal *9.2* 水母 *shuǐmǔ*
kwaliteit 质量 *zhìliàng*
kwart *1.4* 四分之一 *sìfēnzhīyī*
kwartier *1.4, 8.1* 一刻钟 *yīkèzhōng*
kwijt *4.1, 6.1, 10.3, 10.4, 10.6* 丢失 *diūshī*

kwitantie *4.7* 收据 *shōujù*

L

laag *7.3* 低 *dī*
laars 靴子 *xuēzi*
laat *1.3, 1.4, 3.1, 3.2, 4.9, 4.11* 晚 *wǎn*
laatste *4.11* 最后 *zuìhòu*
lachen 笑 *xiào*
laken 床单 *chuángdān*
lamp *5.3* 灯 *dēng*
lamsvlees *8.2* 羊肉 *yángròu*
land *6.5* 国家 *guójiā*
landen 着陆 *zháolù*
landkaart 地图 *dìtú*
landnummer *2.3* 国家区号 *guójiāqūhào*
lang (afstand) 长 *cháng*
lang (mens) 高 *gāo*
langlaufen 越野滑雪 *yuèyě huáxuě*
langzaam *4.5* 慢 *màn*
laptop 手提电脑 *shǒutí diànnǎo*
last (ongemak) 麻烦 *máfan*
last hebben van 不舒服 *bùshūfu*
lawaai *5.5* 噪音 *cáoyīn*
lawine *2.7* 雪崩 *xuěbēng*
laxeermiddel 轻泻药 *qīngxièyào*
lederwaren 皮革用品（店） *pígéyòngpǐn(diàn)*
leeftijd 年龄 *niánlíng*
leeg 空的 *kōngde*
leer 皮革 *pígé*
legitimatiebewijs 身份证 *shēnfènzhèng*
lek (van band) 漏气 *lòuqì*
lekker *2.6, 3.7, 3.11* 好（吃），舒服 *hǎo(chī), shūfu*
lelijk 难看，丑 *nánkàn, chǒu*
lende *9.2* 腰部 *yāobù*
lenen (aan) 借（给） *jiè(gěi)*
lenen (van) （从）…借 *(cóng)…jiè*
lens *2.5* 镜头 *jìngtóu*
lente *1.4* 春天 *chūntiān*
lenzenvloeistof 隐形眼镜水 *yǐnxíng yǎnjìng shuǐ*
lepel 勺子 *sháozi*
les *6.2* 课 *kè*
leuk *3.3, 3.6, 3.7, 3.12, 8.5* 好 / 好玩儿 *hǎo/hǎowánr*
leuk vinden 有趣 *yǒuqù*
levensmiddelen 食品 *shípǐn*
lever *8.2, 9.3* 肝脏 *gānzàng*
lezen *7.4* 看 / 读 *kàn/dú*
lichaam 身体 *shēntǐ*

licht (bn) 轻的，淡的 *qīngde, dànde*
licht (zn) 灯 *dēng*
lidmaatschap *8.5* 会员资格 *huìyuán zīgé*
lief *3.7, 3.11* 可爱 *kě'ài*
liefde 爱 *ài*
liegen 说谎 *shuōhuǎng*
lies *9.2* 腹股沟 *fùgǔgōu*
liever hebben 更喜欢 *gèng xǐhuan*
lift (in gebouw, met auto, stoeltjes-) 电梯 *diàntī*
liften *2.7* 搭便车 *dābiànchē*
liggen *1.3, 9.3, 10.4* 躺下，位于 *tǎngxià, wèiyú*
ligstoel *5.3, 6.3* 躺椅 *tǎngyǐ*
lijm 胶水 *jiāoshuǐ*
lijn *4.11* (公交车)线路 *(gōngjiāochē)xiànlù*
limonade 汽水 *qìshuǐ*
links *4.1, 4.5* 左边 *zuǒbiān*
linksaf *4.1, 4.5, 4.12* 左转弯 *zuǒzhuǎnwān*
linnen *7.3* 亚麻布 *yàmá bù*
linnengoed 亚麻制品 *yàmá zhìpǐn*
lippenstift 口红 *kǒuhóng*
liter *4.6* 升 *shēng*
literatuur 文学 *wénxué*
loge *8.6* 包厢 *bāoxiāng*
logé 过夜客 *guòyèkè*
logeren 留宿，过夜 *liúsù, guòyè*
loket *2.2* 柜台 *guìtái*
long *9.3* 肺 *fèi*
loodvrij 无铅的 *wúqiānde*
lopen *1.3, 3.9, 4.1, 4.11, 6.3, 6.5* 走 *zǒu*
lotion (化妆用)润肤液 *(huàzhuāngyòng)rùnfūyè*
lpg *4.6* 液化石油气 *yèhuàshíyóuqì*
luchtbed *5.3* 充气床垫 *chōngqì chuángdiàn*
luchtbedstopje *5.3* 充气床垫塞子 *chōngqì chuángdiàn sāizi*
luchtfilter *4.4* 空气过滤器 *kōngqìguòlǜqì*
luchthaven 机场 *jīchǎng*
luchthavenbelasting 机场税 *jīchǎngshuì*
luchtpomp *5.3* 充气泵 *chōngqìbèng*
luchtpost (per -) 航空邮件 *hángkōng yóujiàn*
luchtvaartmaatschappij 航空公司 *hángkōng gōngsī*
luchtvervuiling 空气污染 *kōngqì wūrán*
lucifers 火柴 *huǒchái*
luier 尿布 *niàobù*
luifel *5.3* 遮阳棚 *zhēyángpéng*
luisteren 听 *tīng*
lukken 成功 *chénggōng*
lunch 午餐 *wǔcān*
lusten 喜欢，想(吃喝) *xǐhuan, xiǎng(chīhē)*

maag *9.3* 胃 *wèi*
maagpijn 胃痛 *wèitòng*
maagzweer *9.3* 溃疡 *kuìyáng*
maal (keer) 次 *cì*
maaltijd *9.4* 一顿饭 *yīdùnfàn*
maand *1.4, 8.5* 月 *yuè*
maandverband 卫生巾 *wèishēngjīn*
maat (kleding) 大小（衣服） *dàxiǎo (yīfu)*
maat (schoenen) 大小（鞋子） *dàxiǎo (xiézi)*
macrobiotisch 能促进长寿的 *néngcùjìn chángshòude*
mager 瘦 *shòu*
magnetron 微波炉 *wēibōlú*
mailen *3.12* 发邮件 *fā yóujiàn*
maken (repareren) 修理 *xiūlǐ*
malaria 疟疾 *nüèjí*
mals 嫩的 *nènde*
man *3.3, 4.10, 10.3* 男人 *nánrén*
mandarijn 桔子 *júzi*
manege 骑术学校 *qíshù xuéxiào*
manicure 修指甲 *xiūzhǐjia*
markt *7* 自由市场 *zìyóu shìchǎng*
marmer 大理石 *dàlǐshí*
massage *6.6* 按摩 *ànmó*
mat (foto) 无光泽(照相)纸 *wúguāngzé (zhàoxiàng)zhǐ*
maximumsnelheid *4.5* 最高限速 *zuìgāo xiànsù*
mayonaise 蛋黄酱 *dànhuángjiàng*
medicijn 药 *yào*
meel *8.2* 面粉 *miànfěn*
meer (zn) 湖 *hú*
meestal *3.3* 通常 *tōngcháng*
megapixels 百万像素 *bǎiwàn xiàngsù*
meisje *3.3, 10.3* 女孩，姑娘 *nǚhái, gūniang*
melk *8.2* 牛奶 *niúnǎi*
meloen *8.2* 瓜 *guā*
meneer *3.2, 8.2* 先生 *xiānsheng*
menstruatie 月经 *yuèjīng*
menukaart *8.2* 菜单 *càidān*
mes 刀 *dāo*
metaal 金属 *jīnshǔ*
meteen 立刻 *lìkè*
meter (100 cm) 公尺 / 米 *gōngchǐ/mǐ*
meter (in taxi) 计程表 *jìchéngbiǎo*
metro *1.3, 4.11* 地铁 *dìtiě*
metronet *4.11* 地铁网络系统 *dìtiěwǎngluòxìtǒng*
metrostation 地铁站 *dìtiězhàn*
mevrouw *3.2, 7.4, 8.2* 太太 *tàitai*

middags ('s) *1.4* 下午 *xiàwǔ*
middel (manier) 方法 *fāngfǎ*
midden (in het –) (在)中间 *(zài)zhōngjiān*
mier 蚂蚁 *mǎyǐ*
migraine 偏头痛 *piāntóutòng*
milkshake 奶昔 *nǎixī*
milt *9.3* 脾脏 *pízàng*
minder *2.1* 少一点 *shǎoyīdiǎn*
mineraalwater 矿泉水 *kuàngquánshuǐ*
minuut *2.3* 分钟 *fēnzhōng*
mis (zn) 弥撒 *mísa*
misschien *1.3, 3.9, 8.2* 也许 *yěxǔ*
misselijk zijn 恶心，不舒服 *ěxīn, bùshūfu*
missen *3.12* 想念 *xiǎngniàn*
mist *2.6* 雾 *wù*
misverstand 误会 *wùhuì*
mobieltje *10.4* 手机 *shǒujī*
mode (衣服)流行式样 *(yīfu)liúxíng shìyàng*
moderne kunst 现代艺术 *xiàndài yìshù*
moeder *3.3* 母亲 *mǔqin*
moeilijkheid 困难 *kùnnan*
moeras 沼泽地 *zhǎozédì*
moersleutel 扳手 *bānshou*
mogelijk *4.10* 可能 *kěnéng*
mogen (aardig vinden) 喜欢 *xǐhuan*
mogen (toestemming hebben) 可以 *kěyǐ*
molen (wind–) 风车 *fēngchē*
moment 片刻 *piànkè*
mond *6.5, 9.2, 9.3, 9.5* 嘴 *zuǐ*
montuur 框，架 *kuàng, jià*
mooi *2.6, 3.6* 漂亮 *piàoliang*
morgen *1.4, 2.3, 2.6, 3.3, 3.11, 3.12* 明天 *míngtiān*
morgens ('s) *1.4* (在)早上 *(zài)zǎoshang*
morning-afterpil *9.2* 行房后第二天用的避孕药 *xíngfáng hòu dì'èr tiān yòngde bìyùn yào*
moskee 清真寺 *qīngzhēnsì*
moslim *3.3* 穆斯林 *mùsīlín*
mosselen *8.2* 淡菜 *dàncài*
mosterd 芥末 *jièmo*
motel 汽车旅馆 *qìchēlǚguǎn*
motorblok *4.4* 发动机组 *fādòngjīzǔ*
motorboot *6.3* 摩托艇 *mótuōtǐng*
motorcrossen 摩托车越野赛 *mótuōchē yuèyěsài*
motorfiets *4.7* 摩托车 *mótuōchē*
motorkap 发动机罩 *fādòngjīzhào*
motorpech 发动机故障 *fādòngjīgùzhàng*
mug 蚊子 *wénzi*
muggenolie 驱蚊油 *qūwényóu*

muis 老鼠 *lǎoshǔ*
muntgeld 硬币 *yìngbì*
museum 博物馆 *bówùguǎn*
musical 音乐剧 *yīnyuèjù*
muts 帽子 *màozi*
muziek *3.5* 音乐 *yīnyuè*

N

na *1.4* 在…以后 *zài…yǐhòu*
naakt 裸体的 *luǒtǐde*
naaktstrand *6.3* 裸体海滩 *luǒtǐhǎitān*
naald 针 *zhēn*
naam (achternaam) 姓 *xìng*
naam (voornaam) 名字 *míngzi*
naast *4.1, 5.4* 在旁边 / 挨着 *zài pángbiān/āizhe*
nacht *1.4, 5.2, 6.5* 夜里 *yèli*
nachtclub *8.5* 夜总会 *yèzǒnghuì*
nachtleven 夜生活 *yèshēnghuó*
nagel 指甲 *zhǐjia*
nagellak 指甲油 *zhǐjia yóu*
nagelschaartje 剪指甲刀 *jiǎnzhǐjia dāo*
nagelvijl 指甲砂锉 *zhǐjia shācuò*
nagerecht *8.2* 饭后甜点 *fànhòu tiándiǎn*
nat *2.6, 7.3, 7.4* 湿的 *shīde*
nationaliteit *1.5* 国籍 *guójí*
naturisme 裸体主义 *luǒtǐ zhǔyì*
natuur 大自然 *dàzìrán*
natuurexcursie 大自然旅游 *dàzìrán lǚyóu*
natuurlijk *1.3* 当然 *dāngrán*
natuurpark 自然公园 *zìrán gōngyuán*
natuurvoedingswinkel 有机食品商店 *yǒujī shípǐn shāngdiàn*
navel *9.2* 肚脐 *dùqí*
navigatiesysteem *4.1, 4.9* 导航系统 *dǎoháng xìtǒng*
Nederland *2.1, 3.3, 3.12, 7.3, 9.3* 荷兰 *hélán*
Nederlander *3.4* 荷兰人 *hélánrén*
Nederlands *2.3, 6.1* 荷兰的 *hélánde*
nee *1.3, 3.8, 3.9, 3.11, 5.4, 7.1* 不是 *búshì*
neef (zoon van broer/zus) 侄子 / 外甥 *zhízi/wàisheng*
neef (zoon van oom/tante) 堂（表）兄弟 *táng(biǎo)xiōngdì*
negatief (foto) 底片 *dǐpiàn*
nek *9.2* 脖子 *bózi*
nergens *4.1, 10.6* 无处 *wúchù*
netspanning 电网电压 *diànwǎng diànyā*
netwerk 网络 *wǎngluò*
neus *9.2* 鼻子 *bízi*
neusdruppels 鼻药水 *bíyàoshuǐ*
nicht (dochter van broer/zus) 侄女 / 外甥女 *zhínǚ/wàishengnǚ*

N

nicht (dochter van oom/tante) 堂(表)姐妹 *táng (biáo) jiěmèi*
niemand *1.3* 没有人 *méiyǒurén*
nier *9.3* 肾 *shèn*
niet *1.3, 2.1, 2.3, 2.5, 2.7, 3.1* 不，没有 *bù, méiyǒu*
niet-roker 非吸烟者 *fēixīyānzhě*
niets *1.3, 3.3, 3.6, 4.2, 4.7, 9.3* 没有东西 *méiyǒu dōngxi*
nieuw *4.2* 新 *xīn*
nieuwjaarsdag 元旦 *yuándàn*
nieuws 新闻 *xīnwén*
nodig *4.9, 4.12, 6.2* 需要 *xūyào*
non-stop 直航 *zhíháng*
noodrem *1.3* 紧急刹车 *jǐnjí shāchē*
nooduitgang *1.3, 5.4, 10.1* 紧急出口 *jǐnjí chūkǒu*
noodvulling (补牙)填充物 *(bǔyá)tiánchōngwù*
noodzakelijk 必需 *bìxū*
nooit 从来没有 *cóngláiméiyǒu*
noorden *4.1* 北 *běi*
norit 解毒药 *jiědúyào*
normaal (benzine) 93号(汽油) *jiǔshísān hào (qìyóu)*
normaal (bn) 正常的 *zhèngchángde*
notebook 笔记本电脑 *bǐjìběn diànnáo*
noten (gemengd) 坚果 *jiānguǒ*
nummer *1.5, 2.3, 5.4* 号码 *hàomǎ*
nummerbord 号码牌 *hàomǎpái*

O

ober *8.2* 服务员 *fúwùyuán*
ochtendjas 晨衣 *chényī*
ochtends ('s) 早上 *zǎoshang*
oesters *8.2* 牡蛎 *mǔlì*
oever 河边，水边 *hébiān, shuǐbiān*
of *2.3, 3.3, 4.12, 5.3, 5.4, 7.3* 或 *huò*
ogenblik *2.3, 3.4* 片刻 *piànkè*
oké *3.11* 好 *hǎo*
oksel *9.2* 腋窝 *yèwō*
olie *4.6, 8.2* 油 *yóu*
olie verversen *4.6* 换机油 *huàn jīyóu*
oliepeil *4.6* (汽车)油量 *(qìchē)yóuliàng*
olijf *8.2* 橄榄 *gǎnlǎn*
olijfolie 橄榄油 *gǎnlǎnyóu*
oma 奶奶，祖母 *nǎinǎi, zǔmǔ*
omelet 煎蛋卷 *jiāndànjuǎn*
omgeving *2.7, 6.1* 地区 *dìqū*
omleiding *4.5* 绕道行驶 *ràodào xíngshǐ*
onbeleefd 无礼的 *wúlǐde*
onder *2.6, 4.1, 4.12, 7.3, 8.1* 在…下面 *zài…xiàmian*
onderbroek 内裤 *nèikù*

onderbuik *9.2* 腹部 *fùbù*
onderdak 住所 *zhùsuǒ*
onderdeel 部分 / 配件 *bùfen/pèijiàn*
ondergoed 内衣裤 *nèiyīkù*
ondertekenen 签名 *qiānmíng*
ondertiteld 字幕 *zìmù*
onderweg *4.11* 在途中 *zàitúzhōng*
onderzoeken (med.) 检查 *jiǎnchá*
ondiep 浅 *qiǎn*
ongedierte *5.5* 害虫 *hàichóng*
ongelijk (niet vlak) 不平坦 *bù píngtǎn*
ongeluk *3.1, 10.2* 事故 *shìgù*
ongerust 担心 *dānxīn*
ongesteld zijn 来月经 *láiyuèjīng*
ongetrouwd 未婚 *wèihūn*
ongeveer 大约 *dàyuē*
onkosten 费用 *fèiyòng*
onmiddellijk 立刻 *lìkè*
onmogelijk *1.3* 不可能 *bù kěnéng*
ons (100 g) 100 克 *yībǎi kè*
onschuldig *10.6* 无辜 *wúgū*
ontbijt *5.4* 早餐 *zǎocān*
ontbreken *5.5* 缺乏，少 *quēfá, shǎo*
ontlasting *9.3* 粪便 *fènbiàn*
ontmoeten (leren kennen) 见面，相识 *jiànmiàn, xiāngshí*
ontmoeten (tegenkomen) 遇见 *yùjiàn*
ontruiming 撤离 *chèlí*
ontsmettingsmiddel 消毒剂 *xiāodújì*
ontsteking (med.) 发炎 *fāyán*
ontvangstbewijs 收条 *shōutiáo*
ontwikkelen *2.5* 冲洗 *chōngxǐ*
ontzettend *5.5* 非常 *fēicháng*
onweer *2.6* 雷雨 *léiyǔ*
onzin *3.6* 胡说，废话 *húshuō, fèihuà*
oog *7.4, 9.2* 眼睛 *yǎnjing*
oogarts 眼科医生 *yǎnkē yīshēng*
oogdruppels 眼药水 *yǎnyàoshuǐ*
oogkas *9.2* 眼窝 *yǎnwō*
oogschaduw 眼睑膏 *yǎnjiǎngāo*
oor *9.2* 耳朵 *ěrduo*
oorbel 耳环 *ěrhuán*
oordruppels 滴耳剂 *dīěrjì*
oorpijn *9.2* 耳朵痛 *ěrduotòng*
oosten *4.1* 东 *dōng*
op *1.3, 1.4, 2.2, 2.3, 2.5, 2.7* 在…上面 *zài…shàngmian*
opa 爷爷，祖父 *yéye, zǔfù*
opbellen 打电话 *dǎ diànhuà*
open *1.3, 2.5, 4.3, 4.12, 5.2, 5.5* 开门 *kāimén*

openbaar vervoer *4.12, 6.1* 公共交通 *gōnggòng jiāotōng*
openen 打开 *dǎkāi*
openingstijden *1.3* 营业时间 *yíngyè shíjiān*
opera *8.5* 歌剧 *gējù*
opereren 动手术 *dòng shǒushù*
operette 轻歌剧 *qīnggējù*
opgravingen 挖掘 *wājué*
ophalen *3.10, 4.9, 4.12, 7.1, 7.2, 8.6* 接，取 *jiē, qǔ*
oplader 充电器 *chōngdiànqì*
oplichting 诈骗 *zhàpiàn*
opnieuw *4.1, 4.12* 再一次 *zàiyīcì*
oponthoud 耽搁 *dānge*
oppas *5.4* 照看孩子的人 *zhàokàn háizide rén*
oprit (连接高速公路的)岔道 *(liánjiē gāosùgōnglùde)chàdào*
opruimen 整理 *zhěnglǐ*
opruiming *1.3* 清仓降价销售 *qīngcāng jiàngjià xiāoshòu*
opschrijven *3.4, 5.1* 写下来 *xiěxiàlái*
optelling 加法 *jiāfǎ*
opticien (winkel) 眼镜店 *yǎnjìngdiàn*
opzoeken *3.4* 查找 *cházhǎo*
oranje 橙色 *chéngsè*
orkaan 飓风 *jùfēng*
oud *3.3, 6.1* 老 *lǎo*
ouders 父母 *fùmǔ*
oven *8.2* 烤箱 *kǎoxiāng*
overal *4.1* 到处 *dàochù*
overdag 白天 *báitiān*
overgeven 呕吐 *ǒutù*
overhemd 衬衫 *chènshān*
overkant 对面 *duìmiàn*
overmorgen *1.4* 后天 *hòutiān*
overnachting 过夜 *guòyè*
overstappen *4.11, 4.12* 转车 *zhuǎnchē*
oversteken *4.1* 过马路 *guòmǎlù*
overstroming *2.7* 洪水 *hóngshuǐ*
overtocht 渡过，横越 *dùguò, héngyuè*

P

paard 马 *mǎ*
paardrijden *6.2* 骑马 *qímǎ*
paars 紫色 *zǐsè*
paddenstoelen 蘑菇 *mógu*
pagina *2.2* 页 *yè*
pak 一套西服 *yītàoxīfú*
pak(ket)je *2.7* 包裹 *bāoguǒ*
paleis 宫殿 *gōngdiàn*
paling *8.2* 鳝鱼 *shànyú*

P

pan *5.3* 平底锅 *píngdǐguō*
panda 熊猫 *xióngmāo*
pannenkoek *8.2* 薄煎饼 *bójiānbǐng*
panty 袜裤 *wàkù*
papier *3.12* 纸 *zhǐ*
papieren zakdoekje 纸巾 *zhǐjīn*
paprika *8.2* 青椒 *qīngjiāo*
paracetamol 扑热息痛 *pūrèxītòng*
paraplu 雨伞 *yǔsǎn*
parasol *6.3* 遮阳伞 *zhēyángsǎn*
pardon *3.1, 3.2, 4.1* 抱歉，请原谅，劳驾 *bàoqiàn, qǐng yuánliàng, láojià*
parfum 香水 *xiāngshuǐ*
park 公园 *gōngyuán*
parkeerboete 停车罚款 *tíngchē fákuǎn*
parkeergarage *4.5* 停车场 *tíngchē chǎng*
parkeerplaats *4.5* 停车位 *tíngchēwèi*
parkeren *4.4, 4.5, 5.4* 停车 *tíngchē*
parlementsgebouw 国会大厦 *guóhuì dàshà*
partner *3.3* 伴侣，伙伴 *bànlǚ, huǒbàn*
Pasen 复活节 *fùhuójié*
pasfoto *2.5, 6.4* 护照照片 *hùzhào zhàopiàn*
paskamer *7.3* 试衣室 *shìyī shì*
paspoort *1.5, 2.1, 4.2, 4.12, 5.1, 5.4* 护照 *hùzhào*
passagier 乘客 *chéngkè*
passen (aanproberen) 试穿 *shìchuān*
passen (de goede maat zijn) 合适 *héshì*
pasta 意大利面食 *Yìdàlì miànshí*
patates frites 炸土豆条/薯条 *zhá tǔdòutiáo/shǔtiáo*
patiënt 病人 *bìngrén*
pauze 中间休息 *zhōngjiān xiūxī*
pech (met auto) (汽车)抛锚 *(qìchē)pāomáo*
pedaal *4.4, 4.8* 踏板 *tàbǎn*
pedicure 足部治疗 *zúbù zhìliáo*
peer *8.2* 梨 *lí*
pen *3.12* 钢笔 *gāngbǐ*
penis 阴茎 *yīnjīng*
pensioen 退休金 *tuìxiūjīn*
pension 家庭旅馆 *jiātínglǚguǎn*
peper *8.2* 胡椒粉 *hújiāofěn*
permanent (haar) 烫发 *tàngfà*
permanenten 烫发 *tàngfà*
perron *4.12* 月台，站台 *yuètái, zhàntái*
persoon *5.2, 5.3, 5.4* 人 *rén*
persoonlijk 私人的 *sīrénde*
piano 钢琴 *gāngqín*
picknick 野餐 *yěcān*
pier 码头 *mǎtóu*

P

piercing 穿孔 *chuānkǒng*
pijl *4.1* 箭头 *jiàntóu*
pijn *9.2, 9.3, 9.5* 痛 *tòng*
pijnstiller *9.5* 止痛药 *zhǐtòngyào*
pijp 管，烟斗 *guǎn, yāndǒu*
pijptabak (烟斗) 烟草 *(yāndǒu)yāncǎo*
pikant *8.2* (味道) 辛辣的 *(wèidào)xīnlàde*
pil (anticonceptie-) 避孕药 *bìyùnyào*
pincet 镊子 *nièzi*
pincode 密码 *mìmǎ*
pinda's *8.2* 花生米 *huāshēngmǐ*
pinnen (betalen) （使用银行卡）付款 *(shǐyòng yínhángkǎ) fùkuǎn*
pinnen (geld opnemen) （使用银行卡）提款 *(shǐyòng yínhángkǎ) tíkuǎn*
pizza 比萨饼 *bǐsàbǐng*
plaats (plek) 地方 *dìfang*
plaats (zit-) 座位 *zuòwèi*
plaatselijk *9.5* 本地 *běndì*
plakband 胶带 *jiāodài*
plakken (band) 补车胎 *bǔchētāi*
plan *4.2, 6.1* 计划 *jìhuà*
plant 植物 *zhíwù*
plastic 塑料 *sùliào*
plattegrond (stads-) 城市地图 *chéngshì dìtú*
platteland 农村 *nóngcūn*
plein 广场 *guǎngchǎng*
pleister 橡皮膏，创口贴 *xiàngpígāo, chuāngkǒutiē*
plezier *3.12* 开心 *kāixīn*
poedermelk 奶粉 *nǎifěn*
poes 猫 *māo*
politie *10.1, 10.2* 警察 *jǐngchá*
politiebureau *10.1* 警察局 *jǐngchájú*
pols *9.2* 手腕 *shǒuwàn*
pond (500 g) 一斤 *yījīn*
pont 渡船 *dùchuán*
pony (kapsel) 前刘海 *qiánliúhǎir*
pop 娃娃 *wáwa*
popconcert 流行音乐会 *liúxíng yīnyuèhuì*
port (wijn) 波尔图葡萄酒 *bō'ěrtú pútaojiǔ*
portefeuille 皮夹 *píjiā*
portemonnee *10.4* 钱包 *qiánbāo*
portie *8.2* (食物的) 一份 *(shíwùde)yīfèn*
portier (auto) 车门 *chēmén*
portier (man) 门卫 *ménwèi*
porto 邮费 *yóufèi*
post (TNT) 邮政 *yóuzhèng*
postcode *1.5* 邮政编码 *yóuzhèngbiānmǎ*
postkantoor *2.2, 7* 邮局 *yóujú*

P

postpakket 包裹 *bāoguǒ*
postpapier 信纸 *xìnzhǐ*
postzegel 邮票 *yóupiào*
potlood 铅笔 *qiānbǐ*
praatpaal *4.7* 紧急电话处 *jǐnjí diànhuà chù*
prachtig 很好 *hěnhǎo*
praten *3.3, 3.4, 10.2* 谈话 *tánhuà*
prei *8.2* 大葱 *dàcōng*
prepaidkaart *2.3* (电话)充值卡 *(diànhuà)chōngzhí kǎ*
pretpark 游乐场 *yóulèchǎng*
prijs *4.9, 5.4, 8.4* 价格 *jiàgé*
prijslijst 价格表 *jiàgébiǎo*
probleem *3.11* 问题 *wèntí*
proces-verbaal *10.6* 陈述报告 *chénshùbàogào*
proeven 尝 *cháng*
programma 节目 *jiémù*
proost *8.2* 干杯 *gānbēi*
protestant *3.3* 新教徒 *xīnjiàotú*
provisorisch 暂时的 *zànshíde*
pruim *8.2* 李子 *lǐzi*
puur 纯的 *chúnde*
pyjama 睡衣 *shuìyī*

R

raam *4.12, 5.5, 8.1* 窗户 *chuānghu*
radiateur (auto) 散热片(车) *sànrè piàn(chē)*
radiator (cv) 暖气管 *nuǎnqìguǎn*
radio *5.5* 收音机 *shōuyīnjī*
rat 鼠 *shǔ*
rauw *8.2* 生的 *shēngde*
rauwkost 凉拌菜 *liángbàncài*
recept *9.4* 食谱 *shípǔ*
receptie (ontvangstbalie) 前台 *qiántái*
recht (jur.) 法律 *fǎlǜ*
rechtdoor *4.1, 4.12* 直走 *zhízǒu*
rechthoek 长方形 *chángfāngxíng*
rechts *4.1, 4.5* 右边 *yòubiān*
rechtsaf *4.1, 4.12* 右转弯 *yòuzhuǎnwān*
rechtstreeks *4.11* 直接 *zhíjiē*
reçu 收据 *shōujù*
reddingsvest 救生衣 *jiùshēngyī*
reflector *4.8* 反光板 *fǎnguāngbǎn*
reformwinkel 健康食品商店 *jiànkāng shípǐn shāngdiàn*
regelen 安排 *ānpái*
regen *2.6* 雨 *yǔ*
regenen *2.6* 下雨 *xiàyǔ*
regenjas 雨衣 *yǔyī*

reis *1.3, 3.3, 3.5, 3.12, 4.11, 4.12* 旅行 *lǚxíng*
reisbureau *7* 旅行社 *lǚxíngshè*
reischeque 旅行支票 *lǚxíng zhīpiào*
reisgezelschap 旅行陪伴 *lǚxíngpéibàn*
reisgids 旅行指南 *lǚxíngzhǐnán*
reisleider 导游 *dǎoyóu*
reisverzekering 旅行保险 *lǚxíng bǎoxiǎn*
reizen *4.12, 9.3* 旅行（动） *lǚxíng*
reiziger 旅客 *lǚkè*
rekening *4.7, 8.3, 8.4* 帐单 *zhàngdān*
relatie *3.12* 关系 *guānxì*
rem 刹车 *shāchē*
remblokje *4.8* 刹车片 *shāchēpiàn*
remkabel *4.8* 刹车线 *shāchēxiàn*
remlichten 刹车灯 *shāchēdēng*
remschijf *4.4* 刹车盘 *shāchēpán*
remvloeistof 刹车液 *shāchēyè*
reparatie *2.5* 修理 *xiūlǐ*
repareren *2.5, 4.7, 4.8, 7.3, 9.5* 修 *xiū*
reserve 备用的 *bèiyòngde*
reserveband 备用轮胎 *bèiyòng lúntāi*
reserveonderdelen 备用零件 *bèiyòng língjiàn*
reserveren *1.3, 4.11, 4.12, 5.2, 8.1, 8.6* 预订（动） *yùdìng*
reservering *4.11, 4.12* 预订 *yùdìng*
reservewiel *4.4* 备用轮胎 *bèiyòng lúntāi*
restaurant *4.12* 餐馆 *cānguǎn*
restauratiewagen （火车上）餐车 *(huǒchēshàng)cānchē*
retour (kaartje) 往返（票） *wǎngfǎn (piào)*
reumatiek 风湿症 *fēngshīzhèng*
richting *4.1, 4.12* 方向 *fāngxiàng*
richtingaanwijzer *4.4* 方向灯 *fāngxiàng dēng*
riem (kleding) 皮带 *pídài*
rietje *8.2* 吸管 *xīguǎn*
rij *1.3* 一排 *yīpái*
rij (verkeer, mensen) 一行，一排（交通，人） *yìháng, yìpái (jiāotōng, rén)*
rijbewijs *1.5, 4.9* 驾照 *jiàzhào*
rijden (in auto) 开车 *kāichē*
rijden (op fiets, paard) 骑（自行车，马） *qí (zìxíngchē, mǎ)*
rijp 成熟 *chéngshú*
rijst *8.2* 米饭 *mǐfàn*
rijstrook 车道 *chēdào*
risico *3.11, 4.9* 风险 *fēngxiǎn*
rits *5.3* 拉链 *lāliàn*
rivier *4.1, 6.3* 河 *hé*
roeiboot *6.3* 划艇 *huátǐng*
rok 裙子 *qúnzi*
roken *1.3, 4.12, 8.1* 抽烟 *chōuyān*

rolstoel 轮椅 *lúnyǐ*
rommelmarkt 跳蚤市场 *tiàozao shìchǎng*
rondleiding 有解说的旅游 *yǒu jiěshuōde lǚyóu*
rondreis *3.3* 环程旅行 *huánchéng lǚxíng*
rondrit 观光 *guānguāng*
rondvaartboot 环行游船 *huánxíng yóuchuán*
rood *8.2, 10.3* 红色 *hóngsè*
rook *3.8* 烟 *yān*
rookcoupé 抽烟车厢 *chōuyān chēxiāng*
room *8.2* 奶油 *nǎiyóu*
roomservice *5.4* 房间服务 *fángjiān fúwù*
rosé 玫瑰红葡萄酒 *méigui hóng pútaojiǔ*
rotonde 圆环 *yuánhuán*
rots 岩石 *yánshí*
route *6.5* 路线 *lùxiàn*
rubber 橡皮 *xiàngpí*
rubberboot 橡皮船 *xiàngpíchuán*
rug *9.2* 背 *bèi*
rugzak *4.10, 5.3* 背包 *bèibāo*
ruilen 交换 *jiāohuàn*
ruïne 遗迹 *yíjì*
ruit *4.4* 窗玻璃 *chuāng bōlí*
ruitenwisser *4.4* 挡风玻璃雨刷 *dǎngfēng bōlí yǔshuā*
rundvlees *8.2* 牛肉 *niúròu*
rustig *5.3* 安静 *ānjìng*

S

s.v.p. 请 *qǐng*
saai 无聊/没意思 *wúliáo/méiyìsi*
safari 游猎 *yóuliè*
salade *8.2* 沙拉 *shālā*
samen *3.3* 一起 *yīqǐ*
samenwonen 同居 *tóngjū*
sanitaire voorzieningen 卫生设备 *wèishēng shèbèi*
sap *8.2* 汁 *zhī*
sardines 沙丁鱼 *shādīngyú*
sauna *6.6* 桑拿浴 *sāngnáyù*
saus *8.2* (调味)酱 *(tiáowèi)jiàng*
schaar 剪刀 *jiǎndāo*
schaatsen 滑冰 *huábīng*
schaduw *5.3* 荫凉 *yìnliáng*
schakelaar 开关 *kāiguān*
schaken 下(国际)象棋 *xià(guójì)xiàngqí*
scheerapparaat 电动刮胡刀 *diàndòng guāhúdāo*
scheerkwast (刮胡子用的)刷子 *(guāhúzi yòngde)shuāzi*
scheerlijn *5.3* (搭帐篷用的)绳子 *(dā zhàngpeng yòngde) shéngzi*
scheermesje 剃刀 *tìdāo*

scheerzeep (刮胡子用的)肥皂 *(guāhúzi yòngde) féizào*
scheren, zich 刮胡子 *guāhúzi*
scherp 锋利 *fēnglì*
schil 8.2 皮 *pí*
schilderij 画 *huà*
schilderkunst 绘画艺术 *huìhuà yìshù*
schoen 鞋 *xié*
schoenenwinkel 7 鞋店 *xiédiàn*
schoenmaker 鞋匠 *xiéjiàng*
schoensmeer 7.3 鞋油 *xiéyóu*
schokbreker 4.4 减震器 *jiǎnzhènqì*
school 3.3 学校 *xuéxiào*
schoon 5.5, 8.3 干净 *gānjìng*
schoonheidssalon 6.6, 7 美容店 *měiróngdiàn*
schoonmaken 4.6 弄干净，打扫 *nònggānjìng, dǎsǎo*
schorpioen 蝎子 *xiēzi*
schouder 9.2 肩膀 *jiānbǎng*
schouwburg 剧院 *jùyuàn*
schriftelijk 5.2 书面的 *shūmiànde*
schrijven 3.12 写 *xiě*
schroef 螺丝钉 *luósīdīng*
schroevendraaier 螺丝刀，起子 *luósīdāo, qǐzi*
schuld (fout) 过错 *guòcuò*
schuld (geld) 债 *zhài*
scooter 摩托车 *mótuō chē*
seconde 秒 *miǎo*
seks 性交 *xìngjiāo*
serveerster 女服务生 *nǚ fúwùshēng*
servet 餐巾 *cānjīn*
shag 卷烟 *juǎnyān*
shampoo 洗发精 *xǐfàjīng*
sherry 雪利酒(一种葡萄酒) *xuělìjiǔ(yīzhǒng pútaojiǔ)*
show 8.5 演出 *yǎnchū*
sieraden 珠宝，首饰 *zhūbǎo, shǒushi*
sigaar 3.8 雪茄 *xuějiā*
sigaret 3.8 香烟 *xiāngyān*
SIM-kaart 手机卡，智能卡 *shǒujīkǎ, zhìnéngkǎ*
SIM-lock 智能锁 *zhìnéngsuǒ*
sinaasappel 8.2 橙子 *chéngzi*
sinaasappelsap 橙子汁 *chéngzizhī*
sjaal 围巾 *wéijīn*
skaten 溜冰 *liūbīng*
skibril 滑雪护目镜 *huáxuě hùmùjìng*
skibroek 滑雪裤 *huáxuěkù*
skiën 滑雪 *huáxuě*
skileraar 滑雪教练 *huáxuě jiàoliàn*
skiles, -klas 滑雪课 / 班 *huáxuěkè/bān*
skilift 6.4 (滑雪场)上山吊椅 *(huáxuěchǎng)shàngshān diàoyǐ*

S

skipak *3.7* 滑雪服 *huáxuěfú*
skipas 滑雪证 *huáxuězhèng*
skipiste 滑雪道 *huáxuědào*
ski's *6.4* 滑雪板 *huáxuěbǎn*
skischoenen *6.4* 滑雪靴 *huáxuěxuē*
skistok 滑雪杖 *huáxuězhàng*
sla *8.2* 沙拉菜 *shālācài*
slaapkamer 卧室 *wòshì*
slaapmat 席子 *xízi*
slaappil 安眠药 *ānmiányào*
slaapplaats 床铺 *chuángpù*
slaapwagen *4.12* (火车)卧铺 *(huǒchē)wòpù*
slaapzak *5.3* 睡袋 *shuìdài*
slagader 动脉 *dòngmài*
slagerij *7* 肉店 *ròudiàn*
slagroom (geklopt) 奶油（打成糊状） *nǎiyóu(dǎchéng húzhuàng)*
slang (dier) 蛇 *shé*
slank 苗条 *miáotiáo*
slaolie 沙拉油 *shālāyóu*
slapen *5.5, 10.4* 睡觉 *shuìjiào*
slecht *2.6, 3.6, 4.5, 6.1* 坏， 糟 *huài, zāo*
slee 雪橇 *xuěqiàn*
sleepdienst 拖车服务 *tuōchē fúwù*
sleepkabel *4.7* 拖车绳子 *tuōchē shéngzi*
slepen (auto –) 拖（车） *tuō (chē)*
sleutel(tje) 钥匙 *yàoshi*
sleutelbeen *9.2* 锁骨 *suǒgǔ*
slijterij *7* 卖酒商 *màijiǔshāng*
slipje 女内裤 *nǚnèikù*
slippers 拖鞋 *tuōxié*
slof (sigaretten) *4.2* 一条（烟） *yītiáo(yān)*
slokdarm *9.3* 食道 *shídào*
slot *4.8, 5.5, 10.4* 锁 *suǒ*
sluiter (照相机)快门 *(zhàoxiàngjī)kuàimén*
smerig 肮脏的 *āngzāngde*
sms *3.12* (手机)短信服务 *(shǒujī)duǎnxìnfúwù*
sms'en *3.12* 发短信 *fā duǎnxìn*
sneeuw *2.6* 雪 *xuě*
sneeuwen *2.6* 下雪 *xiàxuě*
sneeuwkettingen (汽车轮胎上加的)雪链 *(qìchē lúntāi shàngjiāde) xuěliàn*
sneeuwschoenen 雪鞋 *xuěxié*
snel *3.11, 8.2, 9.1, 10.1* 快 *kuài*
snelheidsbeperking *4.5* 限速 *xiànsù*
sneltrein 特快列车 *tèkuài lièchē*
snelweg *4.5* 高速公路 *gāosùgōnglù*
snijden *7.2* 切 / 割 *qiē/gē*
snoep(goed) 糖果 *tángguǒ*

snoepje 糖果 *tángguǒ*
snorkel 潜水通气管 *qiánshuǐ tōngqìguǎn*
snorkelen *6.3* 通气管潜水 *tōngqìguǎn qiánshuǐ*
soa *3.11, 9.2, 9.3* 性病 *xìngbìng*
soep *8.2* 汤 *tāng*
sokken 袜子 *wàzi*
soms *3.3* 有时候 *yǒushíhou*
soort *1.3, 8.2* 种类 *zhǒnglèi*
sorbet 果汁冰淇淋 *guǒzhī bīngqílín*
sorry *2.3, 3.1, 3.2* 对不起 *duìbuqǐ*
souvenir 纪念品 *jìniànpǐn*
spaak *4.8* 辐条，车条 *fútiáo, chētiáo*
spatbord *4.8* 挡泥板 *dǎngníbǎn*
specialist *9.3* 专科医生 *zhuānkē yīshēng*
specialiteit 特色 *tèsè*
speelgoed 玩具 *wánjù*
speelkaarten 打朴克牌 *dǎ pūkèpái*
speeltuin 儿童游乐园 *értóng yóulèyuán*
speen (fop-) 橡皮奶嘴 *xiàngpí nǎizuǐ*
speen (op fles) 奶嘴 *nǎizuǐ*
spek *8.2* 熏猪肉 *xūn zhūròu*
speld 大头针 *dàtóuzhēn*
spelen *8.5* 弹(琴)/踢(球)/玩 *tán(qín)/tī(qiú)/wán*
spellen *3.4* 拼写 *pīnxiě*
spelletje 游戏 *yóuxì*
spiegel 镜子 *jìngzi*
spier *9.2, 9.3* 肌肉 *jīròu*
spijker 钉子 *dīngzi*
spijkerbroek 牛仔裤 *niúzǎikù*
spitsuur 高峰时间 *gāofēng shíjiān*
splinter 碎片/刺 *suìpiàn/cì*
spoed 紧急 / 快 *jǐnjí/kuài*
spoor (perron) 月台，站台 *yuètái, zhàntái*
spoorboekje 火车时刻表 *huǒchē shíkèbiǎo*
spoorwegen 铁路 *tiělù*
spoorwegovergang *4.1* 平面交叉道口 *píngmiàn jiāochā dàokǒu*
sport *3.5* 运动 *yùndòng*
sporten 运动 *yùndòng*
sporthal 体育中心 *tǐyù zhōngxīn*
sportschoenen 运动鞋 *yùndòngxié*
sportschool *6.6* 体育学校 *tǐyù xuéxiào*
spreekuur (dokter) (医生)看病时间 *(yīshēng)kànbìng shíjiān*
spreken *2.3, 6.5, 9.1, 10.6* 讲，说 *jiǎng, shuō*
spullen *4.2* 东西 *dōngxi*
squashen 打壁球 *dǎbìqiú*
stad (groot) 城市 *chéngshì*
stad (klein/middelgroot) 城镇(中小城市) *chéngzhèn(zhōngxiǎochéngshì)*

stadhuis 市政厅 *shìzhèngtīng*
stadion 体育场 *tǐyùchǎng*
stadswandeling *6.1* 城里走走（看风景） *chénglǐzǒuzǒu(kànfēngjǐng)*
staking 罢工 *bàgōng*
standbeeld 雕像 *diāoxiàng*
stank 臭气 *chòuqì*
starten 开始 *kāishǐ*
startkabels *4.7* 跨接（汽车）电缆线 *kuàjiē(qìchē)diànlǎnxiàn*
station *4.11, 4.12* 车站 *chēzhàn*
stedentrip 城市游 *chéngshìyóu*
steeksleutel 开口扳手 *kāikǒu bānshou*
steil (haar) *10.3* 直发 *zhífà*
steken (insect) （虫）蜇 / 叮 *(chóng)zhē/dīng*
stekker 插头 *chātóu*
stelen 偷 *tōu*
sterkedrank 烈酒 *lièjiǔ*
stilte 安静 *ānjìng*
stinken 臭味 *chòuwèi*
stoel *4.12, 8.1* 椅子 *yǐzi*
stoeltjeslift 索道椅 *suǒdàoyǐ*
stokbrood 法式面包 *fǎshì miànbāo*
stomen (reinigen) 干洗 *gānxǐ*
stomerij *7* 干洗衣店 *gānxǐyīdiàn*
stopcontact *8.1* 插座 *chāzuò*
stoppen (beëindigen, halt houden) 停止 *tíngzhǐ*
stoptrein *4.12* 慢车 *mànchē*
storen *1.3* 打扰 *dǎrǎo*
storing 故障 *gùzhàng*
storm *2.6* 暴风雨 *bàofēngyǔ*
straat *1.5, 2.7, 4.1* 街 *jiē*
straatkant *5.4* 面对街道 *miànduìjiēdào*
straks *3.9, 7.1* 过一会儿 *guòyīhuìr*
strand *3.9, 6.3* 海滩 *hǎitān*
strandstoel 折叠帆布躺椅 *zhédié fānbù tǎngyǐ*
strandtent 沙滩帐篷 *shātān zhàngpeng*
streek (regio) 地区 *dìqū*
strijkbout 熨斗 *yùndǒu*
strijken *7.3* 熨 *yùn*
strijkplank 熨衣板 *yùnyībǎn*
stroming 水流 *shuǐliú*
stroom (elektr.) 电 *diàn*
stroomversnelling 急流 *jíliú*
stroop *8.2* 糖浆 *tángjiāng*
stropdas 领带 *lǐngdài*
student 学生 *xuésheng*
studeren 学习 *xuéxí*
stuk (kapot) 坏了 *huàile*
stuur (auto) 方向盘（汽车） *fāngxiàngpán (qìchē)*

stuur (fiets) 手把 *shǒubǎ*
stuurhuis *4.4* 方向盘轴 *fāngxiàngpánzhóu*
suiker *8.2* 糖 *táng*
suikerpatiënt *9.3* 糖尿病患者 *tángniàobìnghuànzhě*
super (benzine) (特级 / 97号)汽油 *(tèjí/jiǔshíqī hào) qìyóu*
supermarkt *7, 7.1* 超级市场 *chāojí shìchǎng*
surfen (op internet) (网上)浏览 *(wǎngshàng) liúlǎn*
surfen (sport) 冲浪 *chōnglàng*
surfpak 潜水衣 *qiánshuǐyī*
surfplank *6.3* 冲浪板 *chōnglàngbǎn*
synagoge 犹太教堂 *yóutài jiàotáng*

T

taai (肉)老了，硬了 *(ròu)lǎole, yìngle*
taal 语言 *yǔyán*
taalcursus *3.3* 语言课程 *yǔyán kèchéng*
taart *8.2* 蛋糕 *dàngāo*
tabak 烟草 *yāncǎo*
tablet 药片 *yàopiàn*
tafel *3.3, 5.3, 8.1* 桌子 *zhuōzi*
tafeltennissen 打乒乓球 *dǎ pīngpāngqiú*
talkpoeder 爽身粉 *shuǎngshēnfěn*
tampons 月经棉栓 *yuèjīng miánshuān*
tand *9.5* 牙齿 *yáchǐ*
tandarts *1.3, 9.5* 牙医 *yáyī*
tandenborstel 牙刷 *yáshuā*
tandenstoker 牙签 *yáqiān*
tandpasta 牙膏 *yágāo*
tandwiel *4.8* 链轮 *liànlún*
tankstation 加油站 *jiāyóuzhàn*
tas (groot) *10.3* 袋子 *dàizi*
tas (klein) 提包 *tíbāo*
tasje (plastic) 塑料袋 *sùliàodài*
taxfreewinkel 免税店 *miǎnshuìdiàn*
taxi *4.12, 5.2* 出租汽车 *chūzū qìchē*
taxistandplaats *4.12* 出租汽车站 *chūzū qìchēzhàn*
teen *9.2* 脚趾 *jiǎozhǐ*
tegen *2.1, 4.1, 6.5, 8.5, 9.3* 对于 *duìyú*
tegenligger *10.6* 迎面来车 *yíngmiànláichē*
tegenover *4.1* 对面 *duìmiàn*
tekenen (signeren) 签名 *qiānmíng*
tekenpincet 扁虱钳 *biǎnshīqián*
telefoneren 打电话 *dǎ diànhuà*
telefonisch *5.2* 电话的 *diànhuàde*
telefoniste *2.3* 总机接线员 *zǒngjī jiēxiànyuán*
telefoon *2.3, 10.1* 电话 *diànhuà*
telefooncel *2.3* 公用电话亭 *gōngyòng diànhuà tíng*

telefoongids *2.3* 电话簿 *diànhuàbù*
telefoonkaart *2.3* 电话卡 *diànhuàkǎ*
telefoonnummer *1.5, 3.12, 10.1* 电话号码 *diànhuà hàomǎ*
telelens 望远镜头 *wàngyuǎnjìngtóu*
televisie 电视 *diànshì*
temperatuur *6.3, 7.3, 7.4* 温度 *wēndù*
tennisbaan 网球场 *wǎngqiúchǎng*
tennisbal 网球 *wǎngqiú*
tennisracket 网球拍 *wǎngqiúpāi*
tennissen *6.2* 打网球 *dǎwǎngqiú*
tent *5.3, 5.5* 帐篷 *zhàngpeng*
tentoonstelling 展览 *zhǎnlǎn*
tentstok *5.3* 帐篷杆 *zhàngpenggǎn*
tentzeil 帆布 *fānbù*
tepel *9.2* 乳头 *rǔtóu*
terras 路边咖啡店前有座位的地方 *lùbiān kāfēidiàn qián yǒu zuòwèi de dìfang*
terrorismedreiging 恐怖威胁 *kǒngbù wēixié*
teruggaan 回去 *huíqù*
terugkomen *9.3* 回来 *huílái*
terugreis *4.12* 回程 *huíchéng*
tetanus *9.3* 破伤风 *pòshāngfēng*
tevreden *3.6* 满意 *mǎnyì*
theater *3.5, 8.5* 剧院 *jùyuàn*
thee *8.2* 茶 *chá*
theelepel 茶匙 *cháchí*
theepot 茶壶 *cháhú*
thermaal bad 热水盆浴 *rèshuǐpényù*
thermometer 温度计 *wēndùjì*
thermosfles *5.3* 热水瓶 *rèshuǐpíng*
thuis *3.10, 9.4* 在家 *zàijiā*
ticket *4.12* 票 *piào*
tijd *1.3, 1.4, 3.2, 3.9, 3.10, 6.1* 时间 *shíjiān*
tijdens 在…时候 *zài…shíhou*
tijdschrift 杂志 *zázhì*
tijger 老虎 *lǎohǔ*
toast (geroosterd brood) 烤面包片 *kǎomiànbāopiàn*
tocht (kou) （冷） 通风 *(lěng) tōngfēng*
tocht (uitstapje) 旅行 *lǚxíng*
toegang *1.3, 2.4* 入场 *rùchǎng*
toegangsbewijs 入场券 *rùchǎngquàn*
toegangsprijs *6.1* 入场费 *rùchǎngfèi*
toerisme 旅游业 *lǚyóu yè*
toerist 游客 *yóukè*
toeristenbelasting 旅游税 *lǚyóu shuì*
toeristenkaart 游客卡 *yóukèkǎ*
toeristenklasse *4.12* 经济舱 *jīngjìcāng*
toeslag *4.9, 4.11, 4.12* 额外收费 *éwài shōufèi*

toilet *1.3, 5.4, 8.1, 8.3* 厕所，洗手间 *cèsuǒ, xǐshǒujiān*
toiletartikelen 梳妆用品 *shūzhuāngyòngpǐn*
toiletpapier *5.5, 8.3* 卫生纸，手纸 *wèishēngzhǐ, shǒuzhǐ*
toilettas 化妆包 *huàzhuāngbāo*
tol 通行费 *tōngxíngfèi*
tolk *10.6* 翻译 *fānyì*
tolweg 收费公路 *shōu fèi gōng lù*
tomaat *8.2* 西红柿 / 蕃茄 *xīhóngshì/fānqié*
tomatensaus *8.2* 蕃茄酱 *fānqiéjiàng*
toneel 舞台 *wǔtái*
toneelstuk 话剧，戏剧 *huàjù, xìjù*
tong (lichaamsdeel) 舌头 *shétóu*
tong (vis) 鳎鱼 *tǎyú*
tonijn *8.2* 金枪鱼 *jīnqiāngyú*
topless 露胸的 *lùxiōngde*
toren 塔 *tǎ*
totaal *1.4* 一共 *yīgòng*
touroperator 旅游组织者 *lǚyóu zǔzhīzhě*
touw 绳子 *shéngzi*
tram 有轨电车 *yóuguǐ diànchē*
trap 楼梯 *lóutī*
trapas *4.8* 曲柄轴 *qūbǐngzhóu*
trein *4.11, 4.12, 10.2* 火车 *huǒchē*
treinkaartje 火车票 *huǒchēpiào*
trekken (kies) 拔（牙）*bá(yá)*
trektocht *6.1* 远足 *yuǎnzú*
trottoir 人行道 *rénxíngdào*
trouwen 结婚 *jiéhūn*
trui 毛衣 *máoyī*
tube 管 *guǎn*
tuin 花园 *huāyuán*
tunnel *4.1* 隧道 *suìdào*
tussenlanding 中途停留 *zhōngtú tíngliú*
tweede 第二 *dìèr*
tweedehands *7* 二手货 *érshǒuhuò*
tweeling 双胞胎 *shuāngbāotāi*
tweepersoons *4.12* 双人 *shuāngrén*

U

u *1.3, 2.1, 2.3, 2.5, 2.6, 3.1* 您 *nín*
ui *8.2* 洋葱 *yángcōng*
uiterlijk (niet later dan) 最迟，最晚 *zuìchí, zuìwǎn*
uiterlijk (gezicht) 外貌（面孔）*wàimào (miànkǒng)*
uitgaan *3.5* 出去 *chūqù*
uitgaansgelegenheid 娱乐的地方 *yúlède dìfang*
uitgaanskrant *8.5* 娱乐指南 *yúlèzhǐnán*
uitgang *1.3, 4.5* 出口 *chūkǒu*

uitkleden *9.3* 脱衣服 *tuōyīfu*
uitlaatpijp *4.4* 排气管 *páiqìguǎn*
uitleggen 解释 *jiěshì*
uitnodigen 邀请 *yāoqǐng*
uitrusten 休息 *xiūxī*
uitslag (huid) 皮疹（皮肤） *pízhěn (pífū)*
uitslag (resultaat) 结果 *jiéguǒ*
uitspreken 发音 *fāyīn*
uitstapje 旅行 *lǚxíng*
uitstappen *4.11, 4.12* 下车 *xiàchē*
uitstekend *3.2* 非常好 *fēicháng hǎo*
uitverkoop *1.3* 廉价出售 *liánjià chūshòu*
uitwendig *9.4* 外用 *wàiyòng*
uitzicht *5.4, 6.1* 风景 *fēngjǐng*
universiteit 大学 *dàxué*
uploaden 上传 *shàngchuán*
urine *9.3* 尿 *niào*
urineleider *9.3* 输尿管 *shūniàoguǎn*
USB-kabel usb-缆线 *usb-lǎnxiàn*
USB-stick *2.5* USB-盘 *USB - pán*
uur *1.4, 2.4, 3.10, 4.7, 4.12, 5.2* 小时 *xiǎoshí*

V

vaas 花瓶 *huāpíng*
vaatwasser 洗碗机 *xǐwǎnjī*
vaccinatie 接种疫苗 *jiēzhòng yìmiáo*
vader *3.3* 父亲 *fùqin*
vagina 阴道 *yīndào*
vaginale infectie *9.3* 阴道感染 *yīndàogǎnrǎn*
vakantie *3.3, 3.12, 4.2* 度假 *dùjià*
vallei 山谷 *shāngǔ*
vallen 跌倒 *diēdǎo*
vanavond (na 21 uur) 今天夜里（21点以后） *jīntiān yèli (èrshíyī diǎn yǐhòu)*
vanavond (tot 21 uur) 今天晚上 *jīntiān wǎnshang*
vandaag *1.4, 2.6, 3.9, 4.8, 9.5* 今天 *jīntiān*
vanille 香草 *xiāngcǎo*
vanmiddag *1.4, 3.9* 今天下午 *jīntiānxiàwǔ*
vanmorgen *1.4* 今天早上 *jīntiānzǎoshang*
vannacht (afgelopen nacht) 昨天晚上 *zuótiān wǎnshang*
vannacht (komende nacht) 今天晚上 *jīntiān wǎnshang*
varkensvlees *8.2* 猪肉 *zhūròu*
vaseline 凡士林 *fánshìlín*
vasten 禁食，斋戒 *jìnshí, zhāijiè*
veel *3.11, 3.12, 5.3, 5.5, 7.1, 7.4* 很多 / 许多 *hěnduō/xǔduō*
veerboot 渡船 *dùchuán*
veganist *8.2* 素食者 *sùshízhě*

vegetariër *8.2* 素食者 *sùshízhě*
vegetarisch 素食的 *sùshíde*
veilig *2.7, 4.8, 5.4, 6.3* 安全 *ānquán*
veiligheidsgordel *4.4* 安全带 *ānquándài*
veiligheidsspeld (安全)别针 *(ānquán)biézhēn*
veldfles *5.3* 水壶 *shuǐhú*
velg *4.8* 轮圈 *lúnquān*
ventiel *4.8* 气阀 / 气门 *qìfá/qìmén*
ventilator *4.4* 电风扇 *diànfēngshàn*
ver weg *4.1* 很远 *hěnyuǎn*
verantwoordelijk 负责 *fùzé*
verband 绷带 *bēngdài*
verbinding (telefoon, vervoer) 连接(电话，交通) *liánjiē (diàn uà, jiāo ōng)*
verblijf 停留 *tíngliú*
verboden *1.3, 4.5, 6.3* 禁止 *jìnzhǐ*
verdelerkabel *4.4* 配线电缆 *pèixiàn diànlǎn*
verdieping *1.3, 5.4* 楼，层 *lóu, céng*
verdoven *9.5* 麻醉 *mázuì*
verdrietig 悲伤的 *bēishāngde*
verdwaald *10.3* 迷路 *mílù*
verdwalen 迷路 *mílù*
vereist *8.5* 要求 *yāoqiú*
verf 油漆 *yóuqī*
vergeten *9.4, 10.4* 忘记 *wàngjì*
vergissen, zich 弄错 *nòngcuò*
vergissing *8.3* 错误 *cuòwù*
verguld 镀金 *dùjīn*
vergunning *6.2, 6.3* 许可证 *xǔkězhèng*
verhuren 出租 *chūzū*
verjaardag *3.1* 生日 *shēngri*
verkeer *4.5* 交通 *jiāotōng*
verkeerd *2.3, 4.1* 错的 *cuòde*
verkeersbord *4.1* 交通标志 *jiāotōng biāozhì*
verkeerslicht *4.1* 红绿灯 *hónglǜdēng*
verkoopster 营业员 *yíngyèyuán*
verkoudheid 感冒 *gǎnmào*
verkrachting *10.6* 强奸 *qiángjiān*
verlengen 延伸 *yánshēn*
verlengsnoer 延长线 *yánchángxiàn*
verliefd zijn op 爱上 *àishàng*
verlies 输 *shū*
verliezen *5.3* 丢失 *diūshī*
verpleegster 护士 *hùshi*
verplicht *4.5, 8.5* 必须的，强制的 *bìxūde, qiángzhìde*
verrassing 惊奇 *jīngqí*
verrekijker 望远镜 *wàngyuǎnjìng*
vers *8.3* 新鲜 *xīnxiān*

verschonen (baby) 换尿布 *huànniàobù*
versieren (iem.) 勾引 *gōuyǐn*
versleten (衣服)穿旧了 *(yīfu)chuānjiùle*
versnelling *4.9* 齿轮，(车)挡 *chǐlún, (chē)dǎng*
versnellingshendel *4.4* 变速杆 *biànsùgǎn*
verstaan *2.3* 听懂 *tīngdǒng*
versturen *2.2* 寄 *jì*
vertalen 翻译 *fānyì*
vertraging *4.12* 晚点 *wǎndiǎn*
vertrek *4.12, 5.6* 出发 *chūfā*
vertrekken *1.4, 3.3, 5.6* 离开 *líkāi*
vertrektijd 出发时间 *chūfā shíjiān*
vervelen, zich 闷 / 无聊 *mèn/wúliáo*
verversen (olie) 更换(油) *gēnghuàn(yóu)*
vervoer *4.12, 6.1* 运输工具 *yùnshū gōngjù*
verwachting (in) 怀孕 *huáiyùn*
verwarming *5.5* 暖气 *nuǎnqì*
verwisselen *4.7* 换 *huàn*
verzekering *4.7, 4.9, 9.3, 10.2, 10.6* 保险 *bǎoxiǎn*
verzwikken 扭伤 *niǔshāng*
vest 毛背心 *máobèixīn*
vet (zn) 油脂 *yóuzhǐ*
veter 鞋带 *xiédài*
via *2.3, 3.12, 4.1, 4.12* 经由 *jīngyóu*
viaduct *4.1* 高架桥 *gāojiàqiáo*
videoband *2.5* 录像带 *lùxiàngdài*
videocamera 摄象机 *shèxiàngjī*
videorecorder 录像机 *lùxiàngjī*
vierkant 正方形 *zhèngfāngxíng*
vierkante meter 平方米 *píngfāngmǐ*
vies 肮脏 *āngzāng*
vijver 池塘 *chítáng*
vinden *3.4, 4.3, 10.1* 找 *zhǎo*
vinger *9.2* 手指 *shǒuzhǐ*
virus 病毒 *bìngdú*
vis *8.2* 鱼 *yú*
visite 访问 *fǎngwèn*
vissen *3.5, 6.3* 钓鱼 *diàoyú*
visum *4.2* 签证 *qiānzhèng*
vitamine 维生素 *wéishēngsù*
vitaminetabletten 维生素片 *wéishēngsù piàn*
Vlaams, Vlaamse 佛兰芒语，佛兰芒的 *fólánmáng yǔ, fólánmáng de*
Vlaanderen *3.3, 3.12* 佛兰芒地区 *fólánmáng dìqū*
vlag *6.3* 旗子 *qízi*
Vlaming *3.4* 佛兰芒人 *fólánmáng rén*
vlees *1.3, 8.2, 8.3* 肉 *ròu*
vleeswaren 肉制品 *ròuzhìpǐn*
vlek 污点 *wūdiǎn*

vlekkenmiddel 去污剂 *qùwūjì*
vlieg 苍蝇 *cāngying*
vliegen (vliegtuig) 乘飞机 *chéng fēijī*
vliegticket 飞机票 *fēijī iào*
vliegtuig *4.12* 飞机 *fēijī*
vliegveld *4.12* 飞机场 *fēijīchǎng*
vloed *6.3* 涨潮 *zhǎngcháo*
vloei 卷烟纸 *juǎnyānzhǐ*
vlooienmarkt 跳蚤市场 *tiàozao shìchǎng*
vlucht (reis) 班机 *bānjī*
vluchtnummer 航班 *hángbān*
vlug 快 *kuài*
voedsel 食物 *shíwù*
voedselvergiftiging *9.3* 食物中毒 *shíwù zhōngdú*
voelen 感觉 *gǎnjué*
voet *9.2* 脚 *jiǎo*
voetbal (bal) 足球 *zúqiú*
voetballen 踢足球 *tī zúqiú*
voetbalwedstrijd *8.5* 足球比赛 *zúqiúbǐsài*
voetganger 行人 *xíngrén*
vogels kijken 观鸟 *guānniǎo*
voicemail *2.3* 电话留言 *diànhuà liúyán*
vol *1.3, 4.6* 满 *mǎn*
volgeboekt 预订已满 *yùdìng yímǎn*
volgen *4.1, 6.6* 跟随 *gēnsuí*
volgende *1.4, 2.3, 4.6, 4.11, 4.12, 8.2* 下一个 *xiàyīge*
volleyballen 打排球 *dǎpáiqiú*
volpension 全食宿 *quánshísù*
voor *1.3, 1.4, 2.2, 2.3, 2.5, 2.6* 前面 *qiánmiàn*
vooraan *4.1, 8.6* 在前面 *zài qiánmiàn*
voorbehoedmiddel 避孕器 *bìyùnqì*
voorgerecht *8.2* 冷盘 *lěngpán*
voorhoofd *9.2* 前额 *qián'é*
voorin *4.12* 前面 *qiánmiàn*
voorkeur 比较喜欢 *bǐjiào xǐhuan*
voorrang *4.5* 优先权 *yōuxiānquán*
voorrangsweg *4.5* 主道，优先路 *zhǔdào, yōuxiānlù*
voorstellen, zich (aan) 自我介绍 *zìwǒ jièshào*
voorstellen, zich (iets) 想像 *xiǎngxiàng*
voorstelling *8.5, 8.6* 表演 *biǎoyǎn*
voortent 遮阳篷 *zhēyángpéng*
voortreffelijk *3.7* 非常好的 *fēicháng hǎode*
voorvork *4.8* 前叉 *qiánchā*
voorzichtig *3.11, 10.1* 小心 *xiǎoxīn*
vorig *1.4* 上一次 *shàng yīcì*
vork 叉子 *chāzi*
vorst (kou) 霜 *shuāng*
vouwwagen 折叠车 *zhédiéchē*

vraag (verzoek) 问题 *wèntí*
vrachtwagen 卡车 *kǎchē*
vragen *1.3, 2.3, 3.2, 4.1* 问 *wèn*
vriend, ook partner *3.3, 3.11, 4.10, 9.2* 朋友 *péngyou*
vriendelijk *3.1* 友好 *yǒuhǎo*
vriendin *3.3, 3.11, 4.10* 女朋友 *nǚpéngyou*
vriendin (partner) 女朋友（对象） *nǚpéngyou (duìxiàng)*
vriezen *2.6* 结冰 *jiébīng*
vrij *4.9, 4.12, 5.3, 5.4, 7.4, 8.1* 自由的 *zìyóude*
vrije tijd 空闲 *kòngxián*
vrijen 做爱 *zuò'ài*
vrijgezel *3.3* 单身 *dānshēn*
vrijwilligerswerk *3.3* 义务工作 *yìwù gōngzuò*
vroeg *1.4* 早 *zǎo*
vrouw *2.7, 3.3, 4.10, 10.3* 女人 *nǚrén*
vrouwenarts 妇科医生 *fùkē yīshēng*
vruchtensap 果汁 *guǒzhī*
vuil *5.5* 脏 *zāng*
vuilnis 垃圾 *lājī*
vuilnisbak 垃圾箱 *lājīxiāng*
vuilniszak 垃圾袋 *lājīdài*
vulkaan 火山 *huǒshān*
vulling (gebit) (牙床)填充物 *(yáchuáng) tiánchōngwù*
vuur *1.3* 火 *huǒ*
vuurtoren 灯塔 *dēngtǎ*
VVV-kantoor *6.1* 旅行询问处 *lǚxíng xúnwènchù*

W

waar? *1.3, 2.1, 2.2, 2.3, 2.4, 3.1* 哪里? *nǎli?*
waarom? *1.3* 为什么? *wèishénme?*
waarschijnlijk *3.3, 4.7* 或许，大概 *huòxǔ, dàgài*
waarschuwen *4.7, 4.12* 警告(动) *jǐnggào*
waarschuwing 警告 *jǐnggào*
wachten *2.3, 4.7, 4.11, 4.12, 7.4, 8.1* 等 *děng*
wachtkamer *9.3* 等候室 *děnghòu shì*
wagenziek 晕车 *yùnchē*
wagon (火车)车厢 *(huǒchē)chēxiāng*
wakker 醒 *xǐng*
wandelen *3.5* 散步(动) *sànbù*
wandeling 散步 *sànbù*
wandelroute 行走路线 *xíngzǒu lùxiàn*
wandelschoenen 轻便鞋 *qīngbiànxié*
wandelsport 徒步运动 *túbù yùndòng*
wang *3.2, 9.2* 面颊 *miànjiá*
wanneer? *1.3, 2.5, 3.10, 3.12, 4.7, 4.9* 什么时候？ *shénme shíhou?*
warenhuis *7, 7.1* 百货公司 *bǎihuògōngsī*
warm *2.6, 5.3, 5.5, 8.1, 8.2* 热，温暖 *rè, wēnnuǎn*

W

warm (weer) 热 *rè*
warmwaterbronnen 温泉 *wēnquán*
was (wasgoed) 要洗(或洗好)的衣物 *yàoxǐ(huòxǐhǎo)deyīwù*
wasknijper *5.3* 晒衣夹 *shàiyījiā*
waslijn *5.3* 晾衣绳 *liàngyīshéng*
wasmachine 洗衣机 *xǐyījī*
wasmiddel 洗衣粉 *xǐyīfěn*
wassen *4.6, 5.4, 7.3, 7.4* 洗 *xǐ*
wasserette *7* 自助洗衣店 *zìzhùxǐyīdiàn*
wat? *1.3, 2.1, 2.3, 2.4, 2.6, 3.2* 什么? *shénme?*
water *2.7, 5.3, 5.5, 6.3, 8.2, 9.4* 水 *shuǐ*
waterdicht 防水的 *fángshuǐde*
waterfiets *6.3* 脚踏船 *jiǎotàchuán*
watermeloen *8.2* 西瓜 *xīguā*
waterskiën 滑水 *huáshuǐ*
waterval 瀑布 *pùbù*
waterzuiveringstabletten 水净化片剂 *shuǐ jìnghuà piànjì*
watten 脱脂棉 *tuōzhǐmián*
WA-verzekering 第三者保险 *dìsānzhě bǎoxiǎn*
wc *1.3, 5.5* 厕所，洗手间 *cèsuǒ, xǐshǒujiān*
wc-bril 马桶座圈 *mátǒng zuòquān*
wc-papier （厕所）卫生纸 *cèsuǒ wèishēngzhǐ*
website *1.5* 网站 *wǎngzhàn*
wedstrijd 比赛 *bǐsài*
weduwe *1.5, 3.3* 寡妇 *guǎfu*
weduwnaar *1.5, 3.3* 鳏夫 *guānfū*
week *1.4, 4.7, 4.9, 5.2, 6.1, 8.5* 星期 *xīngqī*
weekabonnement 周票 *zhōupiào*
weekend *3.10* 周末 *zhōumò*
weekenddienst *9.1* 周末值班 *zhōumò zhíbān*
weer (opnieuw) 再 *zài*
weer (zn) 天气 *tiānqì*
weerbericht 天气预报 *tiānqìyùbào*
weg (kwijt) *4.1* 迷路 *mílù*
weg (zn) 道路 *dàolù*
wegenwacht *4.7* 巡逻车(汽车维修) *xúnluó chē(qìchē wéixiū)*
wegrestaurant 路边餐馆 *lùbiān cānguǎn*
wegwerkzaamheden 修路 *xiūlù*
weinig *7.5, 8.2* 少 *shǎo*
wekken *5.4* 叫醒 *jiàoxǐng*
wekker 闹钟 *nàozhōng*
welk? *1.3, 2.2, 3.1, 3.2, 3.3, 3.12* 哪个? *nǎge?*
welkom *3.12* 欢迎 *huānyíng*
wellness center *6.6* 保健中心 *bǎojiàn zhōngxīn*
welterusten *3.12* 晚安 *wǎn'ān*
wereldreis *3.3* 环球旅行 *huánqiú lǚxíng*
wereldstekker 国际适配器 *guójì shìpèiqì*
werk(en) *3.3* 工作 *gōngzuò*

werkdag 工作日 *gōngzuòrì*
werk(en) *3.3* 工作 *gōngzuò*
werkloos *3.3* 失业 *shīyè*
wesp *9.2* 黄蜂 *huángfēng*
westen *4.1* 西 *xī*
weten *6.5, 8.2, 10.2* 知道 *zhīdào*
wie? *1.3, 2.3, 8.5, 10.6* 谁? *shuí/shéi?*
wiel *4.4, 4.7, 4.8* 轮子 *lúnzi*
wieldop *4.4* 毂盖 *gǔgài*
wij *3.7, 5.4, 5.5, 5.6, 8.1, 8.2* 我们 *wǒmen*
wijn *8.2* 葡萄酒 *pútaojiǔ*
wijnkaart *8.2* 酒价单 *jiǔjiàdān*
wijzen *1.3, 4.1, 7.1* 指出 *zhǐchū*
wijzigen *4.11, 4.12* 改变 *gǎibiàn*
wind *2.6* 风 *fēng*
windscherm *5.3* 挡风屏 *dǎngfēngpíng*
winkel *7, 7.1* 商店 *shāngdiàn*
winkelcentrum *7* 购物中心 *gòuwùzhōngxīn*
winkelstraat *7.1* 商业街 *shāngyèjiē*
winter *1.4* 冬天 *dōngtiān*
wintersport 冬季体育 *dōngjì tǐyù*
wisselen *2.1, 2.2, 4.4, 4.12* 兑换 *duìhuàn*
wisselgeld (geld terug) 零钱 *língqián*
wisselkoers *2.1* 汇率 *huìlǜ*
wit *8.2* 白色 *báisè*
wol *7.3* 羊毛 *yángmáo*
wond 伤口 *shāngkǒu*
wonen 住 *zhù*
woord *3.4* 字 *zì*
woordenboek 字典 *zìdiǎn*
worst 香肠 *xiāngcháng*
wortel (groente) 胡萝卜 *húluóbo*
wreef *9.2* 脚背 *jiǎobèi*

Y

yoghurt 酸奶 *suānnǎi*

Z

zaal (in theater) (剧场)大厅 *(jùchǎng)dàtīng*
zacht *2.6* 柔软 *róuruǎn*
zadel *4.8, 4.9* 车座 *chēzuò*
zakdoek 手帕 *shǒupà*
zakenreis *3.3, 4.2* 出差 *chūchāi*
zaklantaarn *5.3* 手电筒 *shǒudiàntǒng*
zakmes *5.3* 小折刀 *xiǎozhédāo*
zalf *9.4* 软膏 *ruǎngāo*

zand 沙子 *shāzi*
zandstrand *6.3* 沙滩 *shātān*
zebrapad 人行横道，斑马线 *rénxínghéngdào, bānmǎxiàn*
zee *5.4, 6.3* 海 *hǎi*
zeep 肥皂 *féizào*
zeeppoeder 洗衣粉 *xǐyīfěn*
zeeziek zijn 晕船 *yūnchuán*
zeggen *2.3, 3.11, 4.1, 4.12* 说 *shuō*
zeil *6.3* 船帆 *chuánfān*
zeilboot *6.3* 帆船 *fānchuán*
zeilen 乘帆船 *chéng fānchuán*
zelfbediening *7* 自助式销售 *zìzhùshì xiāoshòu*
zelfde 相同 *xiāngtóng*
zelfontspanner （照相机）自拍 *(zhàoxiàngjī)zìpāi*
ziek *9.2, 9.3* 生病 *shēngbìng*
ziekenhuis *1.3, 4.5, 9.3* 医院 *yīyuàn*
ziekte 疾病 *jíbìng*
ziektekostenverzekering 健康保险 *jiàn kāng báo xiǎn*
zij (één persoon) 她（一个人） *tā (yīge rén)*
zij (meer personen) 他们 / 她们 *tāmen/tāmen*
zij (van lichaam) （身体的）侧边 / 肋 *(shēntǐde)cèbiān/lèi*
zilver 银 *yín*
zin (woorden) 句子 *jùzi*
zin hebben 想要 *xiǎngyào*
zitplaats *4.12* 座位 *zuòwèi*
zitten *2.7, 3.1, 3.2, 4.7, 4.12, 6.6* 坐 *zuò*
zoek (kwijt) 丢失 *diūshī*
zoeken *5.1, 10.3* 找 *zhǎo*
zoet *8.2, 8.3* 甜 *tián*
zoetjes (zn) （调味用的）甜料 *(tiáowèi yòngde)tiánliào*
zomer *1.4* 夏天 *xiàtiān*
zon *5.3* 太阳 *tàiyáng*
zonnebaden 日光浴 *rìguāngyù*
zonnebrandcrème 防晒霜 *fángshài shuāng*
zonnebril 太阳镜 *tàiyángjìng*
zonne-energie 太阳能 *tàiyángnéng*
zonnehoed 太阳帽 *tàiyángmào*
zonnescherm 遮阳篷 *zhēyángpéng*
zonnesteek *9.3* 中暑 *zhòngshǔ*
zonsondergang 日落 *rìluò*
zonsopgang 日出 *rìchū*
zool 脚掌 *jiǎozhǎng*
zoon *3.3, 10.3* 儿子 *érzi*
zout (bn, zn) 盐 *yán*
zoutloos *8.2* 无盐的 *wúyánde*
zuiden *4.1* 南 *nán*
zuivel 乳制品 *rǔzhìpǐn*
zuiveren 净化 *jìnghuà*

zuiveringszout 小苏打 *xiǎosūdǎ*
zus 姐妹 *jiěmèi*
zuur *8.2* 酸 *suān*
zwaar 重 *zhòng*
zwak 弱 *ruò*
zwanger *9.3* 怀孕的 *huáiyùnde*
zwangerschap 怀孕 *huáiyùn*
zwart *8.2, 10.3* 黑色 *hēisè*
zweefvliegen 滑翔 *huáxiáng*
zweer 溃疡 *kuìyáng*
zweet 汗 *hàn*
zwembad *5.1, 5.4, 6.3* 游泳池 *yóuyǒngchí*
zwembril 游泳镜 *yóuyǒngjìng*
zwembroek 游泳裤 *yóuyǒngkù*
zwemmen *3.9, 6.3* 游泳 *yóuyǒng*
zwemvest 救生衣 *jiùshēngyī*
zwemvliezen 潜水蹼 *qiánshuǐpǔ*

Woordenlijst

Pinyin – Chinees – Nederlands

In een aantal gevallen kunt u woorden die in deze lijst ontbreken elders in deze taalgids vinden, namelijk bij de illustraties van de auto, de fiets, de tent en het menselijk lichaam. Veel etenswaren kunt u vinden in de Chinees-Nederlandse lijst in 8.2.
De volgende afkortingen zijn gebruikt: bn = bijvoeglijk naamwoord, bw = bijwoord, ww = werkwoord, zn = zelfstandig naamwoord.

@ (diànzǐ yóujiàn fúhào) @（电子邮件符号）**apenstaartje**

A

āsīpīlín 阿斯匹林 **aspirine**
àizībìng 艾滋病 **aids**
ài 爱 **houden van (iemand), liefde**
àihào 爱好 **hobby**
àishàng 爱上 **verliefd zijn op**
ānjìng 安静 **rustig, stilte**
ānmiányào 安眠药 **slaappil**
ānpái 安排 **regelen**
ānquán 安全 **veilig**
(ānquán)biézhēn （安全）别针 **veiligheidsspeld**
ānquándài 安全带 **veiligheidsgordel**
ānquán qìnáng 安全气囊 **airbag**
ānquántī 安全梯 **brandtrap**
àn 按 **(in)drukken**
ànmó 按摩 **massage**
ànniǔ 按钮 **knop(je)**
àn 暗 **donker**
āngzāng 肮脏 **vies**
āngzāngde 肮脏的 **smerig**

B

bālěiwǔ 芭蕾舞 **ballet**
bá(yá) 拔（牙）**trekken (kies)**
básāizuàn 拔塞钻 **kurkentrekker**
bàgōng 罢工 **staking**
báilándìjiǔ 白兰地酒 **cognac**
báisè 白色 **wit**
báitiān 白天 **overdag**
bǎihuògōngsī 百货公司 **warenhuis**
bǎiwàn xiàngsù 百万像素 **megapixels**
bānjī 班机 **vlucht (reis)**
bānmǎxiàn 斑马线 **zebrapad**
bānshou 扳手 **moersleutel**
bàngōngshì 办公室 **kantoor**
bànlǚ 伴侣 **partner**
bànmǎn 半满 **halfvol (halfleeg)**
bāngzhù 帮助 **helpen, hulp**
bàngwǎn 傍晚 **'s avonds (tot 21 uur)**
bāoguǒ 包裹 **pak(ket)je, postpakket**
bāojī 包机 **chartervlucht**
bāokuò 包括 **inbegrepen, inclusief**
bāokuò yíqiè (fèiyòng) de 包括一切（费用）的 **all-in**
bāoxiāng 包厢 **loge**
bāozhuāng 包装 **inpakken**
bǎojiàn yòngpǐn diàn 保健用品店 **drogisterij**
bǎojiàn zhōngxīn 保健中心 **wellness center**
bǎoxiǎn 保险 **verzekering**
bǎoxiǎnxiāng 保险箱 **kluis (in hotel)**
bǎolěi 堡垒 **fort**

bàojǐnghào 报警号 **alarmnummer**
bàotíng 报亭 **kiosk**
bàozhǐ 报纸 **krant**
bàoyuàn 抱怨 **klacht**
bàofēngyǔ 暴风雨 **storm**
bēizi 杯子 **kopje**
bēishāngde 悲伤的 **verdrietig**
běi 北 **noorden**
bèiyòngde 备用的 **reserve**
bèiyòng língjiàn 备用零件 **reserveonderdelen**
bèiyòng lúntāi 备用轮胎 **reserveband, reservewiel**
bèi 背 **rug**
bèibāo 背包 **rugzak**
bèixīn 背心 **hemd**
bèisǔnhuài 被损坏 **beschadigd**
bèitōu 被偷 **gestolen**
běndì 本地 **plaatselijk**
bēngdài 绷带 **verband**
bèngjítiào 蹦极跳 **bungeejumpen**
bíyàoshuǐ 鼻药水 **neusdruppels**
bízi 鼻子 **neus**
bǐjiào xǐhuan 比较喜欢 **voorkeur**
Bǐlìshí 比利时 **België**
Bǐlìshíde 比利时的 **Belgisch (bn)**
Bǐlìshí rén 比利时人 **Belg, Belgische (zn)**
bǐsàbǐng 比萨饼 **pizza**
bǐsài 比赛 **wedstrijd**
bǐjìběn 笔记本 **blocnote**
bǐjìběn diànnǎo 笔记本电脑 **notebook**
bìxūde 必须的 **verplicht**
bìxū 必需 **noodzakelijk**
bìyùn 避孕 **anticonceptie**
bìyùnqì 避孕器 **voorbehoedmiddel**
bìyùntào 避孕套 **condoom**
bìyùnyào 避孕药 **(anticonceptie)pil**
biānjiè 边界 **grens**
biǎnshìqián 扁虱钳 **tekenpincet**
biànmì 便秘 **constipatie**
biànsùgǎn 变速杆 **versnellingshendel**
biànzhì 变质 **bedorven**
biǎogé 表格 **formulier**
biǎoyǎn 表演 **voorstelling**
bīngchuān 冰川 **gletsjer**
bīngkuài 冰块 **ijsblokjes**
bīngqílín/bīngjīlíng 冰淇淋/冰激凌 **ijs**
bīngtǒng 冰桶 **koelbox**
bīngxiāng 冰箱 **koelkast**
bīngzhèn 冰镇 **gekoeld**
bǐnggān 饼干 **koekjes**
bìngdú 病毒 **virus**
bìngrén 病人 **patiënt**
bō(diànhuà hàomǎ) 拨(电话号码) **draaien (nummer)**
bō'ěrtú pútaojiǔ 波尔图葡萄酒 **port**
bōlàng yóuyǒngchí 波浪游泳池 **golfslagbad**
bōlíbēi 玻璃杯 **glas**
bózi 脖子 **hals, nek**
bōluó 菠萝 **ananas**
bówùguǎn 博物馆 **museum**
bó 薄 **dun**
bójiānbǐng 薄煎饼 **pannenkoek**
bǔchētāi 补车胎 **plakken (band)**
(bǔyá) tiánchōngwù (补牙)填充物 **noodvulling**
bù, méiyǒu 不，没有 **niet**
bùjiǔ 不久 **gauw**
bù kěnéng 不可能 **onmogelijk**
bù píngtǎn 不平坦 **ongelijk (niet vlak)**
búshì 不是 **nee**
bùshūfu 不舒服 **last hebben van**
bùfen/pèijiàn 部分/配件 **onderdeel**
bùmén 部门 **afdeling**

C

CD-guāngpán CD-光盘 **cd-rom**
CD-kěcāchú guāngpán CD-可擦除光盘 **cd-rw**
cǎisè diànshì 彩色电视 **kleuren-tv**
cǎisè qiānbǐ 彩色铅笔 **kleurpotloden**
càidān 菜单 **menukaart**
càihuā 菜花 **bloemkool**
cānguǎn 餐馆 **restaurant**
cānjīn 餐巾 **servet**
cāntīng 餐厅 **eetzaal**
cánjí 残疾 **gehandicapt**

cánjírén 残疾人 **invalide**
cāngying 苍蝇 **vlieg**
cǎo 草 **gras**
cǎoméi 草莓 **aardbeien**
cèshìjìng 侧视镜 **buitenspiegel**
cèsuǒ 厕所 **toilet,wc**
cèsuǒ wèishēngzhǐ （厕所）卫生纸 **wc-papier**
céng 层 **verdieping**
chāzi 叉子 **vork**
chātóu 插头 **stekker**
chāzuò 插座 **stopcontact**
cházhǎo 查找 **opzoeken**
chá 茶 **thee**
cháchí 茶匙 **theelepel**
cháhú 茶壶 **theepot**
cháiyóu 柴油 **diesel**
cháng 长 **lang (afstand)**
chángfāngxíng 长方形 **rechthoek**
chángkù 长裤 **broek (lang)**
chángqīpiào 长期票 **abonnement**
chángtǒngwà 长筒袜 **kous**
chángtú diànhuà 长途电话 **interlokaal gesprek**
chángtú lǚyóu chē 长途旅游车 **bus (touringcar)**
chángyǐzi 长椅子 **bank (in park)**
cháng 尝 **proeven**
chāopiào 钞票 **bankbiljet**
chāochē 超车 **inhalen**
chāojí shìchǎng 超级市场 **supermarkt**
chǎo/kǎo 炒/烤 **gebakken**
chēdào 车道 **rijstrook**
chēliàn 车链 **ketting**
chēliàn bǎohùzhào 车链保护罩 **kettingkast**
chēmén 车门 **portier (auto)**
chēpái 车牌 **kentekenplaat**
chētiáo 车条 **spaak**
chēzhàn 车站 **station**
chēzuò 车座 **zadel**
chèlí 撤离 **ontruiming**
chénshùbàogào 陈述报告 **proces-verbaal**
chényī 晨衣 **ochtendjas**
chènshān 衬衫 **overhemd**
chéngzàn 称赞 **compliment**
chéngfèn 成分 **ingrediënt**
chénggōng 成功 **lukken**
chéngshú 成熟 **rijp**
chéngshíde 诚实的 **eerlijk**
chéngbǎo 城堡 **kasteel**
chénglǐzǒuzǒu(kànfēngjǐng) 城里走走（看风景） **stadswandeling**
chéngshì 城市 **stad (groot)**
chéngshì dìtú 城市地图 **stadsplattegrond**
chéngshìyóu 城市游 **stedentrip**
chéngzhèn(zhōngxiǎo chéngshì) 城镇（中小城市） **stad (klein/middelgroot)**
chéng fānchuán 乘帆船 **zeilen**
chéng fēijī 乘飞机 **vliegen (ww)**
chéngkè 乘客 **passagier**
chéngsè 橙色 **oranje**
chéngzi 橙子 **sinaasappel**
chéngzizhī 橙子汁 **sinaasappelsap**
chī 吃 **eten (ww)**
chī, hē(yào) 吃，喝（药） **innemen**
chīwǎncān 吃晚餐 **dineren**
chítáng 池塘 **vijver**
chǐlún, (chē)dǎng 齿轮，（车）挡 **versnelling**
chōngdiànqì 充电器 **acculader, (batterij)oplader**
chōngqìbèng 充气泵 **luchtpomp**
chōngqì chuángdiàn 充气床垫 **luchtbed**
chōngqì chuángdiàn sāizi 充气床垫塞子 **luchtbedstopje**
chōnglàng 冲浪 **surfen (sport)**
chōnglàngbǎn 冲浪板 **surfplank**
chōngxǐ 冲洗 **ontwikkelen**
chóngfù 重复 **herhalen**
chóngyǎo 虫咬 **insectenbeet**
(chóng)zhē/dīng （虫）蜇 / 叮 **steken (insect)**
chóngzi 虫子 **beestje, insect**
chǒngwù 宠物 **huisdieren**
chōuyān 抽烟 **roken**
chōuyān chēxiāng 抽烟车厢 **rookcoupé**
chǒu 丑 **lelijk**
chòuqì 臭气 **stank**
chòuwèi 臭味 **stinken**

D

chūchāi 出差 **zakenreis**
chūfā 出发 **vertrek**
chūfā shíjiān 出发时间 **vertrektijd**
chūkǒu 出口 **uitgang**
chūqù 出去 **uitgaan**
chūshēng 出生 **geboren**
chūzū 出租 **te huur, verhuren**
chūzū qìchē 出租汽车 **taxi**
chūzū qìchēzhàn 出租汽车站 **taxistandplaats**
chūxuézhě 初学者 **beginner**
chúchòujì 除臭剂 **deodorant**
chúfáng 厨房 **keuken**
chúshī 厨师 **chef, kok**
chúchuāng 橱窗 **etalage**
chuānkǒng 穿孔 **piercing**
chuánrǎnde 传染的 **besmettelijk**
chuánzhēn 传真 **faxen**
chuán 船 **boot**
chuánfān 船帆 **zeil**
chuánshàng(tíngchē)jiǎbǎn 船上(停车)甲板 **autodek**
chuāng bōlí 窗玻璃 **ruit**
chuānghu 窗户 **raam**
chuáng 床 **bed**
chuángdān 床单 **dekbed, laken**
chuángpù 床铺 **slaapplaats**
chuāngkǒutiē 创口贴 **pleister**
chuīfāqì 吹发器 **föhn**
chuīfēng 吹风 **föhnen**
chuízi 锤子 **hamer**
chūntiān 春天 **lente**
chúnde 纯的 **puur**
cì 次 **keer, maal**
(cóng)…jiè (从)…借 **lenen (van)**
cóngláiméiyǒu 从来没有 **nooit**
cōngmáng 匆忙 **haast hebben**
cūnzhuāng 村庄 **dorp**
cúnchúkǎ 存储卡 **geheugenkaart**
cuòde 错的 **verkeerd**
cuòwù 错误 **fout (zn), vergissing**
cuòwùde 错误的 **fout (bn)**
cáoyīn 噪音 **lawaai**

D

dābiànchē 搭便车 **liften**
(dāzhàngpeng)pūzài dìshàngde dānzi (搭帐篷)铺在地上的单子 **grondzeil**
(dā zhàngpeng yòngde) shéngzi (搭帐篷用的)绳子 **scheerlijn**
dǎ bǎolíngqiú 打保龄球 **bowlen**
dǎbìqiú 打壁球 **squashen**
dǎdiànhuà 打电话 **bellen, telefoneren**
dǎ gāo'ěrfūqiú 打高尔夫球 **golfen**
dǎhuǒjī 打火机 **aansteker**
dǎkāi 打开 **openen**
dǎpáiqiú 打排球 **volleyballen**
dǎ pīngpāngqiú 打乒乓球 **tafeltennissen**
dǎ pūkèpái 打扑克牌 **speelkaarten**
dǎrǎo 打扰 **storen**
dǎsǎo 打扫 **schoonmaken**
dǎ táiqiú 打台球 **biljarten**
dǎwǎngqiú 打网球 **tennissen**
dǎyìn 打印 **afdruk**
dǎzhēn 打针 **injectie**
dà 大 **groot**
dàcōng 大葱 **prei**
dàgài 大概 **waarschijnlijk**
dàjiàotáng 大教堂 **kathedraal**
dàlǐshí 大理石 **marmer**
dàlóu 大楼 **gebouw**
dàshēng 大声 **hard (luid)**
dàshǐguǎn 大使馆 **ambassade**
dàsuàn 大蒜 **knoflook**
dàtóuzhēn 大头针 **speld**
dàtuǐ 大腿 **dij**
dàxiǎo (xiézi) 大小（鞋子） **maat (schoenen)**
dàxiǎo (yīfu) 大小（衣服） **maat (kleding)**
dàxíng yóuchuán 大型游船 **cruise**
dàxué 大学 **universiteit**
dàyuē 大约 **ongeveer**
dàzìrán 大自然 **natuur**
dàzìrán lǚyóu 大自然旅游 **natuurexcursie**
dàilái/ná 带来/拿 **brengen**
(dài jiǔjīng de) yǐnliào (带酒精的)饮料 **drankje (alcohol)**
dàizi 袋子 **tas**

dānchéng(piào) 单程(票) **enkele reis (kaartje)**
dānchéng lǚxíng 单程旅行 **heenreis**
dāndú 单独 **alleen**
dānrén 单人 **eenpersoons**
dānshēn 单身 **vrijgezel**
dānxíngdào 单行道 **eenrichtingsverkeer**
dānxīn 担心 **ongerust**
dānge 耽搁 **oponthoud**
dàncài 淡菜 **mosselen**
dàn 蛋 **ei**
dàngāo 蛋糕 **taart**
dànhuángjiàng 蛋黄酱 **mayonaise**
dāngrán 当然 **natuurlijk**
dǎngfēng bōlí yǔshuā 挡风玻璃雨刷 **ruitenwisser**
dǎngfēngpíng 挡风屏 **windscherm**
dǎngníbǎn 挡泥板 **spatbord**
dāo 刀 **mes**
dāochā cānjù 刀叉餐具 **bestek**
dǎohángqì 导航器 **gps**
dǎoháng xìtǒng 导航系统 **navigatiesysteem**
dǎoyóu 导游 **reisleider**
dǎo 岛 **eiland**
dàochē 倒车 **achteruitrijden (auto)**
dàochù 到处 **overal**
dàodá 到达 **aankomen**
dàodá shíjiān 到达时间 **aankomsttijd**
dàoqiè 盗窃 **diefstal, inbraak**
dàolù 道路 **weg (zn)**
dàoqiàn 道歉 **excuses**
déyǔ/déwén 德语 / 德文 **Duits**
dēng 灯 **lamp, licht (zn)**
dēngtǎ 灯塔 **vuurtoren**
dēngjīkǎ 登机卡 **instapkaart**
dēngjīshǒuxù 登机手续 **inchecken**
dēngshānxié 登山鞋 **bergschoenen**
dēngshān yùndòng 登山运动 **bergsport**
děng 等 **wachten**
děnghòu shì 等候室 **wachtkamer**
dī 低 **laag**
dīcháo 低潮 **eb**
dī 滴 **druppel**
dīěrjì 滴耳剂 **oordruppels**
dísikē wǔhuì 迪斯科舞会 **disco**
dǐcéng, yīlóu 底层，一楼 **begane grond**
dǐpiàn 底片 **negatief (foto)**
dìfang 地方 **plaats (plek)**
dìmiàn 地面 **grond**
dìqū 地区 **omgeving, streek (regio)**
dìtiě 地铁 **metro**
dìtiěwǎngluòxìtǒng 地铁网络系统 **metronet**
dìtiězhàn 地铁站 **metrostation**
dìtú 地图 **landkaart**
dìzhǐ 地址 **adres**
dìèr 第二 **tweede**
dìsān 第三 **derde (deel)**
dìsānzhě bǎoxiǎn 第三者保险 **WA-verzekering**
dìyī 第一 **eerste**
diǎnhuǒ yàoshi 点火钥匙 **contactsleutel**
diǎnjiǔ 碘酒 **jodium**
diàn 电 **elektriciteit**
diànchí 电池 **batterij**
diànchí, kěchōngdiàn de 电池，可充电的 **oplaadbare batterij**
diànde 电的 **elektrisch**
diàndòng guāhúdāo 电动刮胡刀 **scheerapparaat**
(diàn)duǎnlù (电)短路 **kortsluiting**
diànfēngshàn 电风扇 **ventilator**
diànhuà 电话 **telefoon**
(diànhuà)bōhàoyīn (电话)拨号音 **kiestoon**
diànhuàbù 电话簿 **telefoongids**
(diànhuà/cèsuǒ) bèi zhànyòng (电话 / 厕所)被占用 **bezet**
(diànhuà)chōngzhí kǎ (电话)充值卡 **prepaidkaart**
(diànhuà) dálùjī (电话)答录机 **antwoordapparaat**
diànhuàde 电话的 **telefonisch**
diànhuà hàomǎ 电话号码 **telefoonnummer**
diànhuàkǎ 电话卡 **telefoonkaart**
diànhuàkǎ yú' é 电话卡余额 **beltegoed**

D

diànhuà liúyán 电话留言 **voicemail**
(diànhuà) zhànxiàn (电话) 占线 **in gesprek**
diànpíng 电瓶 **accu**
diànshì 电视 **televisie**
diàntī 电梯 **lift**
diànwǎng diànyā 电网电压 **netspanning**

diànyǐng 电影 **film**
diànyǐngshèyǐngjī 电影摄影机 **filmcamera**
diànyǐngyuàn 电影院 **bioscoop**
diànyuán jiētóu 电源接头 **elektriciteitsaansluiting**
diànzǐ yóujiàn 电子邮件 **e-mail**
diànzǐ yóujiàn dìzhǐ 电子邮件地址 **e-mailadres**
diāokè 雕刻 **beeldhouwkunst**
diāoxiàng 雕像 **standbeeld**
diàoyú 钓鱼 **vissen**
diàoyúgān 钓鱼竿 **hengel**
diēdǎo 跌倒 **vallen**
dīngwán méiqìguàn 丁烷煤气罐 **butagasfles**
dīngzi 钉子 **spijker**
dìnggòu 订购 **bestelling**
dìnggòu 定购 **bestellen**
diūshī 丢失 **kwijt, verliezen, zoek**
dōng 东 **oosten**
dōngxi 东西 **spullen**
dōngjì tǐyù 冬季体育 **wintersport**
dōngtiān 冬天 **winter**
dòngmài 动脉 **slagader**
dòng shǒushù 动手术 **opereren**
dòngwù 动物 **dier**
dòngwùyuán 动物园 **dierentuin**
dú 毒 **gif**
dúmùzhōu 独木舟 **kano**
dǔchǎng 赌场 **casino**
dùqí 肚脐 **navel**
dùzi 肚子 **buik**
dùzitòng 肚子痛 **buikpijn**
dù 度 **graden**
dùjià 度假 **vakantie**
dùjiàcūn 度假村 **bungalowpark**
dùjiàfáng 度假房 **vakantiehuisje**
dùchuán 渡船 **pont, veerboot**
dùguò 渡过 **overtocht**
dùjīn 镀金 **verguld**
duǎn 短 **kort**
duǎnkù 短裤 **broek (kort)**
duǎntú lǚxíng 短途旅行 **excursie**
duìbuqǐ 对不起 **sorry**
duìmiàn 对面 **overkant, tegenover**
duìyú 对于 **tegen**
duìhuàn 兑换 **wisselen**
duōcháng? 多长? **hoe lang?**
duōjiǔ? 多久? **hoe lang?**
duōshao? 多少? **hoeveel?**
duōyuǎn? 多远? **hoe ver?**

E

éwài shōufèi 额外收费 **toeslag**
ěxīn, bùshūfu 恶心，不舒服 **misselijk zijn**
è 饿 **honger hebben**
è 颚 **kaak**
értóngchuáng 儿童床 **kinderbedje**
értóng yóulèyuán 儿童游乐园 **speeltuin**
érzi 儿子 **zoon**
ěrbíhóukē yīshēng 耳鼻喉科医生 **keel-, neus- en oorarts**
ěrduo 耳朵 **oor**
ěrduotòng 耳朵痛 **oorpijn**
ěrhuán 耳环 **oorbel**
ěrjī 耳机 **koptelefoon**
érshǒuhuò 二手货 **tweedehands**

F

fā diàn jī 发电机 **dynamo**
fā diànzǐ yóujiàn 发电子邮件 **e-mailen**
fādòngjīgùzhàng 发动机故障 **motorpech**
fādòngjīzhào 发动机罩 **motorkap**
fādòngjīzǔ 发动机组 **motorblok**
fā duǎnxìn 发短信 **sms'en**
fàjiā 发夹 **haarspeld**
fàjiāo 发胶 **gel**
fāshāo 发烧 **koorts**
fāyán 发炎 **ontsteking (med.)**
fāyīn 发音 **uitspreken**

fā yóujiàn 发邮件 **mailen**
fákuǎn 罚款 **bekeuring**
fǎlǜ 法律 **recht (jur.)**
fǎshì miànbāo 法式面包 **stokbrood**
Fǎyǔ/Fǎwén 法语/法文 **Frans**
fānbù 帆布 **tentzeil**
fānchuán 帆船 **zeilboot**
fānyì 翻译 **tolk, vertalen**
fánshìlín 凡士林 **vaseline**
fānqiéjiàng 蕃茄酱 **tomatensaus**
fǎnguāngbǎn 反光板 **reflector**
fànhòu tiándiǎn 饭后甜点 **nagerecht**
fāngfǎ 方法 **middel (manier)**
fāngtángkuài 方糖块 **klontje**
fāngxiàng 方向 **kant, richting**
fāngxiàng dēng 方向灯 **richtingaanwijzer**
fāngxiàngpán (qìchē) 方向盘(汽车) **autostuur**
fāngxiàngpánzhóu 方向盘轴 **stuurhuis**
fángdòngjì 防冻剂 **antivries**
fángshài shuāng 防晒霜 **zonnebrandcrème**
fángshuǐde 防水的 **waterdicht**
fángjiān 房间 **kamer**
fángjiān fúwù 房间服务 **roomservice**
fángjiānhào 房间号 **kamernummer**
fángzi 房子 **huis**
fǎngwèn 访问 **visite**
fǎngwèn 访问（动） **bezoeken**
fēijī 飞机 **vliegtuig**
fēijīchǎng 飞机场 **vliegveld**
fēijī iào 飞机票 **vliegticket**
fēijīshàng/chuánshang 飞机上 / 船上 **aan boord**
(fēijīshàng)ǒutùdài (飞机上)呕吐袋 **kotszakje**
fēicháng 非常 **ontzettend**
fēicháng hǎo 非常好 **uitstekend**
fēicháng hǎode 非常好的 **voortreffelijk**
fēixīyānzhě 非吸烟者 **niet-roker**
fēiyú 鲱鱼 **haring (vis)**
féizào 肥皂 **zeep**
fèihuà 废话 **onzin**
fèi 肺 **long**
fèiyòng 费用 **onkosten**
fēnmì 分泌 **afscheiding (med.)**
fēnzhōng 分钟 **minuut**
fénmù 坟墓 **graf**
fènbiàn 粪便 **ontlasting**
fēng 风 **wind**
fēngchē 风车 **windmolen**
fēngjǐng 风景 **uitzicht**
fēngshīzhèng 风湿症 **reumatiek**
fēngxiǎn 风险 **risico**
fēnglì 锋利 **scherp**
fēngmì 蜂蜜 **honing**
fénghē 缝合 **hechten (med.)**
féngzhēn 缝针 **hechting**
fójiàode 佛教的 **boeddhistisch**
fólánmáng dìqū 佛兰芒地区 **Vlaanderen**
fólánmáng rén 佛兰芒人 **Vlaming**
fólánmáng yǔ, fólánmáng de 佛兰芒语，佛兰芒的 **Vlaams, Vlaamse**
fúwù 服务 **bediening**
fúwùyuán 服务员 **ober**
fúzhuāng 服装 **kleding**
fúbiāo 浮标 **boei**
fúhé huíjiào jiàoguīde shíwù 符合回教教规的食物 **halal**
fútiáo 辐条 **spaak**
fùmǔ 父母 **ouders**
fùqin 父亲 **vader**
fùqián 付钱 **betalen**
fùkē yīshēng 妇科医生 **vrouwenarts**
(fùnǚ)wèishēngjīn (妇女)卫生巾 **inlegkruisje**
fùzé 负责 **verantwoordelijk**
fùjìn 附近 **dichtbij**
fùhuójié 复活节 **Pasen**
fùyìn 复印 **fotokopie, fotokopiëren**
fùyìnjī 复印机 **kopieerapparaat**
fùběn 副本 **kopie**
fùbù 腹部 **onderbuik**
(fùbù)jìngluán (腹部)痉挛 **krampen (in buik)**
fùgǔgōu 腹股沟 **lies**
fùxiè 腹泻 **diarree**

G

gǎibiàn 改变 **wijzigen**
gān 干 **droog**
gānbēi 干杯 **proost**
gānhàn 干旱 **droogte**
gānjìng 干净 **schoon**
gānxǐ 干洗 **stomen (reinigen)**
gānxǐfàjīng 干洗发精 **droogshampoo**
gānxǐyīdiàn 干洗衣店 **stomerij**
gānzàng 肝脏 **lever**
gǎnjué 感觉 **voelen**

gǎnmào 感冒 **verkoudheid**
gǎnqíng 感情 **gevoelens**
gǎnrǎn (bìngdúxìng –, xìjūnxìng –) 感染(病毒性 –， 细菌性 –) **infectie (virus–, bacteriële –)**
gǎnxiè 感谢 **bedanken**
gǎnlǎn 橄榄 **olijf**
gǎnlǎnyóu 橄榄油 **olijfolie**
gāngmén 肛门 **anus**
gāngbǐ 钢笔 **pen**
gāngqín 钢琴 **piano**
gǎngkǒu 港口 **haven**
gāo 高 **hoog, lang (mens)**
gāo'ěrfūqiúchǎng 高尔夫球场 **golfbaan**
gāofēng shíjiān 高峰时间 **spitsuur**
gāojiàqiáo 高架桥 **viaduct**
gāoshān fǎnyìng 高山反应 **hoogteziekte**
gāosùgōnglù 高速公路 **snelweg**
gāoxìng 高兴 **blij**
gāodiǎn 糕点 **gebakje**
gàobié 告别 **afscheid**
gēbo 胳膊 **arm**
gējù 歌剧 **opera**
gěi 给 **geven**
gěinín 给您 **alstublieft (antwoord)**
gēnsuí 跟随 **volgen**
gēnghuàn(yóu) 更换(油) **verversen (olie)**
gèng xǐhuan 更喜欢 **liever hebben**
gōngchǎng 工厂 **fabriek**
gōngjù 工具 **gereedschap**
gōngyì 工艺 **kunstnijverheid**
gōngzuò 工作 **werk(en)**
gōngzuòrì 工作日 **werkdag**
gōngchǐ/mǐ 公尺/米 **meter (100 cm)**
gōngfēn/límǐ 公分/厘米 **centimeter**
gōnggòng jiāotōng 公共交通 **openbaar vervoer**
gōnggòng qìchē 公共汽车 **bus (lijndienst)**
gōnggòng qìchēzhàn 公共汽车站 **bushalte, busstation**
(gōngjiāochē)xiànlù (公交车)线路 **lijn**
gōngjīn 公斤 **kilo**
gōnglǐ 公里 **kilometer**
gōnglù 公路 **autoweg**
gōngyòng diànhuà tíng 公用电话亭 **telefooncel**
gōngyù 公寓 **appartement, flat**
gōngyuán 公园 **park**
gōngdiàn 宫殿 **paleis**
gōuyǐn 勾引 **versieren (iem.)**
gǒu 狗 **hond**
gòuwùzhōngxīn 购物中心 **winkelcentrum**
gūniang 姑娘 **meisje**
gǔgài 毂盖 **wieldop**
gǔdiǎn yīnyuèhuì 古典音乐会 **klassiek concert**
gǔdǒng 古董 **antiek (zn)**
gǔdǒngde 古董的 **antiek (bn)**
gǔlóng xiāngshuǐ 古龙香水 **eau de toilette**
gǔtou(tuǐ) 骨头(腿) **bot (been)**
gùzhàng 故障 **storing**
guā 瓜 **meloen**
guāhúzi 刮胡子 **zich scheren**
(guāhúzi yòngde) féizào (刮胡子用的)肥皂 **scheerzeep**
(guāhúzi yòngde)shuāzi (刮胡子用的)刷子 **scheerkwast**
guǎfu 寡妇 **weduwe**
guàhào 挂号 **aangetekend**
guānbì/fēngsuǒ 关闭/封锁 **afgesloten (rijweg)**
guānguāng 观光 **rondrit**
guānshàng 关上 **dicht**
guānxì 关系 **relatie**

guānniǎo 观鸟 **vogels kijken**
guānzhuàng dòngmài 冠状动脉 **kransslagader**
guānfū 鳏夫 **weduwnaar**
guǎn 管 **tube, pijp**
guǎnlǐyuán 管理员 **beheerder**
guāngdié 光碟 **cd**
guāngpán 光盘 **cd**
guǎngchǎng 广场 **plein**
guǎngjiǎojìng 广角镜 **groothoeklens**
guìtái 柜台 **balie, loket**
guìzi 柜子 **kast**
guì 贵 **duur (bn)**
guìzhòngde 贵重的 **kostbaar**
guóhuì dàshà 国会大厦 **parlementsgebouw**
guójí 国籍 **nationaliteit**
guójì 国际 **internationaal**
guójì shìpèiqì 国际适配器 **wereldstekker**
guójiā 国家 **land**
guójiāqūhào 国家区号 **landnummer**
guónèi(hángbān) 国内(航班) **binnenlands (vlucht)**
guówài 国外 **buitenland**
guówáng 国王 **koning**
guǒjiàng 果酱 **jam**
guǒzhī 果汁 **vruchtensap**
guǒzhī bīngqílín 果汁冰淇淋 **sorbet**
guòcuò 过错 **schuld (fout)**
guòjìng 过境 **grensovergang**
guòlǜqì 过滤器 **filter**
guòmǎlù 过马路 **oversteken**
guòmǐn 过敏 **allergisch zijn**
(guò) shēngri (过)生日 **jarig zijn**
guòyè 过夜 **overnachting,logeren**
guòyèkè 过夜客 **logé**
guòyīhuìr 过一会儿 **straks**

H

háizi 孩子 **kind**
hǎi 海 **zee**
hǎibīn shèngdì 海滨胜地 **badplaats**
hǎiguān 海关 **douane**
hǎitān 海滩 **strand**
hǎitún 海豚 **dolfijn**
hàichóng 害虫 **ongedierte**
hàipà 害怕 **bang zijn**
hán zǎocān jiātíng lǚguǎn 含早餐家庭旅馆 **bed-and-breakfast, halfpension**
hàn 汗 **zweet**
hángbān 航班 **vluchtnummer**
hángkōng gōngsī 航空公司 **luchtvaartmaatschappij**
hángkōng yóujiàn 航空邮件 **per luchtpost**
hǎo 好 **goed, oké, graag**
hǎo(chī), shūfu 好(吃)，舒服 **lekker**
hǎo, shūfu 好，舒服 **fijn**
hǎo/hǎowánr 好/好玩儿 **leuk**
hǎowán 好玩 **heerlijk (erg leuk)**
hàokè 好客 **gastvrijheid**
hàomǎ 号码 **nummer**
hàomǎpái 号码牌 **nummerbord**
hē 喝 **drinken**
héshì 合适 **passen (de goede maat zijn)**
hétong 合同 **contract**
hé 和 **en**
hé'ǎide 和蔼的 **aardig**
hé 河 **rivier**
hébiān 河边 **oever**
Hélán 荷兰 **Nederland**
Hélánde 荷兰的 **Nederlands**
Hélánrén 荷兰人 **Nederlander**
hézi 盒子 **doos**
hēisè 黑色 **zwart**
hěnbàng 很棒 **geweldig**
hěnduō/xǔduō 很多/许多 **veel**
hěnhǎo 很好 **prachtig**
hěnhǎochī 很好吃 **heerlijk (erg lekker)**
hěnyuǎn 很远 **ver weg**
héngyuè 横越 **overtocht**
hōnggānjī 烘干机 **droogtrommel**
hōngkǎode 烘烤的 **gebraden**
hónglǜdēng 红绿灯 **verkeerslicht**
hóngsè 红色 **rood**
hóngshuǐ 洪水 **overstroming**

hóulóng 喉咙 **keel**
hóulóngténg 喉咙疼 **keelpijn**
hòuchējià 后车架 **bagagedrager**
hòumian 后面 **achter**
hòunǎosháo 后脑勺 **achterhoofd**
hòushìjìng 后视镜 **achteruitkijkspiegel**
hòutiān 后天 **overmorgen**
hòu 厚 **dik (materiaal)**
hújiāofěn 胡椒粉 **peper**
húluóbo 胡萝卜 **wortel (groente)**
húshuō 胡说 **onzin**
húshuōbādào 胡说八道 **flauwekul**
hú 湖 **meer (zn)**
hùshi 护士 **verpleegster**
hùzhào 护照 **paspoort**
hùzhào zhàopiàn 护照照片 **pasfoto**
huā 花 **bloem (plant)**
huāchá 花茶 **kruidenthee**
huāfěnrè 花粉热 **hooikoorts**
huāpíng 花瓶 **vaas**
huāshēngmǐ 花生米 **pinda's**
huāyuán 花园 **tuin**
huábīng 滑冰 **schaatsen**
huáshuǐ 滑水 **waterskiën**
huáxiáng 滑翔 **zweefvliegen**
huáxuě 滑雪 **skiën**
huáxuěbǎn 滑雪板 **ski's**
(huáxuěchǎng) shàngshān diàoyǐ (滑雪场)上山吊椅 **skilift**
huáxuědào 滑雪道 **skipiste**
huáxuěfú 滑雪服 **skipak**
huáxuě hùmùjìng 滑雪护目镜 **skibril**
huáxuě jiàoliàn 滑雪教练 **skileraar**
huáxuěkè/bān 滑雪课/班 **skiles, skiklas**
huáxuěkù 滑雪裤 **skibroek**
huáxuěxuē 滑雪靴 **skischoenen**
huáxuězhàng 滑雪杖 **skistok**
huáxuězhèng 滑雪证 **skipas**
huàzhuāngbāo 化妆包 **toilettas**
huàzhuāngpǐn 化妆品 **cosmetica**
(huàzhuāngyòng) rùnfūyè (化妆用)润肤液 **lotion**
huádúmùzhōu 划独木舟 **kanoën**
huátǐng 划艇 **roeiboot**
huà 画 **schilderij**
huàjù 话剧 **toneelstuk**
huáiyùn 怀孕 **in verwachting, zwangerschap**
huáiyùnde 怀孕的 **zwanger**
huái 踝 **enkel (lichaamsdeel)**
huài 坏 **slecht**
huàile 坏了 **kapot**
huānyíng 欢迎 **welkom**
huánjià 还价 **afdingen**
huánchéng lǚxíng 环程旅行 **rondreis**
huánqiú lǚxíng 环球旅行 **wereldreis**
huánxíng yóuchuán 环行游船 **rondvaartboot**
huǎnchōng dǎngbǎn 缓冲挡板 **bumper**
huàn 换 **verwisselen**
huàn jīyóu 换机油 **olie verversen**
huànniàobù 换尿布 **verschonen (baby)**
huànqìguòdù 换气过度 **hyperventilatie**
huángfēng 黄蜂 **wesp**
huángguā 黄瓜 **komkommer**
huángsè 黄色 **geel**
huángyóu/nǎiyóu 黄油/奶油 **boter**
huīsè 灰色 **grijs**
huíchéng 回程 **terugreis**
huídá 回答 **antwoord**
huílái 回来 **terugkomen**
huíqù 回去 **teruggaan**
huìlǜ 汇率 **(wissel)koers**
huìyuán zīgé 会员资格 **lidmaatschap**
huìhuà yìshù 绘画艺术 **schilderkunst**
hūnlǐ 婚礼 **bruiloft, huwelijk**
hūnyīn 婚姻 **huwelijk**
huódòng 活动 **evenement**
huǒ 火 **vuur**
huǒchái 火柴 **lucifers**
huǒchē 火车 **trein**
(huǒchē) chēxiāng (火车)车厢 **wagon**

(huǒchē)wòpù (火车)卧铺 **slaapwagen**
(huǒchēshàng)cānchē (火车上)餐车 **restauratiewagen**
huǒchēpiào 火车票 **treinkaartje**
huǒchē shíkèbiǎo 火车时刻表 **spoorboekje**
huǒshān 火山 **vulkaan**
huǒtuǐ 火腿 **ham**
huǒbàn 伙伴 **partner**
huò 或 **of**
huòxǔ 或许 **waarschijnlijk**

J

jīchǎng 机场 **luchthaven**
jīchǎngshuì 机场税 **luchthavenbelasting**
jīròu 肌肉 **spier**
jīròu chōujīn (肌肉)抽筋 **krampen (in spieren)**
jī 鸡 **kip**
jī yīn zhuǎn huàn 基因转换 **genetisch gemanipuleerd**
jíjiù 急救 **eerste hulp**
jíjiùxiāng 急救箱 **EHBO-doos**
jíliú 急流 **stroomversnelling**
jíbìng 疾病 **ziekte**
jìchéngbiǎo 计程表 **meter (in taxi)**
jìhuà 计划 **plan**
jìsuànjī 计算机 **computer**
jìsuànjī wéndàng 计算机文档 **computerbestand**
jìniànpǐn 纪念品 **souvenir**
jìxù lǚxíng 继续旅行 **doorreis**
jì 寄 **versturen**
jìcún 寄存 **in bewaring geven**
jiāfǎ 加法 **optelling**
jiāmǎn 加满 **bijvullen**
jiārèqì 加热器 **dompelaar**
jiāxiāngliàode 加香料的 **gekruid**
jiāyóuzhàn 加油站 **tankstation**
jiāzuǒliào 加佐料 **kruiden (ww)**
jiākèshān 夹克衫 **jasje**
jiāqín 家禽 **gevogelte**
jiātíng 家庭 **gezin, familie**
jiātínglǚguǎn 家庭旅馆 **pension**
jiātíng yīshēng 家庭医生 **huisarts**
jiātíng yòngpǐn 家庭用品 **huishoudelijke artikelen**
jiǎyá 假牙 **kunstgebit**
jiàgé 价格 **prijs**
jiàgébiǎo 价格表 **prijslijst**
jiàzhào 驾照 **rijbewijs**
jiānguǒ 坚果 **noten (gemengd)**
jiānbǎng 肩膀 **schouder**
jiāndànjuǎn 煎蛋卷 **omelet**
jiǎnzhènqì 减震器 **schokbreker**
jiǎn 剪 **knippen**
jiǎndāo 剪刀 **schaar**
jiǎnzhǐjia dāo 剪指甲刀 **nagelschaartje**
jiǎnchá 检查 **controleren, onderzoeken (med.)**
jiǎndānde 简单的 **eenvoudig**
jiànmiàn 见面 **ontmoeten (leren kennen)**
jiànyì 建议 **advies**
jiànzhù 建筑 **architectuur**
jiànkāng 健康 **gezond, gezondheid**
jiàn kāng bǎo xiǎn 健康保险 **ziektekostenverzekering**
jiànkāng shípǐn shāngdiàn 健康食品商店 **reformwinkel**
jiàndìng 鉴定 **zich identificeren**
jiàntóu 箭头 **pijl**
jiǎng 讲 **spreken**
jiàngjià 降价 **aanbieding**
jiāochākǒu 交叉口 **kruispunt**
jiāohuàn 交换 **ruilen**
jiāotōng 交通 **verkeer**
jiāotōng bǎn 交通板 **verkeersbord**
jiāotōng biāozhì 交通标志 **verkeersbord**
jiāodài 胶带 **plakband**
jiāojuǎn 胶卷 **fotorolletje**
jiāoshuǐ 胶水 **lijm**
jiǎoluò 角落 **hoek**
jiǎo 脚 **voet**
jiǎobèi 脚背 **wreef**
jiǎohòugēn 脚后跟 **hiel**
jiǎotàchuán 脚踏船 **waterfiets**
jiǎozhǎng 脚掌 **zool**
jiǎozhǐ 脚趾 **teen**
jiàoxǐng 叫醒 **wekken**
jiàotáng 教堂 **kerk**

jiē 接 **ophalen**
jiēzhòng yìmiáo 接种疫苗 **inenting, vaccinatie**
jiē 街 **straat**
jiémù 节目 **programma**
jiérì 节日 **festival, feestdag**
jiéshí (jiǎnféi) 节食（减肥） **dieet**
jiébīng 结冰 **vriezen**
jiécháng 结肠 **dikke darm**
jiéguǒ 结果 **uitslag (resultaat)**
jiéhūn 结婚 **trouwen**
jiézhàng 结账 **afrekenen**
jiěmèi 姐妹 **zus**
jiědòng 解冻 **dooien**
jiědúyào 解毒药 **norit**
jiěshì 解释 **uitleggen**
jièmo 芥末 **mosterd**
jiè(gěi) 借（给） **lenen (aan)**
jīntiān 今天 **vandaag**
jīntiān tuījiàn de cài 今天推荐的菜 **dagschotel**
jīntiān wǎnshang 今天晚上 **vanavond (tot 21 uur), komende nacht**
jīntiānxiàwǔ 今天下午 **vanmiddag**
jīntiān yèli (èrshíyī diǎn yǐhòu) 今天夜里（21点以后） **vanavond (na 21 uur)**
jīntiānzǎoshang 今天早上 **vanmorgen**
jīn 金 **goud**
jīnfà 金发 **blond**
jīnqiāngyú 金枪鱼 **tonijn**
jīnshǔ 金属 **metaal**
jǐnāizhe 紧挨着 **dichtstbijzijnde**
jǐnjí/kuài 紧急/快 **spoed**
jǐnjí chūkǒu 紧急出口 **nooduitgang**
jǐnjíde 紧急的 **dringend**
jǐnjí diànhuà chù 紧急电话处 **praatpaal**
jǐnjí shāchē 紧急刹车 **noodrem**
jǐnjí tíngchē yòngde sānjiǎoxíng 紧急停车用的三角形 **gevarendriehoek**
jìnkǒu guānshuì 进口关税 **invoerrechten**
jìnshí 禁食 **vasten**
jìnzhǐ 禁止 **verboden**
jīngjìcāng 经济舱 **toeristenklasse**
jīngyóu 经由 **via**
jīngqí 惊奇 **verrassing**
jǐngbào 警报 **alarm**
jǐngchá 警察 **agent, politie**
jǐngchájú 警察局 **politiebureau**
jǐnggào 警告 **waarschuwing**
jǐnggào 警告（动） **waarschuwen**
jìnghuà 净化 **zuiveren**
jìngtóu 镜头 **lens**
jìngzi 镜子 **spiegel**
jiǔbā (kāfēiguǎn, jiājù) 酒吧（咖啡馆，家具） **bar (café, meubel)**
jiǔdiàn/lǚguǎn 酒店/旅馆 **hotel**
jiǔjiàdān 酒价单 **wijnkaart**
jiǔjīng 酒精 **alcohol**
jiǔshísān hào (qìyóu) 93号（汽油） **normaal (benzine)**
jiùchǐ 臼齿 **kies**
jiùhùchē 救护车 **ambulance**
jiùshēngyī 救生衣 **reddingsvest, zwemvest**
júzi 桔子 **mandarijn**
jùzi 句子 **zin (woorden)**
(jùchǎng)dàtīng （剧场）大厅 **zaal (in theater)**
jùyuàn 剧院 **schouwburg, theater**
jùlí 距离 **afstand**
jùfēng 飓风 **orkaan**
jùhuì 聚会 **feest**
juǎnqūde 卷曲的 **krullend**
juǎnyān 卷烟 **shag**
juǎnyānzhǐ 卷烟纸 **vloei**

K

kāfēi 咖啡 **koffie**
kāfēijī 咖啡机 **koffiezetapparaat**
kāfēinǎi 咖啡奶 **koffiemelk**
kāfēitīng 咖啡厅 **café**
kǎchē 卡车 **vrachtwagen**
kāichē 开车 **rijden (in auto)**
kāiguān 开关 **schakelaar**
kāi guàntou dāo 开罐头刀 **blikopener**
kāikǒu bānshou 开口扳手 **steeksleutel**

kāimén 开门 **open**
kāipíngqì 开瓶器 **flesopener**
kāishǐ 开始 **beginnen, starten**
kāiwèijiǔ 开胃酒 **aperitief**
kāixīn 开心 **plezier**
kàn 看 **bekijken, kijken**
kàn/dú 看/读 **lezen**
kànbìng 看病 **consult**
kànjiàn 看见 **bezichtigen**
(kàn yīshēng) yùyuē (看医生)预约 **afspraak**
kāngfù 康复 **beter (na ziekte)**
kàngshēngsù 抗生素 **antibiotica**
kǎode 烤的 **geroosterd, gegrild**
kǎomiànbāopiàn 烤面包片 **toast (geroosterd brood)**
kǎomiànbāoqì 烤面包器 **broodrooster**
kǎoxiāng 烤箱 **oven**
kàojìn 靠近 **bij**
késou 咳嗽 **hoest**
késouyàoshuǐ 咳嗽药水 **hoestdrank**
kě'ài 可爱 **lief**
kěbǎocún 可保存 **houdbaar zijn**
kěkào 可靠 **betrouwbaar (apparaat)**
kělè 可乐 **cola**
kěnéng 可能 **mogelijk**
kěpàde 可怕的 **afschuwelijk**
kětōngxíngde 可通行的 **begaanbaar**
kěxī 可惜 **jammer**
kěxìnlài 可信赖 **betrouwbaar (persoon)**
kěyǐ 可以 **mogen (toestemming hebben)**
kě 渴 **dorst hebben**
kè 克 **gram**
kècāng 客舱 **hut (op schip)**
kè 课 **les**
kōngde 空的 **leeg**
kōngtiáo 空调 **airconditioning**
kōngqìguòlǜqì 空气过滤器 **luchtfilter**
kōngqì wūrǎn 空气污染 **luchtvervuiling**
kǒngbù wēixié 恐怖威胁 **terrorismedreiging**
kǒnggāozhèng 恐高症 **hoogtevrees**
kòngxián 空闲 **vrije tijd**
kǒuhóng 口红 **lippenstift**
kǒuxiāngtáng 口香糖 **kauwgum**
kū 哭 **huilen**
kǔde 苦的 **bitter**
kuàjiē(qìchē)diànlǎnxiàn 跨接(汽车)电缆线 **startkabels**
kuài 快 **snel, vlug**
kuài cān diàn 快餐店 **fastfoodrestaurant**
kuánghuānjié 狂欢节 **carnaval**
kuàngquánshuǐ 矿泉水 **mineraalwater**
kuàng 框 **montuur**
kuìyáng 溃疡 **maagzweer, zweer**
kùnnan 困难 **moeilijkheid**

L

lājī 垃圾 **afval, vuilnis**
lājīdài 垃圾袋 **vuilniszak**
lājīxiāng 垃圾箱 **vuilnisbak**
lāliàn 拉链 **rits**
làzhú 蜡烛 **kaars**
lái 来 **komen**
láiyuèjīng 来月经 **ongesteld zijn**
lánwěi 阑尾 **blindedarm**
lánsè 蓝色 **blauw**
lǎo 老 **oud**
lǎohǔ 老虎 **tijger**
lǎoshǔ 老鼠 **muis**
lèyì 乐意 **genoegen**
léiyǔ 雷雨 **onweer**
lěng 冷 **koud**
lěngdòngkuài 冷冻块 **koelelement**
lěngpán 冷盘 **voorgerecht**
(lěng) tōngfēng (冷) 通风 **tocht (kou)**
lí 梨 **peer**
líhūn 离婚 **gescheiden**
líkāi 离开 **vertrekken**
lǐbài 礼拜 **kerkdienst**
lǐwù 礼物 **cadeau, geschenk**
lǐzi 李子 **pruim**
lǐchéngbiǎo 里程表 **kilometerteller**

lǐmiàn 里面 **binnen**
lǐfàyuán 理发员 **kapper**
lǐjiě/dǒng 理解/懂 **begrijpen**
lìfāngmǐ 立方米 **kubieke meter**
lìkè 立刻 **meteen, onmiddellijk**
liánjiē (diàn uà, jiāo ōng) 连接(电话，交通) **verbinding**
(liánjiē gāosùgōnglùde)chàdào (连接高速公路的) 岔道 **oprit**
liányīqún 连衣裙 **jurk**
liánjià chūshòu 廉价出售 **uitverkoop**
liǎn 脸 **gezicht**
liànlún 链轮 **tandwiel**
liàntiáosuǒ 链条锁 **kettingslot**
liángbàncài 凉拌菜 **rauwkost**
liǎngzhě 两者 **allebei**
liàngyīshéng 晾衣绳 **waslijn**
liáochéng 疗程 **kuur (medicijnen)**
lièchē chēxiāng 列车车厢 **coupé**
lièjiǔ 烈酒 **sterkedrank**
línjū 邻居 **buren**
línyù 淋浴 **douche**
lín yù yòng dài bì 淋浴用代币 **douchemuntje**
líng 铃 **bel**
língqián 零钱 **kleingeld, wisselgeld**
lǐngdài 领带 **stropdas**
lǐngshìguǎn 领事馆 **consulaat**
liūbīng 溜冰 **skaten**
liúbíxuè 流鼻血 **bloedneus**
liúgǎn 流感 **griep**
liúxíng yīnyuèhuì 流行音乐会 **popconcert**
liúsù 留宿 **logeren**
lóngxiā 龙虾 **kreeft**
lóng 聋 **doof**
lóutī 楼梯 **trap**
lòuqì 漏气 **lek (van band)**
lùxiōngde 露胸的 **topless**
lùyíng 露营 **camping, kamperen**
lùyíng(bǐngwán) méiqìguàn 露营(丙烷)煤气罐 **campinggas (propaan)**
lùyíng(dīngwán) méiqìguàn 露营(丁烷)煤气罐 **campinggas (butaan)**
lùyíngdì 露营地 **kampeerterrein**
lùyíng shāngdiàn 露营商店 **kampwinkel**
(lùyíngyòng)tuōchē (露营用)拖车 **caravan**
lùyíng xǔkězhèng 露营许可证 **kampeervergunning**
lùyíngzhě 露营者 **camper**
lùyíngzhǐnán 露营指南 **kampeergids**
lùxiàngdài 录像带 **videoband**
lùxiàngjī 录像机 **videorecorder**
lùbiān cānguǎn 路边餐馆 **wegrestaurant**
lùbiān kāfēidiàn qián yǒu zuòwèi de dìfang 路边咖啡店前有座位的地方 **terras**
lùxiàn 路线 **route**
lǚkè 旅客 **reiziger**
lǚxíng 旅行 **reis, tocht, uitstapje**
lǚxíng 旅行(动) **reizen**
lǚxíng bǎoxiǎn 旅行保险 **reisverzekering**
lǚxíngpéibàn 旅行陪伴 **reisgezelschap**
lǚxíngshè 旅行社 **reisbureau**
lǚxíng xúnwènchù 旅行询问处 **VVV-kantoor**
lǚxíng zhīpiào 旅行支票 **reischeque**
lǚxíngzhǐnán 旅行指南 **reisgids**
lǚyóu shuì 旅游税 **toeristenbelasting**
lǚ yóu tuán 旅游团 **groepsreis**
lǚyóu yè 旅游业 **toerisme**
lǚyóu zǔzhīzhě 旅游组织者 **touroperator**
lǜshī 律师 **advocaat (jur.)**
lǜkǎ 绿卡 **groene kaart**
lǜsè 绿色 **groen**
lúnquān 轮圈 **velg**
lúntāi 轮胎 **band**
lúntāi gànggǎn 轮胎杠杆 **bandenlichter**
lúntāi yālì 轮胎压力 **bandenspanning**
lúnyǐ 轮椅 **rolstoel**
lúnzi 轮子 **wiel**

luósīdāo 螺丝刀 **schroevendraaier**
luósīdīng 螺丝钉 **schroef**
luǒtǐde 裸体的 **bloot, naakt**
luǒtǐhǎitān 裸体海滩 **naaktstrand**
luǒtǐ zhǔyì 裸体主义 **naturisme**
luòtuo 骆驼 **kameel**

M

máfan 麻烦 **last (ongemak)**
mázuì 麻醉 **verdoven**
mǎ 马 **paard**
mǎshàng, lìkè 马上，立刻 **onmiddellijk**
mǎtǒng qīngjiéjì 马桶清洁剂 **chemisch toiletvloeistof**
mátǒng zuòquān 马桶座圈 **wc-bril**
mǎxì 马戏 **circus**
mǎtóu 码头 **pier**
mǎyǐ 蚂蚁 **mier**
mǎi 买 **kopen**
mǎi dōngxi 买东西 **boodschappen doen**
màijiǔshāng 卖酒商 **slijterij**
mǎn 满 **vol**
mǎnyì 满意 **tevreden**
màn 慢 **langzaam**
mànchē 慢车 **stoptrein**
mànpǎo 慢跑 **joggen**
mánglùde 忙碌的 **druk (bn)**
māo 猫 **poes**
máobèixīn 毛背心 **vest**
máojīn 毛巾 **handdoek**
máoyī 毛衣 **trui**
màozi 帽子 **hoed, muts**
méiyǒu dōngxi 没有东西 **niets**
méiyǒurén 没有人 **niemand**
méigui hóng pútaojiǔ 玫瑰红葡萄酒 **rosé**
méiqìguàn 煤气罐 **gasfles**
méiqìlú 煤气炉 **gasstel**
měiróngdiàn 美容店 **schoonheidssalon**
měishídiàn 美食店 **delicatessenwinkel**
měishùguǎn 美术馆 **galerie**
měiyuán 美元 **dollar**
mén 门 **deur**
(mén pái) hào (门牌)号 **huisnummer**
ménwèi 门卫 **portier (man)**
mèn/wúliáo 闷/无聊 **zich vervelen**
mísa 弥撒 **mis (zn)**
mílù 迷路 **verdwaald, verdwalen,weg (kwijt)**
mǐfàn 米饭 **rijst**
mìmǎ 密码 **pincode**
mìfēng 蜜蜂 **bij (dier)**
mìyuèlǚxíng 蜜月旅行 **huwelijksreis**
miánhuā 棉花 **katoen**
miǎnfèi 免费 **gratis**
miǎnshuìdiàn 免税店 **taxfreewinkel**
miànbāo 面包 **brood**
miànbāo(gāodiǎn)diàn 面包(糕点)店 **banketbakkerij**
miànbāo chē 面包车 **busje**
miànbāodiàn 面包店 **bakkerswinkel**
miànduìjiēdào 面对街道 **straatkant**
miànfěn 面粉 **meel, bloem**
miànjiá 面颊 **wang**
miáotiáo 苗条 **slank**
miǎo 秒 **seconde**
mièhuǒqì 灭火器 **brandblusser**
mínjiān chuánshuōde 民间传说的 **folkloristisch**
míngzi 名字 **naam (voornaam)**
míngtiān 明天 **morgen**
míngxìnpiàn 明信片 **ansichtkaart**
mótuō chē 摩托车 **scooter, motorfiets**
mótuōchē yuèyěsài 摩托车越野赛 **motorcrossen**
mótuōtǐng 摩托艇 **motorboot**
mógu 蘑菇 **paddenstoelen**
mǒuchù 某处 **ergens**
mǒurén 某人 **iemand**
mǒushì 某事 **iets**
mǔqin 母亲 **moeder**
mǔlì 牡蛎 **oesters**
mùtou 木头 **hout**
mùdìdì 目的地 **bestemming**
mùlù 目录 **catalogus**

mùdì 墓地 **kerkhof**
mùsīlín 穆斯林 **moslim**
mùyù xiǎo wòshì 沐浴小卧室 **badhokje**

N

nǎge? 哪个? **welk?**
nǎli? 哪里? **waar?**
nèikù 内裤 **onderbroek**
nèitāi 内胎 **binnenband**
nèiyīkù 内衣裤 **ondergoed**
nàli 那里 **daar**
nǎifěn 奶粉 **poedermelk**
nǎilào (nóngwèide, dànwèide) 奶酪(浓味的，淡味的) **kaas (oude –, jonge –)**
nǎinǎi 奶奶 **oma**
nǎixī 奶昔 **milkshake**
nǎiyóu 奶油 **room**
nǎiyóu(dǎchéng húzhuàng) 奶油(打成糊状) **slagroom (geklopt)**
nǎizuǐ 奶嘴 **speen**
nánhái 男孩 **jongen**
nánrén 男人 **man (mens)**
nán 南 **zuiden**
nánkàn 难看 **lelijk**
nǎozhèndàng 脑震荡 **hersenschudding**
nàozhōng 闹钟 **wekker**
nènde 嫩的 **mals**
néngcùjìn chángshòude 能促进长寿的 **macrobiotisch**
nítǔ 泥土 **aarde (grond)**
nǐhǎo 你好 **dag (hallo), hallo**
nǐyě yīyàng 你也一样 **insgelijks**
nián 年 **jaar**
niánlíng 年龄 **leeftijd**
niào 尿 **urine**
niàobù 尿布 **luier**
nièzi 镊子 **pincet**
nín 您 **u**
níngméng 柠檬 **citroen**
niújiǎo miànbāo 牛角面包 **croissant**
niúnǎi 牛奶 **melk**
niúròu 牛肉 **rundvlees**
niúzǎikù 牛仔裤 **spijkerbroek**
niǔshāng 扭伤 **verzwikken**
niǔkòu 钮扣 **knoop (aan jas)**
nóngchǎng 农场 **boerderij**
nóngcūn 农村 **platteland**
nóngmín 农民 **boer**
nóngmínde qīzi 农民的妻子 **boerin**
nòngcuò 弄错 **zich vergissen**
nònggān 弄干 **drogen**
nònggānjìng 弄干净 **schoonmaken**
nǚcèsuǒ 女厕所 **damestoilet**
nǚchènshān 女衬衫 **blouse**
nǚ'ér 女儿 **dochter**
nǚ fúwùshēng 女服务生 **serveerster**
nǚfúwùyuán 女服务员 **kamermeisje**
nǚhái 女孩 **meisje**
nǚnèikù 女内裤 **slipje**
nǚpéngyou 女朋友 **vriendin**
nǚpéngyou (duìxiàng) 女朋友（对象） **vriendin (partner)**
nǚrén 女人 **vrouw**
nǚwáng 女王 **koningin**
nüèjí 疟疾 **malaria**
nuǎnpíngqì 暖瓶器 **flessenwarmer**
nuǎnqì 暖气 **(centrale) verwarming**
nuǎnqìguǎn 暖气管 **radiator (cv)**
nuǎnshuǐdài 暖水袋 **kruik**

O

ōuyuán 欧元 **euro**
ǒutù 呕吐 **braken, overgeven**

P

páshān 爬山 **bergbeklimmen**
páshān yòngpǐn 爬山用品 **klimuitrusting**
pāishè 拍摄 **filmen**
páiqìguǎn 排气管 **uitlaatpijp**
pánzi 盘子 **etensbord**
pángguāng 膀胱 **blaas**
pèixiàn diànlǎn 配线电缆 **verdelerkabel**

péngyou 朋友 **vriend, vriend (partner)**
pí 皮 **schil**
pídài 皮带 **riem**
pífū 皮肤 **huid**
pígé 皮革 **leer**
pígéyòngpǐn(diàn) 皮革用品(店) **lederwaren**
píjiā 皮夹 **portefeuille**
pízhěn (pífū) 皮疹(皮肤) **huiduitslag**
píjiǔ 啤酒 **bier**
pízàng 脾脏 **milt**
pìgu 屁股 **bil**
piànkè 片刻 **moment, ogenblik**
piányi 便宜 **goedkoop**
piāntóutòng 偏头痛 **migraine**
piàoliang 漂亮 **mooi**
piào 票 **kaartje (voor transport), ticket**
pīnxiě 拼写 **spellen**
píngdǐ guō 平底锅 **koekenpan, pan**
píngfāngmǐ 平方米 **vierkante meter**
píngjūn 平均 **gemiddelde**
píngmiàn jiāochā dàokǒu 平面交叉道口 **spoorwegovergang**
píngguǒ 苹果 **appel**
píngguǒ dàngāo 苹果蛋糕 **appeltaart**
píngguǒzhī 苹果汁 **appelsap**
píngzi 瓶子 **fles**
pòshāngfēng 破伤风 **tetanus**
pūrèxītòng 扑热息痛 **paracetamol**
pútao 葡萄 **druif**
pútaojiǔ 葡萄酒 **wijn**
pùbù 瀑布 **waterval**

Q

qīzǐ 妻子 **echtgenote**
qítā 其它 **andere**
qímǎ 骑马 **paardrijden**
qíshù xuéxiào 骑术学校 **manege**
qízìxíngchē 骑自行车 **fietsen**
qí (zìxíngchē, mǎ) 骑(自行车，马) **rijden (op fiets, paard)**
qízi 旗子 **vlag**
qǐzi 起子 **schroevendraaier**
qìfá/qìmén 气阀 / 气门 **ventiel**
qìhòu 气候 **klimaat**
qìchē 汽车 **auto**
qìchē chūzū gōngsī 汽车出租公司 **autoverhuurbedrijf**
(qìchē)dēngjìzhèng (汽车)登记证 **kentekenbewijs**
(qìchē)dǐngjià (汽车)顶架 **imperiaal**
(qìchē) hòubèixiāng (汽车) 后备箱 **kofferbak**
(qìchē lúntāi shàngjiāde) xuělián (汽车轮胎上加的)雪链 **sneeuwkettingen**
qìchēlǚguǎn 汽车旅馆 **motel**
(qìchē)pāomáo (汽车)抛锚 **pech (met auto)**
(qìchē) xiǎohái zuò (汽车) 小孩座 **autozitje**
qìchē wénjiàn 汽车文件 **autopapieren**
qìchē yàoshi 汽车钥匙 **autosleutel**
(qìchē)yóuliàng (汽车)油量 **oliepeil**
qìshuǐ 汽水 **frisdrank, limonade**
qìyóu 汽油 **benzine**
qìyóutǒng 汽油桶 **jerrycan**
qiānjīndǐng 千斤顶 **krik**
qiānbǐ 铅笔 **potlood**
qiānmíng 签名 **handtekening, ondertekenen**
qiānzhèng 签证 **visum**
qiánchā 前叉 **voorvork**
qiándēng 前灯 **koplamp**
qián'é 前额 **voorhoofd**
qiánliúhǎir 前刘海 **pony (kapsel)**
qiánmiàn 前面 **voor, voorin**
qiántái 前台 **receptie (ontvangstbalie)**
qiántiān 前天 **eergisteren**
qián 钱 **geld**
qiánbāo 钱包 **portemonnee**
qiánshuǐ 潜水 **duiksport**
qiánshuǐ, tiàoshuǐ 潜水，跳水 **duiken**
qiánshuǐjìng 潜水镜 **duikbril**
qiánshuǐpǔ 潜水蹼 **zwemvliezen**

qiánshuǐ tōngqìguǎn 潜水通气管 **snorkel**
qiánshuǐyī 潜水衣 **duikuitrusting, surfpak**
qiǎn 浅 **ondiep**
qiángjiān 强奸 **aanranding, verkrachting**
qiángzhìde 强制的 **verplicht**
qiáo 桥 **brug**
qiǎokèlì 巧克力 **chocolade**
qiǎokèlì tángguǒ 巧克力糖果 **bonbon**
qiē/gē 切 / 割 **snijden**
qīnqi 亲戚 **familie (verwanten)**
qīngjiāo 青椒 **paprika**
qīngniánlǚguǎn 青年旅馆 **jeugdherberg**
qīngzhǒng 青肿 **kneuzen**
qīngbiànxié 轻便鞋 **wandelschoenen**
qīngde, dànde 轻的，淡的 **licht (bn)**
qīnggējù 轻歌剧 **operette**
qīngxièyào 轻泻药 **laxeermiddel**
qīngcāng jiàngjià xiāoshòu 清仓降价销售 **opruiming**
qīngchu 清楚 **duidelijk**
qīngzhēnsì 清真寺 **moskee**
qǐng 请 **alstublieft (vragend), s.v.p.**
qǐng yuánliàng 请原谅 **pardon**
qìngzhù 庆祝 **feestvieren**
qìngzhù huódòng 庆祝活动 **festiviteiten**
qiūtiān 秋天 **herfst**
qiú 球 **bal**
qūbǐng 曲柄 **crank**
qūbǐngzhóu 曲柄轴 **trapas**
qūwényóu 驱蚊油 **muggenolie**
qǔ 取 **ophalen**
qǔkuǎnjī 取款机 **geldautomaat**
qǔxiāo 取消 **annuleren**
qù 去 **gaan**
qùwūjì 去污剂 **vlekkenmiddel**
quánshísù 全食宿 **volpension**
quánshuǐ 泉水 **bron (opwellend water)**
quēfá 缺乏 **ontbreken**
quèdìng (tóngyì) 确定（同意） **afspreken (overeenkomen)**
quèrèn 确认 **bevestigen**
qúnzi 裙子 **rok**

R

ránshāo 燃烧 **branden**
ràodào xíngshǐ 绕道行驶 **omleiding**
rè 热 **warm**
rè (tiānqì) 热（天气） **warm (weer)**
rè qiǎokèlì 热巧克力 **chocolademelk**
rèshuǐpényù 热水盆浴 **thermaal bad**
rèshuǐpíng 热水瓶 **thermosfles**
rén 人 **persoon**
rénkǒu 人口 **bevolking**
rénxíngdào 人行道 **trottoir**
rénxínghéngdào 人行横道 **zebrapad**
rénzàopēnquán 人造喷泉 **fontein**
rìchū 日出 **zonsopgang**
rìguāngyù 日光浴 **zonnebaden**
rìluò 日落 **zonsondergang**
róngmáo wánjù 绒毛玩具 **knuffelbeest**
róngyì 容易 **gemakkelijk**
róuruǎn 柔软 **zacht**
ròu 肉 **vlees**
ròudiàn 肉店 **slagerij**
(ròu)lǎole, yìngle （肉）老了，硬了 **taai**
ròumò 肉末 **gehakt (zn)**
ròutāng 肉汤 **bouillon**
ròutāng kuàiliào 肉汤块料 **bouillonblokje**
ròuzhìpǐn 肉制品 **vleeswaren**
rúhé? 如何? **hoe?**
rǔfáng/xiōng 乳房/胸 **borst**
rǔshuāng 乳霜 **crème**
rǔtóu 乳头 **tepel**
rǔzhào 乳罩 **beha**
rǔzhìpǐn 乳制品 **zuivel**
rùchǎng 入场 **toegang**
rùchǎng(kǒu) 入场（口） **entree**
rùchǎngfèi 入场费 **toegangsprijs**

rùchǎngquàn 入场券 **toegangskaartje, entreebewijs**
rùkǒu 入口 **ingang**
ruǎngāo 软膏 **zalf**
ruò 弱 **zwak**

S

sāndiǎnshì yóngzhuāng 三点式泳装 **bikini**
sānjiǎoxíng 三角形 **driehoek**
sànbù 散步 **wandeling**
sànbù 散步(动) **wandelen**
sànrè piàn(chē) 散热片(车) **radiateur (auto)**
sāngnáyù 桑拿浴 **sauna**
shādīngyú 沙丁鱼 **sardines**
shālā 沙拉 **salade**
shālācài 沙拉菜 **sla**
shālāyóu 沙拉油 **slaolie**
shātān 沙滩 **zandstrand**
shātān zhàngpeng 沙滩帐篷 **strandtent**
shāzi 沙子 **zand**
shāchē 刹车 **rem**
shāchēdēng 刹车灯 **remlichten**
shāchēpán 刹车盘 **remschijf**
shāchēpiàn 刹车片 **remblokje**
shāchēxiàn 刹车线 **remkabel**
shāchēyè 刹车液 **remvloeistof**
shāyú 鲨鱼 **haai**
shàihēi 晒黑 **bruin worden**
shàihòu xiūfù shuāng 晒后修复霜 **aftersun**
shàiyījiā 晒衣夹 **wasknijper**
shān 山 **berg**
shāngǔ 山谷 **dal, vallei**
shānjiānxiǎowū 山间小屋 **berghut**
shǎndiàn 闪电 **bliksem**
shǎnguāngdēng 闪光灯 **flitslampje**
shànyú 鳝鱼 **paling**
shāngkǒu 伤口 **wond**
shāngdiàn 商店 **winkel**
shāngpǐn 商品 **artikel**
shāngyèjiē 商业街 **winkelstraat**
shàngchuán 上传 **uploaden**
shàngdì, shén 上帝，神 **god**
shàngmian 上面 **boven (hoger dan)**
shàngmian, shàngqu 上面，上去 **naar boven**
shàng yīcì 上一次 **vorig**
shāojiāo 烧焦 **aangebrand**
shāokǎo 烧烤 **barbecue, grillen**
shāoshāng 烧伤 **brandwond**
shāoshāng ruǎngāo 烧伤软膏 **brandzalf**
sháozi 勺子 **lepel**
shǎo 少 **weinig**
shǎoyīdiǎn 少一点 **minder**
shétóu 舌头 **tong (lichaamsdeel)**
shé 蛇 **slang (dier)**
shèxiàngjī 摄象机 **videocamera**
shēnbào 申报 **aangeven (bij douane)**
shēnfènzhèng 身份证 **legitimatiebewijs**
shēnfènzhèngjiàn 身份证件 **identiteitsbewijs**
shēntǐ 身体 **lichaam**
shēn 深 **diep**
(shēntǐde)cèbiān, lèi (身体的)侧边，肋 **zij (van lichaam)**
shēndòng bīngxiāng 深冻冰箱 **diepvries**
shēnhǎi qiánshuǐ 深海潜水 **diepzeeduiken**
shèn 肾 **nier**
shēng 升 **liter**
shēngbìng 生病 **ziek**
shēngde 生的 **rauw**
shēngqì 生气 **boos, kwaad**
shēngri 生日 **verjaardag**
shēngtài lǚyóu 生态旅游 **ecotoerisme**
shēngwù de, yǒujī de 生物的，有机的 **biologisch**
shēngzhíqì 生殖器 **geslachtsdelen**
shēngyīn 声音 **geluid**
shéngzi 绳子 **touw**
shèngdànjié 圣诞节 **Kerstmis**
shīwù zhāolǐngchù 失物招领处 **gevonden voorwerpen**
shīyè 失业 **werkloos**
shīde 湿的 **nat**
shīzhěn 湿疹 **eczeem**
shénme? 什么？**wat?**

shénme shíhou? 什么时候? **wanneer?**
shíchā 时差 **jetlag**
shíjiān 时间 **tijd**
shíkèbiǎo 时刻表 **dienstregeling**
shídào 食道 **slokdarm**
shípǐn 食品 **levensmiddelen**
shípǐn záhuòshāng 食品杂货商 **kruidenier**
shípǔ 食谱 **recept**
shíwù 食物 **voedsel**
(shíwù)àn yóutài jiàoguī zhìchéngde (食物)按犹太教规制成的 **koosjer**
(shíwùde)yīfèn (食物的)一份 **portie**
shíwù zhōngdú 食物中毒 **voedselvergiftiging**
(shǐyòng yínhángkǎ) fùkuǎn (使用银行卡)付款 **pinnen (betalen)**
(shǐyòng yínhángkǎ) tíkuǎn (使用银行卡)提款 **pinnen (geld opnemen)**
shìzhǎng 市长 **burgemeester**
shìzhèngtīng 市政厅 **stadhuis**
shìzhōngxīn 市中心 **centrum**
shìgù 事故 **ongeluk**
shìchuān 试穿 **passen (aanproberen)**
shìyī shì 试衣室 **paskamer**
shì (de) 是(的) **ja**
shìhé háizi de 适合孩子的 **kindvriendelijk**
shìpèiqì 适配器 **adapter**
shōu fèi gōng lù 收费公路 **tolweg**
shōujù 收据 **bewijs van betaling, bon, kwitantie**
shōukuǎnchù 收款处 **kassa**
shōutiáo 收条 **ontvangstbewijs**
shōuyīnjī 收音机 **radio**
shǒu 手 **hand**
shǒubǎ 手把 **fietsstuur**
shǒubiǎo 手表 **horloge**
shǒudiàntǒng 手电筒 **zaklantaarn**
shǒugōngpǐn 手工品 **handwerk**
shǒugōng zhìde 手工制的 **handgemaakt**
shǒujī 手机 **gsm, mobieltje**
(shǒujī)duǎnxìnfúwù (手机)短信服务 **sms**
shǒujīkǎ, zhìnéngkǎ 手机卡, 智能卡 **SIM-kaart**
shǒujī shāngdiàn 手机商店 **belwinkel**
shǒupà 手帕 **zakdoek**
shǒushāchē 手刹车 **knijprem**
shǒushāchē 手煞车 **handrem**
shǒutào 手套 **handschoen**
shǒutíbāo 手提包 **handtas**
shǒutí diànnǎo 手提电脑 **laptop**
shǒutí xíngli 手提行李 **handbagage**
shǒuwàn 手腕 **pols**
shǒuzhǐ 手纸 **toiletpapier**
shǒuzhǐ 手指 **vinger**
shǒuzhuó 手镯 **armband**
shǒudū 首都 **hoofdstad**
shǒushi 首饰 **sieraden**
shòushāng 受伤 **gewond**
shòu 瘦 **mager**
shū 书 **boek**
shūdiàn 书店 **boekhandel**
shūmiànde 书面的 **schriftelijk**
shūzhuāngyòngpǐn 梳妆用品 **toiletartikelen**
shūzi 梳子 **kam**
shū 输 **verlies**
shūniàoguǎn 输尿管 **urineleider**
shūcài 蔬菜 **groente**
shūcàitāng 蔬菜汤 **groentesoep**
shǔ 鼠 **rat**
shù'é 数额 **bedrag**
shùmǎ zhàoxiàngjī 数机码照相 **digitale camera**
shùmǎ guāngpán 数码光盘 **dvd**
shuāzi 刷子 **borstel**
shuāiduàn(tuǐ) 摔断(腿) **breken**
shuāngbāotāi 双胞胎 **tweeling**
shuāngrén 双人 **tweepersoons**
shuāng 霜 **vorst (kou)**
shuǎngshēnfěn 爽身粉 **talkpoeder**
shuí/shéi? 谁? **wie?**
shuǐ 水 **water**
shuǐbiān 水边 **oever**
shuǐguǒ 水果 **fruit**

shuǐhú 水壶 **veldfles**
shuǐ jìnghuà piànjì 水净化片剂 **waterzuiveringstabletten**
shuǐliú 水流 **stroming**
shuǐlóngtóu 水龙头 **kraan**
shuǐmǔ 水母 **kwal**
shuǐpào 水疱 **blaar**
shuǐpíngde 水平的 **horizontaal**
shuì 税 **belasting**
shuìdài 睡袋 **slaapzak**
shuìjiào 睡觉 **slapen**
shuìyī 睡衣 **pyjama**
shuō 说 **zeggen,spreken**
shuōhuǎng 说谎 **liegen**
shuōmíngshū 说明书 **gebruiksaanwijzing**
sījī 司机 **chauffeur**
sīrénde 私人的 **persoonlijk**
sǐde 死的 **dood**
sìfēnzhīyī 四分之一 **kwart**
sùshíde 素食的 **vegetarisch**
sùshízhě 素食者 **vegetariër, veganist**
sùliào 塑料 **plastic**
sùliàodài 塑料袋 **plastic tasje**
suān 酸 **zuur**
suānnǎi 酸奶 **yoghurt**
suìpiàn/cì 碎片 / 刺 **splinter**
suìdào 隧道 **tunnel**
sūnzǐ/sūnnǚ 孙子/孙女 **kleinkind**
suǒdàoyǐ 索道椅 **stoeltjeslift**
suǒ 锁 **slot**
suǒgǔ 锁骨 **sleutelbeen**

T

tā (yīge rén) 她（一个人） **zij (één persoon)**
tāmen/tāmen 他们/她们 **zij (meer personen)**
tǎ 塔 **toren**
tǎyú 鳎鱼 **tong (vis)**
tàbǎn 踏板 **pedaal**
tàitai 太太 **mevrouw**
tàiyáng 太阳 **zon**
tàiyángjìng 太阳镜 **zonnebril**
tàiyángmào 太阳帽 **zonnehoed**
tàiyángnéng 太阳能 **zonne-energie**
tánhuà 谈话 **gesprek, praten**
tán(qín)/tī(qiú)/wán 弹（琴）/ 踢（球）/ 玩 **spelen**
tǎnzi 毯子 **deken**
tāng 汤 **soep**
tāngyào 汤药 **drankje (med.)**
táng (biáo) jiěmèi 堂（表）姐妹 **nicht (dochter van oom/tante)**
táng(biǎo)xiōngdì 堂（表）兄弟 **neef (zoon van oom/tante)**
táng 糖 **suiker**
tángguǒ 糖果 **snoep(goed), snoepje**
tángjiāng 糖浆 **stroop**
tángniàobìng 糖尿病 **diabeet**
tángniàobìnghuànzhě 糖尿病患者 **suikerpatiënt**
tǎngxià 躺下 **liggen**
tǎngyǐ 躺椅 **ligstoel**
tàngfà 烫发 **permanent (haar), permanenten**
táoqì 陶器 **aardewerk**
tèbié 特别 **bijzonder**
tèkuài lièchē 特快列车 **sneltrein**
tèsè 特色 **specialiteit**
(tèjí/jiǔshíqī hào) qìyóu （特级/97号）汽油 **super (benzine)**
tī zúqiú 踢足球 **voetballen**
tíbāo 提包 **tasje**
tígòng 提供 **aanbieden**
tǐyùchǎng 体育场 **stadion**
tǐyù xuéxiào 体育学校 **sportschool**
tǐyù zhōngxīn 体育中心 **sporthal**
tìdāo 剃刀 **scheermesje**
(tìxūhòu cāde) xiāngshuǐ （剃须后搽的）香水 **aftershave**
tiān 天 **dag (zn)**
tiānqì 天气 **weer (zn)**
tiānqìyùbào 天气预报 **weerbericht**
tiānxiàn 天线 **antenne**
tiānzhǔjiào 天主教 **katholiek**
tián 甜 **zoet**
tiándiǎn 甜点 **dessert**
tiánbiǎo 填表 **invullen**
(tiáowèi)jiàng （调味）酱 **saus**

(tiáowèi yòngde) tiánliào (调味用的)甜料 **zoetjes (zn)**
tiàoshuǐbǎn 跳水板 **duikplank**
tiàowǔ 跳舞 **dansen**
tiàozao shìchǎng 跳蚤市场 **rommelmarkt, vlooienmarkt**
tiě 铁 **ijzer**
tiělù 铁路 **spoorwegen**
tīng 听 **luisteren**
tīngdǒng 听懂 **verstaan**
tíngchē 停车 **parkeren**
tíngchē chǎng 停车场 **parkeergarage**
tíngchē fákuǎn 停车罚款 **parkeerboete**
tíngchēwèi 停车位 **parkeerplaats**
tíngchēzhàn 停车站 **halte**
tíngliú 停留 **verblijf**
tíngliú/dāi 停留/呆 **blijven**
tíngzhǐ 停止 **stoppen**
tōngcháng 通常 **meestal**
tōngchángde 通常的 **gebruikelijk**
tōngqìguǎn qiánshuǐ 通气管潜水 **snorkelen**
tōngxìn 通信 **corresponderen**
tōngxíngfèi 通行费 **tol**
tóngjū 同居 **samenwonen**
tóngshì 同事 **collega**
tóngyàng 同样 **hetzelfde**
tóngyì 同意 **akkoord**
tóngchē 童车 **kinderwagen**
tǒng 桶 **emmer**
tòng 痛 **pijn**
tōu 偷 **stelen**
tóu 头 **hoofd**
tóuděng 头等 **eerste klas**
tóufa 头发 **haar**
tóufa dìngxíngjì 头发定型剂 **haarlak**
tóufa rǎnchéng jīnsè 头发染成金色 **blonderen**
tóukuī 头盔 **helm**
tóuténg 头疼 **hoofdpijn**
tóuyūn 头晕 **duizelig**
túshūguǎn 图书馆 **bibliotheek**
túbù yùndòng 徒步运动 **wandelsport**
túsèběn 涂色本 **kleurboek**
tǔdòu 土豆 **aardappel**
tǔdòupiàn 土豆片 **chips**
tuántǐ 团体 **groep**
tuī 推 **duwen**
tuījiàn 推荐 **aanbevelen**
tuǐ 腿 **been**
tuǐdùzi 腿肚子 **kuit (lichaamsdeel)**
tuìxiūde 退休的 **gepensioneerd**
tuìxiūjīn 退休金 **pensioen**
tūn 吞 **doorslikken**
túnbù 臀部 **heup**
tuō (chē) 拖(车) **slepen**
tuōchē 拖车 **aanhangwagen**
tuōchē fúwù 拖车服务 **sleepdienst**
tuōchē shéngzi 拖车绳子 **sleepkabel**
tuōxié 拖鞋 **slippers**
tuōyīfu 脱衣服 **uitkleden**
tuōzhīmián 脱脂棉 **watten**

U

USB - lǎnxiàn USB-缆线 **USB-kabel**
USB - pán USB-盘 **USB-stick**

W

wáwa 娃娃 **pop**
wājué 挖掘 **opgravingen**
wàkù 袜裤 **panty**
wàzi 袜子 **sokken**
wàiguóde 外国的 **buitenlands**
wàimào (miànkǒng) 外貌(面孔) **uiterlijk (gezicht)**
wàimiàn 外面 **buiten**
wàitāi 外胎 **buitenband**
wàitào 外套 **jas**
wàiyòng 外用 **uitwendig**
wāndòu 豌豆 **erwt**
wánchéng/hǎole 完成/好了 **klaar**
wánquánde 完全地 **helemaal**
wánjù 玩具 **speelgoed**
wǎn 晚 **laat**
wǎn'ān 晚安 **goedenacht, goedenavond (bij vertrek), welterusten**
wǎncān 晚餐 **diner**

wǎndiǎn 晚点 **vertraging**
wǎnfàn 晚饭 **avondeten**
wǎnlǐfú 晚礼服 **avondkleding**
wǎnshang 晚上 **avond (tot 21 uur)**
wǎnshang (21 diǎn yǐhòu) 晚上(21点以后) **'s avonds (na 21 uur)**
wǎnshang hǎo 晚上好 **goedenavond (bij aankomst)**
wǎngbā 网吧 **internetcafé**
wǎngluò 网络 **netwerk**
wǎngqiú 网球 **tennisbal**
wǎngqiúchǎng 网球场 **tennisbaan**
wǎngqiúpāi 网球拍 **tennisracket**
(wǎngshàng) liúlǎn (网上)浏览 **surfen (op internet)**
wǎngzhàn 网站 **website**
wǎngfǎn (piào) 往返 (票) **retour (kaartje)**
wàngjì 忘记 **vergeten**
wàngyuǎnjìng 望远镜 **verrekijker**
wàngyuǎnjìngtóu 望远镜头 **telelens**
wēixiǎn 危险 **gevaar**
wēixiǎnde 危险的 **gevaarlijk**
wēibōlú 微波炉 **magnetron**
wèishénme? 为什么? **waarom?**
wéijīn 围巾 **sjaal**
wéishēngsù 维生素 **vitamine**
wéishēngsù piàn 维生素片 **vitaminetabletten**
wěidēng 尾灯 **achterlicht**
wèishēngjīn 卫生巾 **maandverband**
wèishēng shèbèi 卫生设备 **sanitaire voorzieningen**
wèishēngzhǐ 卫生纸 **toiletpapier**
wèihūn 未婚 **ongetrouwd**
wèiyú 位于 **liggen**
wèi 胃 **maag**
wèitòng 胃痛 **maagpijn**
wēndù 温度 **temperatuur**
wēndùjì 温度计 **thermometer**
wēnnuǎn 温暖 **warm**
wēnquán 温泉 **warmwaterbronnen**
wénxué 文学 **literatuur**
wénzi 蚊子 **mug**
wěn 吻 **kus(sen)**
wèn 问 **vragen**
wènhòu 问候 **begroeten, de groeten**
wèntí 问题 **probleem, vraag (verzoek)**
wǒmen 我们 **wij**
wòpù 卧铺 **couchette**
wòshì 卧室 **slaapkamer**
(wèidào)xīnlàde (味道)辛辣的 **pikant**
wūdiǎn 污点 **vlek**
wúchù 无处 **nergens**
wúgū 无辜 **onschuldig**
wúguāngzé (zhàoxiàng)zhǐ 无光泽(照相)纸 **mat (foto)**
wújiǔjīng 无酒精 **alcoholvrij**
wú kāfēiyīnde 无咖啡因的 **cafeïnevrij**
wúlǐde 无礼的 **onbeleefd**
wúliáo/méiyìsi 无聊/没意思 **saai**
wúqiānde 无铅的 **loodvrij**
wúwèide(shíwù) 无味的(食物) **flauw (eten)**
wúyánde 无盐的 **zoutloos**
wǔjīn shāngdiàn 五金商店 **ijzerwarenhandel**
wǔcān 午餐 **lunch**
wǔtái 舞台 **toneel**
wùhuì 误会 **misverstand**
wù 雾 **mist**

X

xī 西 **westen**
xīguā 西瓜 **watermeloen**
xīhóngshì/fānqié 西红柿/蕃茄 **tomaat**
xīzhuāng 西装 **kostuum**
xīguǎn 吸管 **rietje**
xīgài 膝盖 **knie**
xízi 席子 **slaapmat**
xǐ 洗 **wassen**
xǐfàjīng 洗发精 **shampoo**
xǐshǒujiān 洗手间 **wc,toilet**
xǐwǎnjī 洗碗机 **vaatwasser**
xǐyīfěn 洗衣粉 **wasmiddel, zeeppoeder**
xǐyījī 洗衣机 **wasmachine**

xǐyìn (zhàopiàn) 洗印(照片) **afdrukken (foto)**
xǐyùyè 洗浴液 **bodymilk**
xǐzhǎo 洗澡 **bad**
xǐhuan 喜欢 **houden van (iets), mogen (aardig vinden)**
xǐhuan, xiǎng(chīhē) 喜欢，想(吃喝) **lusten**
xìjù 戏剧 **toneelstuk**
xiā 虾 **garnaal**
xià(guójì)xiàngqí 下(国际)象棋 **schaken**
xiàba 下巴 **kin**
xiàchē 下车 **uitstappen**
xiàwǔ 下午 **'s middags**
xiàwǔhǎo 下午好 **goedemiddag**
xiàxuě 下雪 **sneeuwen**
xiàyīge 下一个 **volgende**
xiàyǔ 下雨 **regenen**
xiàtiān 夏天 **zomer**
xiānsheng 先生 **meneer**
xiàndài yìshù 现代艺术 **moderne kunst**
xiànjīn 现金 **contant geld**
xiàn 线 **draad(je), garen**
xiànsù 限速 **snelheidsbeperking**
xiāngshí 相识 **ontmoeten (leren kennen)**
xiāngtóng 相同 **zelfde**
xiāngbīnjiǔ 香槟酒 **champagne**
xiāngcǎo 香草 **vanille**
xiāngcháng 香肠 **worst**
xiāngjiāo 香蕉 **banaan**
xiāngshuǐ 香水 **parfum**
xiāngyān 香烟 **sigaret**
xiāngzi 箱子 **koffer**
xiǎngshòu 享受 **genieten**
xiǎng 想 **denken**
xiǎngjiā 想家 **heimwee hebben**
xiǎngniàn 想念 **missen**
xiǎngxiàng 想像 **zich (iets) voorstellen**
xiǎngyào 想要 **zin hebben**
(xiàngshàng) pá (向上)爬 **klimmen**
xiàngxià 向下 **naar beneden**
xiàngpí 橡皮 **rubber**
xiàngpíchuán 橡皮船 **rubberboot**
xiàngpígāo 橡皮膏 **pleister**
xiàngpíjīn 橡皮筋 **elastiekje**
xiàngpí nǎizuǐ 橡皮奶嘴 **fopspeen**
xiāodújì 消毒剂 **desinfecteringsmiddel**
xiāofángduì 消防队 **brandweer**
xiāoxi 消息 **boodschap (bericht)**
xiāoyīnqì 消音器 **knalpot**
xiǎo 小 **klein**
xiǎocānguǎn 小餐馆 **café**
xiǎocèzi 小册子 **brochure**
xiǎocháng 小肠 **dunne darm**
xiǎofèi 小费 **fooi**
xiǎoguàntou 小罐头 **blikje**
xiǎo huàzhuānghé 小化装盒 **beautycase**
xiǎojiàotáng 小教堂 **kapel**
xiǎo miànbāo 小面包 **broodje**
xiǎomùwū 小木屋 **hut (niet op schip)**
xiǎoniúròu 小牛肉 **kalfsvlees**
xiǎoshí 小时 **uur**
xiǎosūdǎ 小苏打 **zuiveringszout**
xiǎotōu 小偷 **dief**
xiǎoxīn 小心 **voorzichtig**
xiǎozhédāo 小折刀 **zakmes**
xiàochuǎn 哮喘 **astma**
xiào 笑 **lachen**
xiàohuà 笑话 **grap**
xiēzi 蝎子 **schorpioen**
xiépō 斜坡 **helling**
xié 鞋 **schoen**
xiédài 鞋带 **veter**
xiédiàn 鞋店 **schoenenwinkel**
xiéhòugēn 鞋后跟 **hak**
xiéjiàng 鞋匠 **schoenmaker**
xiéyóu 鞋油 **schoensmeer**
xiě 写 **schrijven**
xiěxiàlái 写下来 **opschrijven**
xièxie 谢谢 **bedankt**
xièxie nín 谢谢您 **dank u wel**
xīn 心 **hart**
xīn 新 **nieuw**
xīnjiàotú 新教徒 **protestant**
xīnwén 新闻 **nieuws**
xīnxiān 新鲜 **vers**
xìn 信 **brief**
xìnfēng 信封 **envelop**

xìnxī 信息 **gegevens, informatie**
xìnyǎng 信仰 **geloof**
xìnyòngkǎ 信用卡 **creditcard**
xìnzhǐ 信纸 **briefpapier, postpapier**
xīngqī 星期 **week**
xíngfáng hòu dì'èr tiān yòngde bìyùn yào 行房后第二天用的避孕药 **morning-afterpil**
xíngli 行李 **bagage**
xíngli cúnfànggui 行李存放柜 **bagagekluis**
xíngli jìcúngui 行李寄存柜 **bagagekluis**
xíngrén 行人 **voetganger**
xíngzǒu lùxiàn 行走路线 **wandelroute**
xǐng 醒 **wakker**
xìng 姓 **achternaam, naam**
xìnghuì 幸会 **aangenaam**
xìngbìng 性病 **geslachtsziekte, soa**
xìngjiāo 性交 **seks**
xiōngdì 兄弟 **broer**
xiōngbù 胸部 **borstkas**
xióngmāo 熊猫 **panda**
xiūxi 休息 **uitrusten**
xiū 修 **repareren**
xiūchēháng 修车行 **garage**
xiūdàoyuàn 修道院 **klooster**
xiūjiǎn zhěngqí 修剪整齐 **bijpunten**
xiūlǐ 修理 **repareren, reparatie**
xiūlù 修路 **wegwerkzaamheden**
xiūzhǐjia 修指甲 **manicure**
xūyào 需要 **nodig**
xǔkězhèng 许可证 **vergunning**
xuǎnzé 选择 **kiezen**
xuēzi 靴子 **laars**
xuésheng 学生 **student**
xuéxí 学习 **studeren**
xuéxiào 学校 **school**
xuě 雪 **sneeuw**
xuěbēng 雪崩 **lawine**
xuělìjiǔ(yīzhǒng pútaojiǔ) 雪利酒(一种葡萄酒) **sherry**
xuěqiàn 雪橇 **slee**
xuějiā 雪茄 **sigaar**
xuěxié 雪鞋 **sneeuwschoenen**
xuěyú 鳕鱼 **kabeljauw**
xuè 血 **bloed**
xuèguǎn 血管 **ader**
xuèyā 血压 **bloeddruk**
xūnde 熏的 **gerookt**
xūn zhūròu 熏猪肉 **spek**
xúnluó chē(qìchē wéixiū) 巡逻车(汽车维修) **wegenwacht**
xúnwèn 询问 **inlichting**
xúnwènchù 询问处 **inlichtingenbureau**

Y

yā 压 **indrukken**
yālì 压力 **druk (spanning)**
yājīn 押金 **borgsom**
yáchǐ 牙齿 **tand**
(yáchuáng) tiánchōngwù (牙床)填充物 **vulling (gebit)**
yágāo 牙膏 **tandpasta**
yáqiān 牙签 **tandenstoker**
yáshuā 牙刷 **tandenborstel**
yáténg 牙疼 **kiespijn**
yáyī 牙医 **tandarts**
yàmá bù 亚麻布 **linnen**
yàmá zhìpǐn 亚麻制品 **linnengoed**
yān 烟 **rook**
yāncǎo 烟草 **tabak**
yāndǒu 烟斗 **pijp**
(yāndǒu)yāncǎo (烟斗)烟草 **pijptabak**
yānhuīgāng 烟灰缸 **asbak**
yánchángxiàn 延长线 **verlengsnoer**
yánshēn 延伸 **verlengen**
yánjìnchāochē 严禁超车 **inhaalverbod**
yánzhòng 严重 **erg, ernstig**
yándòng 岩洞 **grot**
yánshí 岩石 **rots**
yán 盐 **zout (bn, zn)**
yánsè 颜色 **kleur**
yǎnjiǎngāo 眼睑膏 **oogschaduw**
yǎnjing 眼睛 **oog**
yǎnjìng 眼镜 **bril**
yǎnjìngdiàn 眼镜店 **opticien (winkel)**

yǎnkē yīshēng 眼科医生 **oogarts**
yǎnwō 眼窝 **oogkas**
yǎnxiànbǐ 眼线笔 **eyeliner**
yǎnyàoshuǐ 眼药水 **oogdruppels**
yǎnchū 演出 **show**
yángmáo 羊毛 **wol**
yángròu 羊肉 **lamsvlees**
yángtái 阳台 **balkon**
yángcōng 洋葱 **ui**
yǎng 痒 **jeuk**
yāobù 腰部 **lende**
yāoqiú 要求 **vereist**
yāoqǐng 邀请 **uitnodigen**
yǎo 咬 **bijten**
yào 药 **geneesmiddel, medicijn**
yàodiàn 药店 **apotheek**
yàopiàn 药片 **tablet**
yàoshi 钥匙 **sleutel**
yàoxǐ(huòxǐhǎo)deyīwù 要洗（或洗好）的衣物 **wasgoed**
yéye 爷爷 **opa**
yěxǔ 也许 **misschien**
yěcān 野餐 **picknick**
yè 页 **pagina**
yèli 夜里 **avond (na 21 uur), nacht**
yèshēnghuó 夜生活 **nachtleven**
yèzǒnghuì 夜总会 **nachtclub**
yèhuàshíyóuqì 液化石油气 **lpg**
yèwō 腋窝 **oksel**
yībǎi kè 100 克 **ons (zn)**
yī(zhěng)tiān 一（整）天 **etmaal**
yībàn 一半 **half, helft**
yīdiǎn(r) 一点（儿）**een beetje**
yīdùnfàn 一顿饭 **maaltijd**
yīgòng 一共 **totaal**
yījiàn yīfu 一件衣服 **kledingstuk**
yījīn 一斤 **pond (500 g)**
yīkèzhōng 一刻钟 **kwartier**
(yīpán)cài （一盘）菜 **gerecht**
yīpái 一排 **rij**
yīqǐ 一起 **samen**
yīqiè 一切 **alles**
yītàoxīfú 一套西服 **pak**
yītiáo(yān) 一条（烟）**slof (sigaretten)**
yìháng, yìpái (jiāotōng, rén) 一行，一排（交通，人）**rij**
yīsīlánjiàode 伊斯兰教的 **islamitisch**
(yīfu)liúxíng shìyàng （衣服）流行式样 **mode**
yīchú 衣橱 **garderobe**
yīfu 衣服 **kleren**
(yīfu)chuānjiùle （衣服）穿旧了 **versleten**
yījià 衣架 **kleerhanger**
yīshēng 医生 **arts, dokter**
(yīshēng)kànbìng shíjiān （医生）看病时间 **spreekuur (dokter)**
yīshēng zhèngmíng 医生证明 **doktersverklaring**
yīyuàn 医院 **ziekenhuis**
yí(xiàn) 胰（腺）**alvleesklier**
yíjì 遗迹 **ruïne**
yǐhūn 已婚 **getrouwd**
yǐzi 椅子 **stoel**
(yǐzi) yǒu rén le （椅子）有人了 **bezet (stoel)**
yìwù gōngzuò 义务工作 **vrijwilligerswerk**
yìshù 艺术 **kunst**
Yìdàlì miànshí 意大利面食 **pasta**
yìsi 意思 **betekenen**
yīntèwǎng 因特网 **internet**
yīntèwǎng yínháng yèwù 因特网银行业务 **internetbankieren**
yīndào 阴道 **vagina**
yīndàogǎnrǎn 阴道感染 **vaginale infectie**
yīnjīng 阴茎 **penis**
yìnliáng 荫凉 **schaduw**
yīnyuè 音乐 **muziek**
yīnyuèhuì 音乐会 **concert**
yīnyuèjù 音乐剧 **musical**
yīnyuètīng 音乐厅 **concertgebouw**
yín 银 **zilver**
yínháng 银行 **bank (geldinstelling)**
yínháng kǎ 银行卡 **bankpas**
yǐnliào bēi(píng) 饮料杯（瓶）**karaf**
yǐnyòngshuǐ 饮用水 **drinkwater**
yǐnxíng yǎnjìng 隐形眼镜 **contactlens**
yǐnxíng yǎnjìngpiàn róngyè 隐形眼镜片溶液 **contactlensvloeistof**

yǐnxíng yǎnjìng shuǐ 隐形眼镜水 **lenzenvloeistof**
yìndùjiàode 印度教的 **hindoeïstisch**
Yīngyǔ/Yīngwén 英语/英文 **Engels**
yīng'ér 婴儿 **baby**
yīng'ér báomǔ 婴儿保姆 **babysitter**
yīng'ér shípǐn 婴儿食品 **babyvoeding**
yíngmiànláichē 迎面来车 **tegenligger**
yínghuǒ 营火 **kampvuur**
yíngyè shíjiān 营业时间 **openingstijden**
yíngyèyuán 营业员 **verkoopster**
yìng 硬 **hard (stijf)**
yìngbì 硬币 **muntgeld**
yòng/chī 用 / 吃 **gebruiken**
yōuhuì 优惠 **korting**
yōuxiānlù 优先路 **voorrangsweg**
yōuxiānquán 优先权 **voorrang**
yóutài jiàotáng 犹太教堂 **synagoge**
yóutàirén 犹太人 **joods**
yóufèi 邮费 **porto**
yóujú 邮局 **postkantoor**
yóupiào 邮票 **postzegel**
yóuxiāng 邮箱 **brievenbus**
yóuzhèng 邮政 **post (TNT)**
yóuzhèngbiānmǎ 邮政编码 **postcode**
yóu 油 **olie**
yóumén 油门 **gaspedaal**
yóuqī 油漆 **verf**
yóuxiāng 油箱 **benzinetank**
yóuzhī 油脂 **vet (zn)**
yóukè 游客 **toerist**
yóukèkǎ 游客卡 **toeristenkaart**
yóulèchǎng 游乐场 **kermis, pretpark**
yóuliè 游猎 **safari**
yóutǐng 游艇 **jacht (schip)**
yóutǐnggǎng 游艇港 **jachthaven**
yóuxì 游戏 **spelletje**
yóuyǒng 游泳 **zwemmen**
yóuyǒngchí 游泳池 **zwembad**
yóuyǒngchí kānguǎnyuán 游泳池看管员 **badmeester**
(yòu'ér chīfàn yòngde)gāojiǎoyǐ (幼儿吃饭用的)高脚椅 **kinderstoel**
yóuyǒngjìng 游泳镜 **zwembril**
yóuyǒngkù 游泳裤 **zwembroek**
yóuyǒngyī 游泳衣 **badpak**
yǒuhǎo 友好 **vriendelijk**
yóuguǐ diànchē 有轨电车 **tram**
yǒujī shípǐn shāngdiàn 有机食品商店 **natuurvoedingswinkel**
yǒu jiěshuōde lǚyóu 有解说的旅游 **rondleiding**
yǒuqù 有趣 **leuk vinden**
yǒushíhou 有时候 **soms**
yǒu wèidàode 有味道的 **hartig**
yǒuxīyǐnlì 有吸引力 **aantrekkelijk**
yǒuxiào 有效 **geldig**
yǒu zhàdàn bàojǐng 有炸弹报警 **bommelding**
yòubiān 右边 **rechts**
yòuzhuǎnwān 右转弯 **rechtsaf**
yú 鱼 **vis**
yúlède dìfang 娱乐的地方 **uitgaansgelegenheid**
yúlèzhǐnán 娱乐指南 **uitgaanskrant**
yúkuài 愉快 **gezellig**
yǔ 雨 **regen**
yǔsǎn 雨伞 **paraplu**
yǔyī 雨衣 **regenjas**
yǔyán 语言 **taal**
yǔyán kèchéng 语言课程 **taalcursus**
yùgāng 浴缸 **badkuip**
yùjīn 浴巾 **badhanddoek**
yùmào 浴帽 **badmuts**
yùshì 浴室 **badkamer**
yùdìng 预订 **gereserveerd, reserveren, reservering**
yùdìng (piào) 预订(票) **bespreken (kaartjes)**
yùdìng yímǎn 预订已满 **volgeboekt**
yùyuē (yīshēng) 预约（医生） **afspraak maken (bij arts)**

yùjiàn 遇见 **ontmoeten (tegenkomen)**
yuándàn 元旦 **nieuwjaarsdag**
yuánhuán 圆环 **rotonde**
yuánquān 圆圈 **cirkel**
yuánzhūbǐ 圆珠笔 **balpen**
yuǎnzú 远足 **trektocht**
yuēhuì 约会 **afspraakje**
yuēhuì (xiāngjiàn) 约会(相见) **afspreken (ontmoeten)**
yuè 月 **maand**
yuèjīng 月经 **menstruatie**
yuèjīng miánshuān 月经棉栓 **tampons**
yuètái 月台 **perron**
yuèyě huáxuě 越野滑雪 **langlaufen**
yùndòng 运动 **sport, sporten**
yùndòngxié 运动鞋 **sportschoenen**
yùnqì 运气 **geluk**
yùnshū gōngjù 运输工具 **vervoer**
yùnchē 晕车 **wagenziek**
yūnchuán 晕船 **zeeziek zijn**
yùn 熨 **strijken**
yùndǒu 熨斗 **strijkbout**
yùnyībǎn 熨衣板 **strijkplank**

Z

zázhì 杂志 **tijdschrift**
zài 再 **opnieuw**
zàijiàn 再见 **dag (tot ziens)**
zàiyīcì 再一次 **opnieuw**
zài...lǐmiàn 在…里面 **in**
zài...qījiān 在…期间 **gedurende**
zài...shàngmian 在…上面 **op**
zài...shíhou 在…时候 **tijdens**
zài...xiàmian 在…下面 **onder**
zài...yǐhòu 在…以后 **na**
(zài)zǎoshang (在)早上 **'s morgens**
(zài)zhōngjiān (在)中间 **midden**
zàichǎng 在场 **aanwezig**
zàihòumiàn 在后面 **achterin**
zàijiā 在家 **thuis**
zài pángbiān/āizhe 在旁边/挨着 **naast**
zài qiánmiàn 在前面 **vooraan**
zàitúzhōng 在途中 **onderweg**
zài wǎngshàng yùdìng 在网上预订 **online boeken**
zànshíde 暂时的 **provisorisch**
zāng 脏 **vuil**
zāo 糟 **slecht**
zǎo 早 **vroeg**
zǎocān 早餐 **ontbijt**
zǎoshang 早上 **'s ochtends**
zǎoshanghǎo 早上好 **goedemorgen**
zěnme? 怎么? **hoe?**
zhàpiàn 诈骗 **oplichting**
zhàlan 栅栏 **hek**
zhàdàn 炸弹 **explosieven**
zhá tǔdòutiáo/shǔtiáo 炸土豆条/薯条 **patates frites**
zhāijiè 斋戒 **vasten**
zhài 债 **schuld (geld)**
zhǎnlǎn 展览 **tentoonstelling**
zhàntái 站台 **perron**
zhāngláng 蟑螂 **kakkerlak**
zhǎngcháo 涨潮 **vloed**
zhàngfu 丈夫 **echtgenoot**
zhàngdān 帐单 **rekening**
zhàngpeng 帐篷 **tent**
zhàngpengdīng 帐篷钉 **tentharing**
zhàngpenggǎn 帐篷杆 **tentstok**
zháohuǒ 着火 **brand**
zháolù 着陆 **landen**
zhǎo 找 **vinden, zoeken**
zhǎozédì 沼泽地 **moeras**
zhàokàn háizide rén 照看孩子的人 **oppas**
zhàopiàn 照片 **foto**
zhàoxiàng 照相 **fotograferen**
zhàoxiàngjī 照相机 **camera, fototoestel**
(zhàoxiàngjī)kuàimén (照相机)快门 **sluiter**
(zhàoxiàngjī)zìpāi (照相机)自拍 **zelfontspanner**
zhēyángpéng 遮阳棚 **luifel**
zhēyángpéng 遮阳篷 **voortent, zonnescherm**
zhēyángsǎn 遮阳伞 **parasol**
zhédiéchē 折叠车 **vouwwagen**

zhédié fānbù tǎngyǐ 折叠帆布躺椅 **strandstoel**
zhékòu 折扣 **korting**
zhèlǐ 这里 **hier**
zhēn 针 **naald**
zhen'àide 珍爱的 **dierbaar**
zhěntóu 枕头 **kussen (zn)**
zhěntóutào 枕头套 **kussensloop**
zhènjìngjì 镇静剂 **kalmeringsmiddel**
zhēngliúshuǐ 蒸馏水 **gedistilleerd water**
zhěnglǐ 整理 **opruimen**
zhèngchángde 正常的 **gewoon, normaal (bn)**
zhèngfāngxíng 正方形 **vierkant**
zhèngquède 正确的 **correct**
zhèngrén 证人 **getuige**
zhīpiào 支票 **cheque**
zhīqìguǎn yán 支气管炎 **bronchitis**
zhī 汁 **sap**
zhīdào 知道 **weten**
zhínǚ/wàishengnǚ 侄女/外甥女 **nicht (dochter van broer/zus)**
zhízi/wàisheng 侄子/外甥 **neef (zoon van broer/zus)**
zhífà 直发 **steil (haar)**
zhíháng 直航 **non-stop**
zhíjiē 直接 **rechtstreeks**
zhízǒu 直走 **rechtdoor**
zhídé yīkànde dìfang 值得一看的地方 **bezienswaardigheid**
zhíyè 职业 **beroep**
zhíwù 植物 **plant**
zhíwùyuán 植物园 **botanische tuin**
zhǐtòngyào 止痛药 **pijnstiller**
zhǐ 纸 **papier**
zhǐjīn 纸巾 **papieren zakdoekje**
zhǐchū 指出 **(aan)wijzen**
zhǐjia 指甲 **nagel**
zhǐjia shācuò 指甲砂锉 **nagelvijl**
zhǐjia yóu 指甲油 **nagellak**
zhǐnán 指南 **gids**
zhǐnánzhēn 指南针 **kompas**
zhìliáo 治疗 **behandeling (med.)**
zhìliàng 质量 **kwaliteit**
zhìnéngsuǒ 智能锁 **SIM-lock**
zhōngjiān xiūxī 中间休息 **pauze**
zhòngshǔ 中暑 **zonnesteek**
zhōngtú tíngliú 中途停留 **tussenlanding**
zhōngdiǎn 终点 **eindpunt**
zhǒnglèi 种类 **soort**
zhòng 重 **zwaar**
zhòngliàng 重量 **gewicht**
zhòngyàode 重要的 **belangrijk**
zhōumò 周末 **weekend**
zhōumò zhíbān 周末值班 **weekenddienst**
zhōupiào 周票 **weekabonnement**
zhóu 轴 **as**
zhǒu 肘 **elleboog**
zhūbǎo 珠宝 **sieraden**
zhūbǎoshāng 珠宝商 **juwelier**
zhūròu 猪肉 **varkensvlees**
zhǔfù 主妇 **huisvrouw**
zhǔ gānxiàn 主干线 **grote weg**
zhǔshí 主食 **hoofdgerecht**
zhǔyi 主意 **idee**
zhǔde 煮的 **gekookt**
zhǔshúlede 煮熟了的 **gaar**
zhǔshuǐ 煮水 **koken (water -)**
zhù 住 **wonen**
zhùsù 住宿 **accommodatie**
zhùsuǒ 住所 **onderdak**
zhùdòngchē/jīdòng zìxíngchē 助动车/机动自行车 **brommer**
zhùtīngqì 助听器 **gehoorapparaat**
zhùshè yìmiáo 注射疫苗 **inenten**
zhùhè 祝贺 **feliciteren**
zhùmíngde 著名的 **beroemd**
zhuānkē yīshēng 专科医生 **specialist**
zhuǎnchē 转车 **overstappen**
zhuǎndì 转递 **doorsturen**
zhuǎnxiàngtóu 转向头 **balhoofd**
zhuǎnzhéqì 转辙器 **derailleur**
zhuàngchē 撞车 **aanrijding, botsing**
zhuōzi 桌子 **tafel**
zǐsè 紫色 **paars**
zì 字 **woord**
zìdiǎn 字典 **woordenboek**
zìdòngde 自动的 **automatisch**

zìdòng huàndàng (chē) 自动换档(车) **automaat (auto)**
zìdòng shòuhuòjī 自动售货机 **automaat (machine)**
(zìjǐ dòngshǒu zuò)shāngdiàn (自己动手做)商店 **doe-het-zelfzaak**
zìláishuǐ 自来水 **kraanwater**
zìmù 字幕 **ondertiteld**
zìrán gōngyuán 自然公园 **natuurpark**
zìwǒ jièshào 自我介绍 **zich voorstellen (aan)**
zìxíngchē 自行车 **fiets**
zìxíngchē bāo 自行车包 **fietstas**
zìxíngchē dǎqìtǒng 自行车打气筒 **fietspomp**
zìxíngchē háizi zuò 自行车孩子坐 **fietszitje**
zìxíngchē suǒ 自行车锁 **fietsslot**
zìxíngchē tóukuī 自行车头盔 **fietshelm**
zìxíngchē xiūlǐgōng 自行车修理工 **fietsenmaker**
zìyóude 自由的 **vrij**
zìyóu shìchǎng 自由市场 **markt**
zìzhùshì xiāoshòu 自助式销售 **zelfbediening**
zìzhùxǐyīdiàn 自助洗衣店 **wasserette**
zōngjiào 宗教 **godsdienst**
zōngsè 棕色 **bruin**
zǒngjī jiēxiànyuán 总机接线员 **telefoniste**
zǒngshì 总是 **altijd**
zǒu 走 **lopen**
zǒuláng 走廊 **gang**
zǒuyùn 走运 **geluk hebben**
zū 租 **huren**
zūjīn 租金 **huur (zn)**
zūyòngde qìchē 租用的汽车 **huurauto**
zúbù zhìliáo 足部治疗 **pedicure**
zúqiú 足球 **voetbal**
zúqiúbǐsài 足球比赛 **voetbalwedstrijd**
zǔfù 祖父 **opa**
zǔmǔ 祖母 **oma**
zuànshí 钻石 **diamant**
zuǐ 嘴 **mond**
zuìchí 最迟 **uiterlijk (niet later dan)**
zuìgāo xiànsù 最高限速 **maximumsnelheid**
zuìhòu 最后 **laatste**
zuìwǎn 最晚 **uiterlijk (niet later dan)**
zūnyú 鳟鱼 **forel**
zuótiān 昨天 **gisteren**
zuótiān wǎnshang 昨天晚上 **afgelopen nacht**
zuǒbiān 左边 **links**
zuǒzhuǎnwān 左转弯 **linksaf**
zuǒliào 佐料 **kruiden (zn)**
zuò 坐 **zitten**
zuòwèi 座位 **zitplaats**
zuò 做 **doen**
zuò'ài 做爱 **vrijen**
zuòfàn 做饭 **koken (eten –)**